한국 교회 트렌드 2023

일러두기

1. 이 책에서 최초로 제안한 트렌드 키워드를 사용할 때는 반드시 출처 〈한국 교회 트렌드 2023〉을 밝혀주셔
   야 합니다. 이 밖에 유튜브 동영상, 오디오북, 자료 요약 등으로 사용할 때도 저작권자의 허락을 받으시기
   바랍니다.

2. 이 책은 부록(323p)에 기재한 조사보고서의 데이터 통계 및 자료를 근거로 연구 작성되었음을 밝힙니다.

3. 이 책을 구입한 분에게 이 책의 출처로 사용된 6개의 조사보고서를 보내드립니다. 부록(323p)의 QR코드
   를 찍고 이메일을 입력하시면 입력하신 메일 주소로 풀(full) 보고서를 보내드리겠습니다.

정확한 조사 데이터에 근거한 포스트 코로나 시대 2023년 한국 교회 전망과 전략

한국 교회 트렌드 2023

지용근 김영수 조성실 정재영 손의성 전병철 이기룡 백광훈 유미호 김신권
목회데이터연구소 • 희망친구 기아대책

FLOATING CHRISTIAN 플로팅 크리스천

Spiritual But Not Religious **SBNR**   **HYBRID CHURCH** 하이브리드 처치

Polarization of Church, Survival Ministry
격차 교회 서바이벌 목회

Molecule Life 몰라큘 라이프

올라인 교육 **All-Line Education**

Climate Church
기후 교회

ACTIVE SENIOR 액티브 시니어

미국 기독교 트렌드
Current Trends in American Christianity

Public Church
퍼블릭 처치

규장

쫓아가면 도망가는 세대, MZ   MZ

탈 기독교(Post-Christian) 현상은 포스트모더니즘이 시작된 이후 서구 기독교가 쇠퇴하고, 다양한 사상과 문화의 등장, 세속화의 확산 등으로 나타났고, 코로나 이후 더욱 가속화되었습니다. 한국 교회 역시 2000년대 이후 교회의 윤리적인 문제와 더불어 정보통신의 비약적인 발전과 삶의 질적 변화, 다양한 문화 환경의 변화와 MZ세대의 등장 등 급변하는 흐름에 대응하지 못해 심각한 위기에 직면했습니다. 가나안 성도의 확산, 교회 성장세 감소 등 탈교회 현상은 이미 진행 중이었고, 코로나로 인해 교회에 대한 부정적인 시각이 높아지면서 더 큰 위기로 이어지게 되었습니다.

코로나는 우리 사회의 많은 부분을 변화시켰습니다. 한국 교회도 코로나 이전과 이후로 나눠질 만큼 급속한 변화의 시기를 겪었습니다. 온라인 예배 환경은 가속화되었고 그로 인해 성도들의 예배를 드리는 가치관도 많이 달라졌습니다. 다음세대에 대한 관심도 높아졌고 이웃과 함께하는 교회 등 여러 면에서 교회가 생각해야 할 부분이 많아졌습니다.

'음악은 오늘의 것, 그 메시지는 영원한 것으로'라는 CCM(Contemporary Christian Music)의 멋진 슬로건이 있습니다. 영원한 메시지인 복음을 효과적으로 전하기 위해 오늘의 문화를 활용해야 한다는 다짐은 지금도 유효합니다. 현 세대에게 설득력 있게 복음을 전하기 위해서는 먼저 변화하는 시대의 흐름을 읽을 수 있어야 합니다. 온라인이 일상이 된 디지털 세대에게는 메타버스와 온라인을 활용한 목회가 필요하고, 고령층 중심의 아날로그 세대에게는 그에 맞는 목회가 필요합니다. 또한 교회가 지역사회와 기후환경 등 공적인 역할을 감당해야 한다는 요구에 맞춰 지역을 섬기는 사역이 필요하기도 합니다.

이러한 시기에 개교회별로 특색 있는 사역들을 잘 감당하시고 한국 교회를 다시 일으키고자 애쓰는 목회자분들을 많이 만나게 됩니다. 하지만 쏟아지는 정보의 홍수 속에 어떤 내용을 선별하여 목회에 적용해야 할지 고민하고 계신 목회자분들도 많으신 듯합니다. 한국 사회를 전망하는 보고서는 많지만 기독교적 시각에서 한국 교회를 내다보는 분석자료는 많지 않습니다.

이에 한국 교회의 트렌드를 분석하고 제시하는 《한국 교회 트렌드 2023》을 국내에서 처음으로 발간합니다. 기아대책이 왜 이 일을 하느냐고 물으신다면 희망친구 기아대책은 미션 NGO로서 지난 33년동안 한국 교회와 함께 일해왔기 때문입니다. 한국 교회의 선교 파트너로서 교회와 함께 이웃을 섬기고 세계 곳곳에 떡과 복음을 전해왔기에 한국 교회의 방향이 기아대책의 방향과 떨어질 수 없는 밀접한 관계가 있는 것입니다. 이제는 여러 군데 흩어져 있는 사역의 노하우들을 한데 모아 역량을 합하여 더 큰 힘을 발휘해야 할 때라고 생각합니다.

발간을 위해 깊이 있는 자문과 방향을 제시해주신 기아대책 이사장이신 지형은 목사님과 물심양면으로 지원을 아끼지 않으신 포도원교회 김문훈 목사님께 감사드리며, 한국 교회의 미래를 위해 함께 고민하며 조사와 분석으로 새로운 길을 열어주시고 공동 출판의 수고를 아끼지 않으신 목회데이터연구소 지용근 대표님, 그리고 방대한 데이터를 정리하고 분석한 모든 집필진분과 기도로 책을 출판해주신 규장의 여진구 대표님께 깊은 감사를 전합니다.

이 책을 통해 한국 교회의 미래를 함께 고민하고 또한 더 큰 담론으로 이어지길 바랍니다. 감사합니다.

유원식(희망친구 기아대책 회장)

추천사

코로나 이후 한국 교회는 엄청난 변화를 겪어왔습니다. 이 변화는 목회자뿐만 아니라 성도들에게도 감당하기 힘든 도전으로 다가오고 있습니다. 긍정적인 변화도 있지만 넘어서야 할 변화들도 보입니다. 황폐해진 목회 생태계에 변화의 필요성은 느끼지만 어디서부터, 무엇을, 어떻게 해야 할지 막막함을 느끼는 분들이 많습니다.

이제는 지금까지 한국 교회가 지향해 온 '양적성장'도 중요하겠지만 변화와 성숙을 통한 '건강한 교회성장'을 위해 노력을 기울여야 할 때입니다. 다양한 시대의 변화, 기후위기와 지구온난화, 디지털 스마트 시대, 탈권위와 공동체의식의 변화 속에서 교회 안팎에 새로운 이슈들이 교회의 새로운 변화를 요구하고 있습니다. 기성세대와는 다른 '다음세대'가 찾아왔고, 교회를 바라보는 지역사회의 시각, 코로나 이후 교회와 개신교인의 신뢰도가 위협받는 한편, 온오프라인 시대 속에서의 교회의 본질과 공적 역할을 더 강하게 요구받는 시대입니다. 이 시기에 한국 교회의 다양한 이슈를 통합적이고 체계적인 시각으로 분석하여 한국 교회의 미래를 전망하는 《한국 교회 트렌드 2023》의 출간은 너무나도 반가운 소식입니다. 이 책에서 소개하는 여러 주제들은 목회 현장에서 현실적으로 마주치게 되는 실제적인 주제들이어서 목회자와 성도들에게 많은 유익이 되리라 생각합니다.

한국 교회의 새로운 변화와 미래를 꿈꾸는 크리스천 모두가 읽고 자신의 신앙과 교회, 그리고 한국 사회를 위해 기도하는 계기가 되며, 무엇보다 급변하는 시대에 목회의 방향성을 설정하고 교회가 나아가야 할 미래를 고민하는 목회자들뿐만 아니라 직분자와 교회의 리더들께 권해드리며 이 책을 통해 한국 교회의 목회와 크리스천의 사역 현장에 선한 영향력이 전해지기를 기대합니다.

김문훈(포도원교회 담임목사)

오늘날 우리는 불확실성의 시대를 살아가고 있습니다. 포스트코로나와 4차 산업혁명 등 급변하는 상황 속에서 한국 교회도 많은 변화를 준비해야합니다. 다행인 것은 한국 교회의 목회 현장도 전문적인 조사 통계를 통한 객관적인 데이터를 축적하며 조금씩 바뀌고 있는 분위기입니다. 그동안 한국 교회에 다음 해를 예측하고 전망하는 목회 트렌드 관련한 책이 전무했는데, 이번에 《한국 교회 트렌드 2023》이 발간되어 미디어선교 기관인 CTS도 매우 반가운 마음입니다. 한국 교회의 현장을 두루 살피며 조사하신 목회데이터연구소 지용근 대표님과 연구원들의 수고에 박수를 보냅니다. 아무쪼록 이 책이 한국 교회 목회자들의 건강한 미래 목회를 위한 좋은 길잡이와 참고 자료가 되기를 기대합니다.

감경철(CTS기독교TV 회장)

기독교 역사 2000년 동안 교회는 복음의 본질을 과감히 드러내면서, 시대의 변화에 도전하며 적응하려는 노력을 지속해 왔습니다. 이러한 도전과 적응은 지금껏 인류가 겪지 못한 빠른 변화를 겪고 있는 이 시대에 더욱 요구됩니다. '목회데이터연구소'와 '기아대책'이 이 요구에 부응하여 목회 현장의 트렌드를 객관적 데이터와 연구자의 번뜩이는 감수성으로 포착한 책을 발간했습니다. 이 책은 급변하는 시대적 트렌드 앞에서 한국 교회가 무엇을 어떻게 해야 할지 고민하는 목회자들에게 새롭게 성찰하는 소중한 기회를 줄 것입니다.

김지철(목회데이터연구소 운영위원장)

지구촌은 제4차 산업혁명이 빛의 속도로 달려오는 문명사적 대전환기를 마주하고 있습니다. 동시에 코로나19로 인해 우리는 뉴노멀의 시대, 한 번도 경험해보지 못한 전방위적 위기 시대를 경험하고 있습니다. 이러한 가운데 한국 교회는 복음의 공공성을 잃어버리고 개인주의, 물질주의, 성장지상주의라는 사회적 흐름에 올라탄 모양새입니다. 그래서 코로나19 이후 한국 교회에 대한 신뢰도는 급격히 하락하고, 교회를 향한 시선도 코로나 이전 같지 않습니다. 게다가 미래의 불확실성, 비대면 문화의 확산, 저출산과 고령화, 인구 감소, 기후 위기 등 급속한 시대적 변화는 한국 교회가 나아갈 방향의 갈피를 잡을 수 없게 합니다. 실질적인 통계와 분석에 기반을 둔 이 책은 다가올 한국 교회의 미래를 고민하며, 교회를 구성하고 있는 다양한 분야에서 선정된 11가지 트렌드 키워드를 풀어내고 있습니다. 이 책이 앞길이 보이지 않는 한국 교회 목회자들에게 2023년도 목회의 방향과 길을 잡아주는 좋은 지침서가 되기를 기대합니다.

류영모(한교총 대표회장)

변하지 않는 하나님의 말씀을 빠르게 변화하는 세상에 어떻게 전할 것인가 하는 문제는 교회, 특별히 목회자들의 평생 고민입니다. 게다가 코로나19 이후 몇 년 사이에 세상과 교회 안에 일어나고 있는 변화는 따라잡기가 버거울 정도입니다. 반갑게도 이 책에서 다양한 분야의 전문가들이 우리가 지금 마주하고 있는 변화들에 대해 적실하게 다루고 있습니다. 이에 목회자와 교회 지도자들이 현실을 파악하고 미래를 그려나가는 데 큰 도움을 줄 것이라 기대합니다.

송태근(삼일교회 담임목사)

'문명사적 전환기', 코로나19가 시작되면서 쓰이기 시작한 이 표현이 갈수록 깊게 다가옵니다. 존재하는 모든 것이 시간의 흐름 속에 있고 시간은 앞으로만 갑니다. 기억과 회상이라는 기능으로써 과거에서 배우지만 그 배움으로 사는 것은 지금 이후의 시간입니다. 요한복음 17장에 기록된 예수 그리스도의 절절한 기도처럼 교회는 세상 한가운데서 살면서 진리의 말씀으로 세상을 변화시켜야 합니다. 한국 교회가 시대의 흐름을 지혜롭게 인식하고 깨달아 이 일에 제대로 헌신하기를 기도합니다.

지형은(희망친구 기아대책 이사장)

희망친구 기아대책과 한국 교회 트렌드 2023

21세기 한국 교회는 다양한 도전과 위기에 직면해 왔고, 지금도 수많은 이슈의 한복판에서 새로운 방향과 대안을 찾기 위한 노력을 계속해 오고 있다. 4차 산업혁명의 급속한 시대 변화, 저출산과 고령화, 기후변화, 다변화, 다양화된 사회구조와 인식의 변화, 불확실성, MZ세대의 새로운 가치관, 정치와 한국 사회의 양극화 현상 등과 같은 대외적인 환경뿐 아니라 가나안 성도를 비롯한 소위 플로팅 크리스천이라는 새로운 신앙형태의 기독교인들, 다른 세대로 변화되는 다음세대, 온라인 예배와 디지털 환경의 변화, 교회의 공공성에 대한 요구 등 교회 스스로가 적절하게 수용할 수도, 대응하기에도 버거운 환경들이 끊임없이 교회의 본질에 도전해 오고 있는 것이 현실이다.

한국 교회의 현재 진단과 미래 전망에 대한 니즈

이러한 상황 속에서 〈희망친구 기아대책〉에서 전국 교회와 교계 협력과 사역을 총괄하는 본인은 목회 현장에서 사역하는 목회자들, 특히 유래 없는 새로운 목회 환경의 변화와 코로나를 겪으면서 더욱 신뢰를 잃어가고 있는 한국 교회의 심각한 현실 속에서 향후 10년 이상 사역을 이어가야 할 많은 차세대 4050목회자들을 만나게 되었다. 원로목사, 선배 목사들이 목회하던 환경과 다르고, 한 교회가 가지고 있는 역량으로는 뛰어넘을 수 없는 수많은 내외적 환경은 많은 목회자들의 연대와 협력의 필요성을 논하게 되었으며, 그러한 요구들은 교회 중심적이고 선교 중심적이며 교단을 초월한 전국의 네트워크를 가지고 있는 기아대책이 대안적 플랫폼 역할을 해야 한다는 도전의 목소리로 내게 다가왔고, 또 그 구체적인 요청들을 만나게 되었다.

이러한 요구와 바람으로 한국 교회에 다가오는 수많은 이슈와 환경, 그 상황 속에서 교회의 진정한 변화와 성숙을 바라는 4050목회자들을 중심으로 새로운 목회연구 협력연대인 '목회자미래비전네트워크'를 창립하게 되었다. 이것은 단순히 또 하나의 목회자 모임이 아니라 한국 교회의 이슈들을 각 분야의 전문가들과 함께 나누며 그 새로운 대안을 모색하고 그것을 한국 교회에 적용하고 실천하므로 한국 교회의 진정한 변화를 이루어 가고자 하는 데 그 목적이 있다.

한국 교회의 현재와 미래를 전망하는 《한국 교회 트렌드 2023》은 이러한 배경에서 출간하게 되었다. 과학적인 분석과 데이터를 기반으로 한국 사회와 한국 교회 목회 현장에서 일어나는 다양한 현상들을 예측하고 분석하는 데 기여해온 〈목회데이터연구소〉의 지용근 대표를 만나, 최근 일각에서 한국 사회를 전망하는 여러 책자가 있듯이 120년이라는 역사를 가진 한국 교회에, 변화의 소용돌이 한복판에 서 있는 한국 교회에도 이런 책이 있어야 되지 않겠냐는 데 의견을 같이하여 기아대책과 함께 한국 교회를 섬기는 마음으로 이 책을 발간하게 되었다.

왜 기아대책인가?

이 책을 기획하면서 많은 목회자, 학자, 출판계, 교단의 관계자들을 만나게 되었다. 그리고 그들의 다양한 목소리를 듣게 되었고 많은 자문도, 의구심도, 또한 오해도 받은 것이 사실이다. 그중 왜 기아대책이 이 일을 하느냐며 의아해하는 분도 있었다. 그러나 그것은 아마도 많은 분들이 기아대책에 대한 정확한 이해가 없어서 나오는 질문이 아닌가 한다.

올해로 창립 33주년을 맞이하는 〈희망친구 기아대책〉은 한국에서 최초로 해외를 돕는 NGO로서 원조를 받던 나라에서 도움을 주는 나라로의 시발점이 되었다. 비록 책상 하나 전화기 하나로, 사무실도 변변하게 갖추지 못한 채 시작했지만 기아대책은 그 시작부터 다른 NGO이다.

단순히 가난하고 소외된 사람들의 육체적 필요인 '떡'만 전하는 것이 아니라 예수 그리스도의 피 묻은 '복음'을 전하여 생명을 살리고 하나님의 사람을 세우는 사역을 해야 하였기에 미국 기아대책의 도움을 받아 창립 초기부터 선교사 훈련을 시작하였고, 1992년 최초로 아프리카 우간다에 선교사를 파송하게 되었다. 2022년 현재 전 세계 46개국 400여 명의 전문인선교사인 기대봉사단을 파송하여 교회건축, 제자양육, 수자원개발, 식량개발 및 지원, 의료 및 보건, 긴급구호 등 다양한 국제개발과 선교사역을 이어가고 있다.

또한 국내에서는 한국 교회와 지역에서 소외된 이웃을 섬기고 돌보는 다양한 사역을 이어가고 있다. 즉, 〈희망친구 기아대책〉은 한국 교회와 함께(With the church), 한국 교회를 통하여(Through the church), 한국 교회와 미래세대를 위하여(For the church) 진정한 사역의 파트너로 하나님나라를 세워가는 사역을 진행하고 있다.

그렇기 때문에 기아대책은 교회를 바라보는 관점이 다르다. 특별히 창립 30주년을 전후하여, 그리고 코로나19를 겪는 한국 교회를 바라보면서 랄프 윈터(Ralph Winter) 박사가 말한 하나님의 두 손인 교회의 이중구조에 대해 다시 한번 깊이 돌아보고 있다. 윈터 박사는 그의 책《교회의 이중구조》(IVP)에서 "파라처치(Para-church)는 로컬처치(Local church) 중심이어야 (centered) 하며, 모달리티(modality)인 지역교회를 섬기고 함께 세워가므로 더 많은 소달리티(Sodality)의 사역을 이루어 가도록 협력하며 함께 맞잡은 손이 되어야 한다"라고 언급한다.

〈희망친구 기아대책〉은 모달리티인 지역교회를 섬기고 함께 세워가므로 한국 교회가 지역과 사회에 건강한 교회로 성장과 성숙을 이루어 가는데 'Mission NGO'가 가진 전문성을 가지고 한국 교회의 진정한 사역의 파트너요 선교의 동역자로 서고자 하는 데 그 본래 목적이 있기 때문이다. 기아대책은 현재 16만 명이 넘는 후원자의 기도와 후원을 통해 사역을 진행하고 있다. 후원자의 대부분이 한국 교회와 크리스천이다. 따라서 한국 교회가 건강하게 성장할 때 기아대책 또한 하나님나라의 가치관을 가지고 바르게 사역할 수 있다고 믿고 있다.

황영익 박사의 《레슬리 뉴비긴과 칼빈의 선교적 대화》(드림북)에서 뉴비긴은 "선교는 선교적 본질을 회복하고 칼빈의 참된 교회는 교회됨을 회복하고자 몸부림을 쳤다"고 언급하면서 한국 교회의 방향을 제시하고 있고, 팀 켈러 목사는 《탈기독교 시대 전도》(두란노)에서 "교회는 복음과 문화의 새로운 접점을 찾아야 한다"라고 말하며 "기독교는 그 시대뿐 아니라 세상의 통념을 바꾸는 유일한 공동체"라고 말하고 있다. 앞서 랄프 윈터 박사의 표현처럼 앞으로 미션NGO 〈희망친구 기아대책〉이 선교의 본질과 교회의 교회됨을 함께 회복하고 한국 교회가 문화와 복음의 새로운 접점, 지역과 이웃을 섬겨 세상의 통념을 바꾸는 유일한 공동체가 되기 위해 함께 맞잡은 손이 되어 하나님 앞에 쓰임받게 되기를 소망하고 기도한다.

한국 교회의 변화와 성숙을 위한 대안의 장이 되기를

이 책은 전국의 담임목회자, 부교역자, 평신도, 일반 국민, 그리고 MZ세대에 이르기까지 각각 1500여 명의 대상에게 수많은 교회의 이슈들에 대해 심층적으로 설문조사를 실행하였고, 무려 1,000페이지가 넘는 방대한 양의 데이터를 1,2차 분석하여 9명의 전문가들이 집필한 책이다. 뿐만 아니라 목회자미래비전네트워크의 많은 연구위원과 목회자들이 현장에서 사역하는 목회자의 시각으로 분석한 조언과 제언 또한 반영하였다. 이 책과 함께 제공되는 원자료(raw data)를 가지고 교회의 담임목회자, 부교역자들, 지역의 목회자 모임, 노회 교역자 안에서, 그리고 당회원과 임직자들이 함께 읽고 고민하며 한국 교회를 위한 대안을 만들기를 바라는 마음이다.

〈희망친구 기아대책〉과 함께하는 목회자미래비전네트워크는 이러한 데이터와 책을 근거하여 새로운 대안을 도출하기 위한 한국 교회 트렌드 포럼을 지속해가며 한국 교회의 변화와 성숙을 위한 캠페인 또한 지속해 나가고자 한다. 그래서 이 책이 해를 거듭하고 출간을 거듭할수록 한국 교회 안팎의 다양한 이슈에 대한 더욱 수준 높은 분석과 예측을 통해 그 대안을 마련해 나갈 예정이다.

무엇보다 이 책을 발간하기 위해 노심초사 기도하며 애쓰고 수고해주신 목회데이터연구소 지용근 대표님과 연구팀, 방대한 자료를 분석하고 보고서를 작성해주신 지앤컴리서치 연구팀, 원고의 편집과 수정으로 애쓰신 김영수 박사님과 8인의 집필진, 자문과 출판으로 섬겨주신 여진구 대표님과 편집팀 그리고 출간을 위해 기도와 후원으로 함께해주신 목회자미래비전네트워크 대표 섬김이 김문훈 목사님과 감수 의견을 내주신 회원 목회자분들, 책의 기획행정을 위해 수고한 박종호 본부장과 구창회 차장 그리고 한국 교회를 섬기고자 이 책을 기획하고 출간하는 의견을 흔쾌히 수용해주신 기아대책의 유원식 회장님, 자문을 아끼지 않으신 이사장이신 지형은 목사님께 감사를 드린다.

박재범(희망친구 기아대책 미션파트너십부문 부문장)

플로팅 크리스천의 등장, 그리고 새로운 시도들

2020년 초 시작된 코로나19! 언론은 신천지에 이어 한국 교회를 초기 확산의 주범으로 여겼다. 많은 국민이 '교회발'이라는 언론 기사에 분노했다. 교회 외부적인 시선이 좋을 리 없었고 급기야 한국 교회 신뢰도가 2022년 목회데이터연구소 측정 결과 18%까지[1] 하락했다.

교회 내적으로는 어떠한가. 이런 외부의 부정적 시선으로 교회는 위축될 수밖에 없었다. 코로나19 초기 전도, 교제, 성경공부 등 교회의 기본사역은 극히 미미했고, 주일 현장 예배를 최소한으로 드리고 온라인 예배를 시작하게 되었다. 당시 기업들은 그들의 직원들이 교회에 가서 이 신종 감염병을 옮겨오는 것을 싫어했기 때문에 공개적으로 기독교인 직원들에게 교회 가는 것을 자제시켰다. 이런저런 이유로 한국 교회는 충분한 고민과 준비 없이 온라인 예배를 시작하게 되었다.

이 관성이 컸다. 문화인류학자 칼레르보 오베르그의 '문화충격이론'에 의하면[2] 사람들이 새로운 문화를 접했을 때 처음에는 큰 스트레스를 받다가 6개월을 기점으로 점차 적응하고 1-2년의 시간이 지나면 어느 정도 적응하게 된다고 한다. 2022년 4월 18일 사회적 거리두기 전면 해제 직후에 실시한 개신교인(교회 출석자) 조사 결과에 따르면 거리두기가 전면 해제된 후 현장 예배에 가겠다는 사람이 코로나19 이전의 70%밖에 되지 않았다. 나머지 30%는 교회 밖에서 온라인으로 예배드리거나 혹은 방송이나 가정 예배로 드리거나 그렇지 않으면 아예 예배를 드리지 않는 상태로 남아 있었다.

이 책 1장과 2장에서 설명하는 '플로팅 크리스천'과 'SBNR'(Spiritual But Not Religious)은 코로나19 이후 한국 교회에 벌어지는 상황을 상징적으로 보여주는 단어들이다. 한국 교회는 2022년 하반기부터 내년으로 이어지면서 현장 예배 기준으로 코로나 이전 70%에서 다시 시작하는 셈이 된다. 이 글을 읽는 독자의 교회가 70%보다 낮으면 그 교회는 전국 평균보다 낮으며, 70%보다 높으면 전국 평균보다 높다고 이해하면 된다.

생존을 위한 변화, 하이브리드 처치

얼떨결에 이제 교회도 온라인을 하지 않으면 안 되는 시대가 되었다. 미래 한국 교회를 이끌어 갈 부목사들에게 미래 교회의 온라인 사역에 대해 물어보았는데, 부목사들의 74%가 소형교회나 고령층 위주의 교회를 제외하고는 어떤 교회든 온라인 사역을 하지 않으면 생존이 어려울 것이라고 예상했다.[3] 또 현재 출석 교회의 온라인 예배를 드리는 사람들에게 만일 교회에서 현장 예배 출석 독려를 위해 실시간 온라인 예배를 중단한다면 어떻게 하겠느냐고 물었다. 그 결과 57%만 현장 예배에 가겠다고 답했고, 나머지 43%는 다른 교회로 옮기거나 다른 교회 온라인 예배를 드리겠다고 해 온라인 예배 중단 시 교회 현장 예배 참석을 거부했다. 이제 온라인 예배를 끊을 수도 없게 되었다.

현재 2030 MZ세대들은 디지털 세대이다. 50대 이상 교회의 리더십 그룹은 아날로그 세대이다. 젊은 세대들은 "이건 온라인이야", "저건 오프라인이야" 이런 식으로 구분하지 않는다. 그들은 온라인과 오프라인 간의 전환이 매우 매끄럽다. 그들은 온라인에서 물건을 검색하고 오프라인에서 구매하고 다시 온라인에서 물건을 나눈다. 이 과정이 매우 자연스럽다. 이것이 그들의 삶이다. 그러나 기성세대, 특히 담임목사를 포함한 교회 리더십 그룹은 온오프라인의 구분이 명확하다. 왜냐하면 그들은 선천적으로 오프라인

세대이고 온라인은 학습하면서 배운 것이기 때문이다. 현재의 MZ세대는 시간이 갈수록 점점 교회의 중심적인 역할자가 될 것이다.

어차피 교회는 온오프라인 병행으로 갈 수밖에 없다. 따라서 누가 먼저 그 시스템을 구축하고 운영하느냐가 중요하다. 소위 옴니채널 시스템이다. 복음을 온라인과 오프라인에 동시에 올려놓는 시스템이다. 이런 교회를 우리는 '하이브리드 처치'라 이름한다. 누가 먼저 하이브리드 처치 전략으로 가느냐에 따라 미래 세대를 선점할 수 있고, 미래 교회로 가는 출발점이 다를 수 있다. 그 시점을 먼저 당기는 교회들이 미래 한국 교회를 주도할 것이다. 벌써 미국은 하이브리드 처치 흐름으로 가고 있다. 디지털 선진국인 한국의 기독교도 그 방향으로 갈 것이다. 그래서 3장은 하이브리드 처치를 다루었다. 통계자료를 통해 하이브리드 처치로 가야 하는 이유들, 그리고 하이브리드 처치의 장점들을 설명하였다. 그리고 하이브리드 처치에 가장 적합한 세대인 MZ세대에 대해 6장에서 다루며 청년 사역자들이 깊이 있게 고민할 지점들을 정리해보았다.

코로나19 이후 데이터에 근거한 목회 필요성 인식 증가

2019년 초 목회데이터연구소를 설립하여 한국 교회 목회자와 리더들을 대상으로 매주 조사통계 자료를 주간리포트 형식으로 제공하기 시작했다. 본 연구소의 기여인지는 몰라도, 코로나19 이후 한국 교회가 조사통계 자료에 대한 관심이 높아진 것은 분명한 것 같다. 이제 주먹구구식의 목회가 아니라 정확한 데이터에 근거한 목회가 필요하다는 인식이 코로나 와중에 조금씩 생겨났다. 때로는 강의로 때로는 프로젝트로 여러 교단의 목회자들과 많은 미팅을 가졌다. 그 느낌을 한 단어로 요약한다면 '엄습한 불확실성'이다.

지난 2년 여의 시간을 관찰자로서 한국 교회를 유심히 살펴본 결과, 교회가 크게 세 유형으로 나눠지는 것 같았다. 다들 어렵다고 하는 와중에 조직을 재정비하고 새로운 전략으로 여러 시행착오를 거치면서 다시 일어서는 교회, 어떻게든지 노력해보지만 여의치 않은 교회, 그냥 손 놓고 불확실성이라는 두려움을 안고 흐름에 맡기는 교회…. 앞으로 포스트코로나 시대에는 이 세 유형의 교회가 스스로 각자도생할 수밖에 없는 형국이 될 것 같다.

이 세 유형의 교회의 영향변수로 교회 규모를 생각할 수 있는데, 데이터는 그렇게 말하고 있지 않았다. 즉 대형교회이든 소형교회이든 다시 일어서는 교회가 있고, 두려움 속에 흐름을 맡기는 교회가 있다. 오히려 향후 교회의 성패에 영향을 주는 변수는 따로 있었다. 교회 연한이 짧은 교회, 담임목사 연령이 40-50대이고, 코로나19 이후에도 이전 대비 소그룹 유지율이 높은 교회가 앞으로 성장 가능성이 높은 교회로 분석되었다.[4]

몰라큘 라이프 : 소그룹 공동체

이 책의 4장에서는 분자(molecule)화 된 개인 문화에 대응하는 소그룹 시스템에 대해 자세히 다루고 있다. 아직 전통적인 지역 조직 위주의 소그룹을 운영하고 있는 교회, 그나마도 제대로 운영되지 않고 있다면 이 4장을 유의 깊게 보고, 필요하다면 교회 리더들과 워크숍을 하면서 내년도 소그룹 전략을 수립해보시기를 추천한다.

나는 대학 졸업 후 조사통계 분야에서 30년을 넘게 일했다. 맨날 숫자만 보면서 살아왔다. 그렇게 일하면서 통계자료를 골똘히 보다보면 어느새 숫자가 말을 걸어올 때가 있다. 코로나19 이후 한국 교회 관련 통계 숫자를 지속적으로 보면서 많은 대안과 답들이 있지만, 그래도 어느 한 결론으로 생각이 모아진다. 데이터를 이렇게 돌려봐도 저렇게 돌려봐도, 그것밖에는 답이 없는 것 같다. 그것이 바로 '소그룹'이다. 많은 목회자들이 불확실성 속에서 앞으로 어떻게 해야 하는지 물어온다. 이 책의 4장이 한국 교회에 내주는 답 중에 하나가 되길 바란다.

현재 담임목사들에게 교회 목회에서 가장 어려운 점이 무엇이냐고 물으면 '다음세대 교육'을 가장 우선적으로 꼽고 있다. 그런데 담임목사보다 현장에 더 가까운 부목사들의 경우 '다음세대 교육'을 꼽은 비율이 훨씬 높다. 그만큼 교회 교육 현장이 매우 심각한 상태라는 뜻이다. 그도 그럴 것이 본 연구소의 조사결과에서도 지난 4월 사회적 거리두기 전면 해제 후 교회학교 현장 예배 참석률이 43%에 머무르는 것으로 나타났다. 코로나19 이전 교회 출석 학생이 100명이라면 현재 43명만 출석한다는 의미이다. 다시 말해 코로나로 인해 교회학교 학생 57%가 어딘가로 사라진 것이다. 현재 교회 출석 중고생 중 모태신앙이 무려 60%나 되고 초등학교 이전에 교회 출석한 경우가 20%여서, 한국 개신교는 그야말로 가족종교화되어버렸다.

기성세대가 교회학교에 다녔을 때는 학교를 마치면 바로 집으로 가지 않고 교회로 가서 친구들과 놀기 일쑤였다. 학교 친구보다 교회 친구와 훨씬 친했다. 그러나 지금은 시대가 바뀌었다. 교회학교 학생들은 엄마 아빠 차를 타고 교회에 갔다가 엄마 아빠 차를 타고 다시 집으로 돌아온다. 그리고 학원으로 향한다. 그러니 학생들의 신앙이 과거보다 훨씬 부모의 영향력하에 놓여 있다. 가정에서의 신앙교육이 중요한데, 특히 코로나 이후 교회에 가지 못하는 일이 생기자 집에서의 신앙교육이 절대적으로 중요해졌다. 이는 데이터로도 증명되는데, 교회출석 중고생들에게 개인 신앙생활에 가장 영향을 준 사람이 누구냐는 질문에 '엄마'가 가장 높고, 다음으로는 아버지다. 교회 목사나 전도사, 교사는 1,2위 안에 없다. 그만큼 교회의 교육도 중요하지만 가정에서의 교육이 중요해졌다는 뜻이다.

한편으로 우리나라 청소년들은 하루 종일 핸드폰을 본다고 해도 과언이 아닐 정도로 스마트폰 과의존 비율이 높다. 청소년들의 삶 자체가 디지털 온라인이므로 교회 역시 온라인 교육을 등한시할 수 없다. 따라서 우리는 온라인을 병행한 교육, 거기에 가정을 망라하여 '올라인(All-line) 교육'이라 명명하고 이를 7장에서 자세히 다루었다.

그 밖에 이슈들 : 세대 통합 목회, 공공성, 양극화

코로나를 겪으면서 우리 사회는 사회 각 영역에서 양극화가 빠르게 진행되고 있다. 경제적인 양극화가 대표적이라면 기업의 양극화, 연령별 인식에 있어서 양극화 또한 드러나고 있다. 이를 교회 안에서 들여다본다면 MZ세대를 중심으로 하는 디지털 세대와 고령층 중심의 아날로그 세대가 함께 있다. 목회자는 어느 한 그룹도 소홀히 할 수 없다. 이 책에서는 MZ세대와 더불어 고령 세대에 대한 주제 또한 다루었다. 이 주제를 넣기로 한 가장 결정적인 계기는 교회 직분자 은퇴가 70세인데 우리 국민의 평균 건강수명이 73세여서[5] 은퇴 후에도 평균 3년이나 건강하다는 사실 때문이었다. 아니나 다를까 최근 본 연구소에서 조사한 바에 따르면 71세 이상 은퇴한 직분자 중에 무려 50%가 은퇴했지만 교회에서 주어진 사역을 적극적으로 하고 싶다는 의사를 피력했다.[6] 5장에서 이런 노인 목회에 대해 여러 데이터를 활용하여 전개하였다.

코로나19 이후 한국 교회 신뢰도가 하락되면서 대 사회적 공공성, 공적 역할에 대한 요구가 높아졌다. 교회 밖 국민들은 한국 교회가 자기 교회 중심에서 벗어나서 공적 역할을 강화해야 한다고 강하게 요구하고 있고, 청년들을 포함한 교인들은 자신이 교회를 만족하는 이유로 '교회의 지역사회 구제와 봉사'를 1-2위권으로 꼽았다.[7] 앞으로 한국 교회 트렌드는 교회의 공공성과 공적 역할이 한 축을 담당할 것이다. 이와 관련하여 8장은 '퍼블릭 처치'라는 이름으로 교회의 공적 역할과 마을목회에 대해, 10장은 우리 사회의 가장 큰 위기 요인 중 하나인 기후환경 문제에 대한 교회의 대응과 역할에 대해 정리해 보았다.

코로나19 이전에도 한국 교회는 양극화의 길을 달려왔다. 2019년 우리나라 메이저 교단 중 하나인 예장통합교단의 교세통계 자료를 보면 전체 9,200여 개 교회 중 교인수가 0명인 교회부터 가장 많은 교회까지 나열했을 때 정중앙에 있는 교회의 교인수가 51명(중위수)이었다. 이를 한국 교회로 확장시켜 본다면 전체 교회의 절반이 교인수 51명 이하의 소형 교회라는 이야기다.[8] 코로나 이후 이 양극화는 심해졌는데 최근 지표는 더 안 좋아졌다. 9장에서 이와 관련 데이터를 소개하고 나아가 더욱 어려워지는 소형 교회의 대안까지 설명하였다. 마지막 11장은 한국과 가장 긴밀하면서 기독교 국가 이미지가 강한 미국의 코로나 이후 기독교 트렌드에 대해 살펴보는 것으로 이 책을 마무리하였다.

예상된 위기는 현실화되지 않는다!

코로나19 이후 주변 목회자로부터 줄기차게 요청받은 사항이 하나 있었다. 한국 사회를 읽어주는 트렌드 책은 매년 몇 가지가 출간이 되는데, 한국 교회에도 이제 트렌드 책이 나와야 한다는 요청이었다. 이번에 하나님의 도우심으로 기아대책과 함께 손을 잡고 한국 교회의 트렌드를 분석하는 이 책을 국내에서 처음으로 출간하게 되었다. "예상된 위기는 현실화되지 않는다"라는 말이 있다. 위기로 이끌 수 있는 요인을 예상한 주체들이 미리 대응에 나서면서 실제 위기로는 이어지지 않는다는 의미이다. 이 책은 2023년도를 미리 예상해본 책이다. 각 교회가 이 책을 통해 내년도 계획을 수립, 전략적인 대응을 통해 위기를 극복할 수 있기를 바라는 마음이 간절하다.

이 책은 통계자료를 근간으로 작성한 책이어서 많은 조사비용이 들어갔는데 흔쾌히 동참해주신 기아대책에 깊은 감사를 드린다. 적극적으로 후원해주신 부산 포도원교회 김문훈 목사님, 기아대책 지형은 이사장님과 유원식 회장님 그리고 목회데이터연구소 운영위원장 김지철 목사님과 후원이사회 회장이신 한교총 대표회장 류영모 목사님께 감사를 드린다. 또 기꺼이 글을 써주신 9명의 저자들, 편집을 위해 끝까지 씨름한 김영수 박사와 출판을 허락해준 규장의 여진구 대표님과 편집팀들, 설문지부터 분석 보고서까지 시간 맞춰 많은 보고서를 내야 했던 지앤컴리서치 연구팀, 그리고 더 좋은 책을 내기 위해 끝까지 함께 고민하고 치열하게 토론했던 기아대책의 박재범 목사님과 팀원들에게도 고마움을 전한다.

지용근(목회데이터연구소 대표)

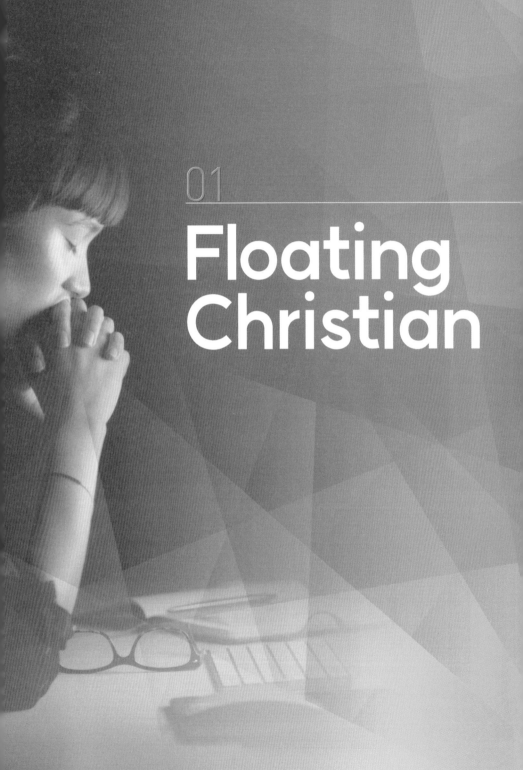

01

Floating
Christian

플로팅 크리스천

코로나19(COVID-19)를 겪으면서 크리스천들의 신앙생활 양태가 달라졌다. 매주 교회에서 활동하고 예배와 모임에 참석하던 분주한 크리스천들의 활동이 멈춰졌고, 교회 중심의 신앙생활에 익숙했던 많은 크리스천들이 '붕' 뜨게 되었다. 이러한 현상을 표현하는 단어 '플로팅 크리스천'(Floating Christian)은 "붕 떠 있는 크리스천", "여기저기 떠도는 크리스천"이라는 뜻이다. 여기저기 떠도는 사람들이라고 평할 수도 있다. 그렇지만 코로나19로 비록 신앙생활의 고정적인 패턴이 바뀌었을지라도 신앙생활 자체를 포기하지 않은 사람들이라고 정의할 수도 있겠다.

플로팅 크리스천은 가나안 성도와 유사한 점이 있다. 그런데 '가나안 성도'는 자발적으로 교회를 '안 나가'는 사람들을 가리키는 말로 한국 교회 안에서 일어난 점진적인 현상인데 반해 '플로팅 크리스천'은 전 세계적으로 발생한 코로나19라는 불가항력에 의해 비자발적으로 등장했다는 것이 다르다. 플로팅 크리스천은 코로나19와 연관이 있는 다른 현상들과도 긴밀히 연결되어 있다.

코로나19는 서구 기독교가 몇백 년에 걸쳐 지나온 긴 변화의 여정을 한순간에 당겨왔다. 한국 교회는 이 급격한 변화의 전환기에 서 있다. 여러 변화 중에서도 '플로팅 크리스천'의 등장에 대해 다루어본다.

"코로나 이후에 교회를 나가지 않아요. 온라인 예배도 몇 번 드리다가 집중이 안 되어 안 드리고 있어요."

"교회는 가지 않고 온라인 예배를 드려요. 저희 교회 예배를 드릴 때도 있고, 다른 교회 예배를 드릴 때도 있어요."

코로나19는 신앙인들의 신앙체계를 변화시켰다. 가장 대표적인 것이 '예배'이다. 2022년 4월 18일 정부의 사회적 거리두기 전면 해제 직후 〈목회데이터연구소〉에서 실시한 개신교인 조사 자료에 의하면, "주일예배를 반드시 교회에서 드려야 한다"라고 대답한 응답자는 34.1%였다. 반면에 61.1%의 응답자는 주일예배를 온라인 예배나 가정예배로 대체할 수 있다고 답했다.

현장 예배를 드려야 한다는 인식이 약화된 현상은 다른 데이터에서도 나타난다. 사회적 거리두기 전면 해제 직후 실제로 교회에 가서 직접 예배를 드린 사람은 응답자의 절반이 조금 넘는 57.4%였다. 코로나19 초반에 현장 예배 참석률이 13.6%였던 것에 비하면 많이 늘어난 숫자이기는 하다. 하지만 여전히 절반 정도의 사람들은 다른 형식의 비대면 예배를 드리거나 예배를 드리지 않았다. 코로나19를 겪으면서 교회에서 예배를 드려야 한다는 주일성수(主日聖守)의 개념이 무너지고 있다는 것을 확인할 수 있다.

"처음 온라인으로 예배를 드릴 때는 힘들었는데, 이제는 온라인이 더 좋은 것 같아요. 더 편해요. 교회 간다고 준비 안 해도 되고 시간도 더 많아요."

온라인 예배를 선호하는 사람들이 공감할 이야기이다. 온라인 예배에 익숙해진 사람들이 온라인 예배의 편리함을 알기 시작했다. 예배를 드리기 위해 굳이 아침 일찍 일어나 분주하게 준비할 필요도 없고, 정확하게 시간을 맞출 필요도 없다. 옷을 차려입거나 격식을 갖출 필요도 없다. 송출되는 예배 영상을 따라가기만 하면 된다. 내 생활방식에 맞게 예배 시간과 형태를 선택할 수 있고 예배 한 번으로 주일을 마칠 수 있으니 봉사를 하거나, 사람들을 만나거나, 애써 교회에서 하는 어떤 프로그램에 참석할 필요도 없어졌다. 주일성수에 대한 무게가 가벼워진 것이다.

코로나19 이전에 크리스천들에게 '주일성수'는 중요한 개념이었다. 과거 "주일성수 = 신앙이 있는", "교회에서 드리는 예배 = 정식예배"라는 등식이 성립되기도 했었다. 교회에서 드리는 예배만 예배다운 예배였고, 집에서 TV로 방영되는 설교를 듣는 것은 예배다운 예배로 간주되지 않았다. 교회에 가지 않으면 뭔지 모르게 마음이 불편했다. 적어도 일주일에 한 번은 반드시 교회에서 예배를 드려야 한다는 생각을 가진 크리스천들이 많았다. 하지만 이 오래된 등식이 코로나19를 거치면서 깨져버렸고 "신앙이 있어도 교회에서 예배드리지 않을 수 있다", "다양한 비대면 예배도 예배다"라는 소리가 들리기 시작했다.

붕 떠 있는, 떠도는 크리스천

이 책에서는 코로나19로 인해 자유로운 신앙 패턴을 가지게 된 사람들을 '플로팅 크리스천'이라고 명명한다. 플로팅(floating)은 "공중이나 물에 떠 있는, 떠도는, 유동적인"이라는 뜻을 가진 형용사이다.

즉 고정된 가치나 비율을 가지지 않고 계속해서 움직이고 변한다는 의미이다. 결국 플로팅 크리스천(Floating Christian)이란 기존의 한국 기독교 문화, 고정된 신앙적 전통이나 가치, 특정한 교리를 따르지 않고 자유롭게 신앙생활을 한다는 의미를 내포하는 것으로, 한국 교회 안에 면면히 흐르고 있던 한국 크리스천들의 신앙적인 전통과 가치, 교리에서 자유로워진 크리스천들을 말하는 것이다.

이전에도 교회 비출석자로 분류되어 '가나안 성도'라고 불린 크리스천들이 있었지만, '플로팅 크리스천'이라는 이름으로 이 현상을 다시 재정의하는 이유는 일차적으로 코로나19 이후 이런 현상이 눈에 띄게 늘어났고, 가나안 성도와는 미묘하게 차이가 나기 때문이다.

코로나19를 거치면서 크리스천들은 좀 더 자유로운 신앙적 사고를 하고 있으며 모든 측면에서 신앙생활이 유연해졌다. 불가피한 상황으로 인한 변화이기는 해도 명백히 변화되고 있다. 사회의 공적인 영역에서 시작된 인식의 변화가 그 바탕이다. 코로나19 이전에는 교회에서 용납되지 않던 것들이 이제 교회 안에서 당연한 것으로 용인된 것이다.

이것은 교회 전반적으로 묵직한 변화를 유도하고 있다. 본서에서 다루는 모든 영역이 이 테두리 안에서 움직이는 진자들이다. 교회학교에 대한 인식이나 MZ세대에 대한 부분, 목회자의 이중직에 대한 이해, 온라인 예배나 온라인 성만찬 문제, 환경 문제 모두 다 연결되어 있는 큰 흐름이다.

플로팅 크리스천
(Floating Christian)

플로팅 크리스천이란 전통적인 신앙생활을 벗어나서 자유로운 신앙생활을 추구하는 자들로 코로나19로 인해 불가항력적으로 생겨났다. 그들은 어느 한 곳에 정착하지 않고 사회변화에 따라 계속해서 움직이며 자신들에게 가장 알맞은 신앙생활을 추구하고 있다.

전통적인 신앙생활을 벗어나 자유로운 신앙생활을 추구하는 사람들이 늘어나며 교회에 정착하지 않고 여러 교회에서 예배를 드리는 사람들이 많아지고 있다.

현재 교회 안에서 일어나는 조용한 변화는 교회 안에서 만들어져 나왔다기보다 교회 밖 세상에서 만들어져 교회 안으로 밀어 넣어진 변화라고 할 수 있다. 플로팅 크리스천이라는 변화도 이 큰 흐름에서 만들어진 현상이다. 코로나19가 아니었다면 몇 년 뒤, 혹은 몇십 년 뒤에 올 미래였는데, 미처 준비되지 않은 지금 찾아온 것이다.

플로팅 크리스천의 양상

플로팅 크리스천들은 현장 예배 참석 여부에 따라 크게 둘로 나뉜다. 첫 번째 그룹의 사람들은 출석 교회의 현장 예배를 참석하면서 다른 교회의 설교를 듣거나 프로그램에 참여하는 사람들이다. 두 번째 그룹은 교회 등록은 했지만 현장 예배에 참석하지 않고 소속 교회 온라인 예배를 드리거나, 다른 교회 설교를 듣거나 예배를 드리는 사람들이다.

엄밀히 말해서 첫 번째 그룹의 사람들은 코로나19 이전에도 있었고, 코로나19 이전에도 그렇게 해왔다. 이 그룹의 사람들이 다른 교회의 설교를 듣거나 프로그램에 참여하는 것은 신앙적인 관심 때문인 경우가 많았다. 한 교회에 출석하면서도 신앙적으로 더 많이 알고 싶고 영적으로 더 충족되고 싶어서 그렇게 하는 것이다.

이번 설문에서 교회에 소속되어 있는 사람 중 출석 교회의 현장 예배에 참석하는 사람은 57.4%였다. 57.4%에 해당하는 사람들 중 다른 교회 설교나 예배 동영상에 접속하는 사람은 전체 교회 출석자의 31.6%에 해당된다. 이들은 출석 교회에서 정기적으로 현장 예배를 드리고 있지만, 개인적인 신앙적 욕구로 다른 교회 동영상에 접속한다. 31.6%가 첫 번째 유형의 플로팅 크리스천인 셈이다.

하지만 두 번째 그룹의 사람들은 코로나19 이후 다소 다른 형태로 등장했다. 교회에 소속되어 있다고 대답한 사람 중 출석하는 교회의 온라인 예배로 주일예배를 드린 사람이 26.9%, 교회에 소속되어 있지만 예배를 드리지 않은 11.1%, 다른 교회 온라인 예배를 드린 2.3%, 주일예배를 가정예배로 드린다는 0.9%, 기독교 방송 예배를 드리고 있는 0.9%, 다른 교회에서 현장 예배를 드리는 0.7%가 두 번째 유형의 플로팅 크리스천으로, 전체 교회 출석자의 42.6%가 여기에 해당된다.

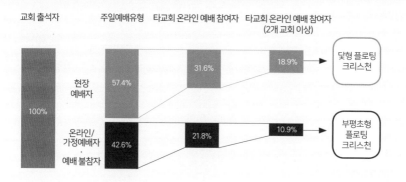

* 2022.04 교회 출석자 기준

1. 두 종류의 플로팅 크리스천

플로팅 크리스천은 가나안 성도와 유사하지만 가나안 성도보다 예배드리는 사람이 더 많다. 교회에 등록되어 있지만 교회 예배 참석에 비교적 자유롭고 교회에서 특별한 활동을 하지 않는다. 이들은 가나안 성도보다 신앙을 유지하고 있는 사람들이 더 많으며 온라인 예배를 더 많이 드리고 있다. 가나안 성도는 신앙생활 자체에 크게 흥미가 없거나 제도교회를 싫어하는 경우가 많지만, 플로팅 크리스천은 신앙생활을 적정하게 유지하는 사람들이 많으며 제도교회에 대한 거부감도 크지 않다. 이 현상이 초반이라 경계를 명확히 구분하기는 힘들지만 플로팅 크리스천과 가나안 성도는 미묘한 차이가 있다.

넓은 의미에서 플로팅 크리스천은 첫 번째, 두 번째 그룹의 사람들을 다 포함한다. 하지만 좁은 의미로 생각한다면 두 번째 그룹의 사람들만 플로팅 크리스천이라고 할 수 있다. 그러나 두 그룹을 다 생각해 보기로 했다. 쉽게 설명하기 위해 첫 번째 그룹을 '닻형' 플로팅 크리스천이라고 부르고, 두 번째 그룹을 '부평초형' 플로팅 크리스천이라 부른다.

닻형 플로팅 크리스천은 밑바닥에 닻을 내리고 있는 배처럼 신앙적 형태가 유동적이기는 해도 고정되어 있는 사람들이다. 이들은 표면은 흔들리는 것처럼 보이지만 닻처럼 한 곳에 뿌리내리고 있어 근본적으로 흔들리지는 않는다. 어느 정도의 반경 안에서만 움직이고 그 반경을 떠나지는 않는다.

부평초형 플로팅 크리스천은 개구리밥 같은 부평초처럼 뿌리가 있기는 하지만 그 뿌리조차 물 위에 떠 있는 사람들이다. 이들은 일단 기독교계를 벗어나지는 않는다.

2. 온라인 예배족

인간은 적응하는 동물이다. 상황이나 환경이 어떻든 간에 적응해 간다. 도시에 살다가 하루아침에 무인도에 떨어진다고 해도 인간은 거기서 생존할 방법을 찾는다. 음식을 찾고, 물을 찾고, 잘 수 있는 장소를 찾는다. 코로나19는 누구도 예상하지 못한 특수한 상황이었다. 스스로 격리해야 했고, 모든 활동을 제한해야 했다. 유례없는 셧다운(shutdown)이 있었고 결국 우리 일상의 모든 영역에 영향을 미쳤다. 교회도 예외는 아니었다. 코로나19 상황의 심각한 영향으로 적응해야 하는 것 중에 하나가 '온라인 예배'였다. 코로나19로 인하여 한국 교회에는 온라인 예배족이 늘어났다.

물론 코로나19 이전에도 온라인 예배는 있었다. 하지만 주로 규모가 큰 교회를 중심으로 매주 드린 예배의 '설교'를 온라인에 올리는 형식이었으며, 사람들이 선호하는 목사의 설교를 온라인을 통해 들을 수 있는 정도였다. 그러니까 이 온라인 설교는 기존에 출석하는 교회에서 예배를 드리고, 거기서 모임을 하고, 프로그램에 참석하고, 다양한 신앙 활동을 한 다음, 다른 목사님의 설교를 듣고 싶을 때 접근할 수 있는 특식 같은 것이었다. 그랬기 때문에 온라인 설교 동영상이 '예배'라는 인식은 약했다.

그러나 코로나19 이후 정부의 방역방침에 따라 현장 예배 인원이 일시적으로 통제되었고 모든 대면 모임이 중지되었다. 예배 영상 제작자들을 제외한 모든 사람들이 실시간 동영상으로만 예배를 드릴 때도 있었다. 각종 모임도 비대면 방식으로 진행되었다. 동영상 제작이 어려운 교회는 얼마간 예배를 드리지 못했다. 동영상이나 줌(Zoom) 등 미디어에 익숙하지 않은 대다수의 사람들이 이에 대해 불편함을 나타냈다. 하지만 차츰 동영상 예배에 익숙해졌고 온라인 예배와 줌으로 모이는 소모임도 확산되고 정착되었다.

예배에 대한 인식이 달라진 후 동영상 예배는 '예배'로 인식되었다. 정부의 방역방침이 전면 해제된 이후에도 30.1%는 온라인이나 TV를 통해 예배를 드리고 있다.

현재 온라인 예배를 드리고 있는 사람들에게 출석 교회에서 온라인 예배 송출을 중단한다면 어떻게 할 것인지를 질문했다. 응답자들은 "다른 교회의 온라인 예배나 방송 예배를 드리겠다" 24.5%, "온라인 예배를 하는 교회로 옮기겠다" 4.3%로 답했다. 온라인 예배의 유무에 따라 교회를 옮기겠다는 것이다. 다른 말로 하면 온라인 예배

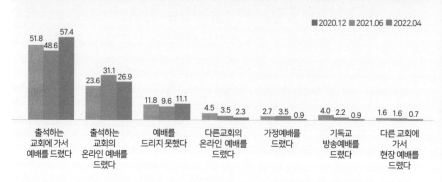

지난 주일예배 형태

■2020.12 ■2021.06 ■2022.04

구분	2020.12	2021.06	2022.04
출석하는 교회에 가서 예배를 드렸다	51.8	48.6	57.4
출석하는 교회의 온라인 예배를 드렸다	23.6	31.1	26.9
예배를 드리지 못했다	11.8	9.6	11.1
다른교회의 온라인 예배를 드렸다	4.5	3.5	2.3
가정예배를 드렸다	2.7	3.5	0.9
기독교 방송예배를 드렸다	4.0	2.2	0.9
다른 교회에 가서 현장 예배를 드렸다	1.6	1.6	0.7

*교회 출석자 기준

자 10명 중 3명은 교회를 옮기는 한이 있어도 온라인 예배를 포기하지 않겠다는 뜻이다.

이런 현상은 50대 이상보다는 20-40대가, 읍면에 있는 교회보다는 대도시 교회가, 중직자보다는 일반 성도가, 100명 미만 교회보다는 100명 이상의 교회에서 더 두드러졌다. 동영상에 더 익숙한 세대가, 익명성이 보장되고 교인 간 관계가 더 느슨한 교회가, 그리고 소속감이 더 약한 교인들이 교회를 이탈하여 부평초형 플로팅 크리스천이 될 가능성이 더 높다는 것을 보여준다.

부평초형 플로팅 크리스천은 코로나19 이전보다 더 많아졌다. 주목할 것은 온라인으로 예배드리는 50대 이상의 크리스천보다 9% 더 많은 20-40대 크리스천이 여기에 속한다는 것이다. 이것은 50대 이하의 세대가 교회에 소속되는 것에 대하여 좀 더 유동적인 생각을 가지고 있다는 말이다.

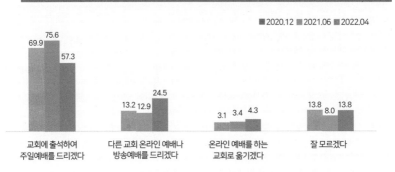

온라인 예배 중계 중단 시 태도

■ 2020.12 ■ 2021.06 ■ 2022.04

69.9 75.6 57.3
교회에 출석하여
주일예배를 드리겠다

13.2 12.9 24.5
다른 교회 온라인 예배나
방송예배를 드리겠다

3.1 3.4 4.3
온라인 예배를 하는
교회로 옮기겠다

13.8 8.0 13.8
잘 모르겠다

* 지난 주일 출석교회 온라인 예배 드린 자, N=322

이제 온라인 예배는 현장 예배의 대체재가 되었다. 이전에 유명 교회 목사들의 설교가 보완재였다면 온라인 예배는 대체재이다. 보완재란 두 재화를 동시에 소비할 때 효용이 증가하는 재화(財貨)를 말한다.[1] 없어도 되지만 있으면 더 나은 것이 보완재다. 커피를 마실 때 커피의 설탕과 같은 것이다. 그러나 대체재는 비슷한 만족을 얻을 수 있어 서로 경쟁 관계에 있는 재화를 말한다.[2] 커피가 없으면 커피 대신 마실 수 있는 차가 대체재가 된다. 플로팅 크리스천은 이제 더 이상 예배를 드리러 교회에 가지 않는다. 그들에게 온라인 예배라는 대체재가 있기 때문이다. 그들은 이제 그냥 자신이 드리고 싶은 교회의 동영상에 접속하기만 하면 된다.

그러면 온라인 예배를 없애면 이들이 다시 올까? 답은 "Yes and No"이다. 그렇기도 하고 그렇지 않기도 하다는 뜻이다. 일부는 돌아오겠지만 일부는 돌아오지 않을 것이다. 이미 의무감이 약해진 현장 예배에 대한 인식은 예배에 대한 자유로운 사고를 가능하게 했고 자유로운 사고는 유동적인 행동을 만들었다. 사고는 행동을 변화시킬 수 있는 힘이기 때문이다. 이미 예배에 대한 인식이 달라졌는데 온라인 예배를 없앤다고 모든 크리스천들이 교회로 돌아오지는 않을 것이다. 특히 부평초형 플로팅 크리스천들의 경우에 더욱 그렇다. 이들은 다른 대체재를 찾거나 예배를 포기할지도 모른다. 결국 가나안 성도와 더불어 부평초형 플로팅 크리스천들이 제도교회를 떠나게 되는 것이다.

일부 크리스천들 안에 '우리 교회'라는 의미가 달라지고 있다. 코로나19 이전에 우리 교회란, 내가 소속감을 가지고 다니는 교회, 내가 예배드리는 교회, 내가 활동하는 교회라는 의미가 있었지만, 코로나19 이후 나타난 부평초형 플로팅 크리스천에게는 그런 소속감을 기대하기 어렵다. 그들은 필요에 따라 교회를 쉽게 바꿀 수 있다. 그저 예배만 드릴 수 있으면 된다.

3. 교회 내 대인관계

플로팅 크리스천에게 인간관계가 중요하지 않을까? 단정할 수 없고 알 수 없다. 개인의 성향이나 다른 이유가 있을 수도 있으니까 말이다. 하지만 적어도 부평초형 플로팅 크리스천들에게 교회의 인맥과 모임이 그다지 중요하지 않은 것이 확실하다.

사람들은 코로나19 상황에서도 만나야 할 사람들을 만났다. 해야 하는 모임은 가졌고 대면이 불가능하면 비대면으로라도 모임을 지속했다. 그 기간 동안 사람들은 중요한 모임과 사람을 선별하여 선택적으로 만났다. 처음 1년은 많은 사람들이 사적 모임을 자제했지만, 정부의 방역정책의 강약이 반복되고 코로나19가 2년을 넘어가면서 사적 모임을 가지기 시작했다. 수도권의 일부 식당이나 커피숍은 사람들로 북적였고 카페거리에 수많은 카페에도 사람들이 붐볐다.

"이해가 안 되는 게, 사람들이 식당도 가고 카페도 가고 다 가요. 그런데 교회는 안 와요."

일부 수도권 크리스천들이 했던 말이다. 사람들이 식당이고 카페는 다 갔지만 정작 교회는 오지 않았다. 2020년 12월에 실시한 조사 자료에 의하면 현장 예배에 참석한 사람들의 비율이 51.8%였다. 응답자 중 절반의 사람들이 교회에 가서 예배를 드렸다.

그 후 2021년 6월과 2022년 4월 두 차례에 걸쳐 추적 조사를 했지만 현장 예배를 드린 비율은 큰 차이가 없었다. 정부의 정책이 완화된 시점에도 현장 예배를 드리러 교회에 간 사람의 비율이 눈에 띄게 증가하지는 않았다. 반드시 교회에 가서 예배를 드려야 한다는 생각이 약화되었다는 증거다.

코로나19 기간 동안 소그룹의 상황은 더 좋지 않았다. 4명 중 3명(75.0%)이 소그룹에 속해 있지만 그중 65.9%가 그들의 소그룹이 잘 운영되지 않거나 코로나19 기간 동안 거의 모이지 않았다고 응답했다. 소그룹 활동률과 관련하여, 전체 교회 출석자 기준으로 정리해보면 소그룹에 "정기적 참석" 23.5%, "가끔 참석" 16.9%, "거의 참석 못함/코로나 기간 중 모임 없었음" 34.6%, "소그룹에 속해 있지 않음"

25.0%였다. 정기적이든 부정기적이든 소그룹 활동을 하는 사람은 40.4%로 나타났다. 출석 교회 현장 예배 참석률 57.4%에 비하면 소그룹 활동률이 더 저조하다는 것을 알 수 있다.

이 기간 동안 예배에 가지 않은 사람들은 소그룹에 가지 않는 경향이 두드러졌고, 이것은 교회 내에서 활발한 대인관계를 하지 않았다는 증거가 된다. 결과적으로 부평초형 플로팅 크리스천들은 교회 안에서 인간관계를 활발히 하지 않았을 가능성이 더 많다.

4. 신앙 형성

현대 사회의 특징 중 하나는 정보의 과잉이다. 인터넷이나 다양한 매스 미디어의 증가로 인해 한 영역에서 생산된 정보가 대단히 빠르게 확산된다. 인도에서 홍수가 나면 그 뉴스가 다양한 루트로 전 세계에 퍼져나간다. 인도에 전혀 가보지 않았고 관심 없는 사람들조차 인도의 홍수 소식을 듣고 일부는 그들을 돕는다. 과거보다 더 많은 정보가 공유되고 있기 때문이다.

한국 교회도 정보를 공유한다. 교계에서 일어나는 다양한 일들이 다양한 방법으로 전달된다. 하지만 정보가 균일하게 전달되지는 않는다. 현대 사회 정보 전달의 특징은 에코 체임버(Echo Chamber), 필터버블(Filter Bubble), 확증편향(Confirmation Bias)으로 표현할 수 있다.

에코 체임버(Echo Chamber)는 성향이 비슷한 사람끼리 정보를 주고받기 때문에 기존 성향이 더 강화되는 것을 말한다.[3] 이는 정보 이용자가 같은 입장의 정보만 반복해서 수용하는 현상을 말한다. 복음주의적 성향을 가진 크리스천은 복음주의적 성향의 설교만 선택적으로 듣는다. 유사한 생각과 신앙을 가진 사람들이 동일한 동영상을 선택하고 유사한 성향을 가진 설교자의 신앙과 생각에 영향을 받는 것이다.

이와 유사한 필터버블(Filter Bubble)은 대형 인터넷 정보 기술(IT) 업체가 개인 성향에 맞춘 필터링된 정보만 제공하여 비슷한 성향의 이용자를 한 버블 안에 가두는 현상을 말한다.[4] 에코 체임버는 이용자가 정보를 선별하고 선택한다면, 필터버블은 매체가 정보를 선별하고 선택하는 것이다. 유튜브에서 복음주의적인 설교를 몇 번 들으면 유튜브는 자동적으로 유사한 성향의 다른 유튜브 창을 그 사람의 유튜브에 올려준다. 컴퓨터가 정보를 큰 카테고리 안에서 선별해주는 것이다.

확증편향(Confirmation Bias)은 기존 신념에 부합하는 정보나 근거만 찾으려고 하고, 이와 상반되는 정보를 접하게 될 때 그 정보를 무시하는 인지적 편향을 말한다.[5] 즉, 여러 설교를 듣는다 하더라도 설교를 듣는 사람은 이미 형성되어 있는 자신의 신앙에 기반해서 정보를 선택적으로 받아들이는 경향이 있다는 것이다. 이미 형성된 신앙 안에서 유사한 색깔의 신앙 정보만 받아들인다는 것이다. 즉 듣고 싶은 것만 듣는 것이다.

동영상을 기반으로 하는 플로팅 크리스천들의 경우 이런 경향에 노출된다. 사실 엄밀하게 말하면, 현장 예배만 참석하든, 현장 예배에 가면서 동영상을 접하든, 동영상만 듣든, 신앙을 가지고 있다는 것 자체가 에코 체임버의 성향을 가질 확률을 높인다. 신앙인들은 유사한 신앙을 가진 다른 신앙인들과 정보를 나누고 받아들인다. 평신도들은 목사의 말에 영향을 받는다. 그들의 생각은 목사의 생각을 따라가게 된다. 에코 체임버와 확증편향이 나타날 수 있다.

하지만 과거와 달리 동영상을 기반으로 하는 환경으로 인하여 담임목사의 영향력이 절대적이지 않을 가능성이 높아진다. 과거에는 담임목사의 목회 방침과 설교가 그 교회 교인들에게 많은 영향을 미쳤다. 비록 다른 목사가 교회에 와서 설교를 하더라도 말이다. 하지만 동영상은 이런 담임목사의 영향력을 축소시킨다. 동영상은 언제든 접속할 수 있고, 동영상을 통해 많은 설교자의 설교를 들을 수 있다. 더 많은 유튜브 설교를 선택해서 들을 수 있다는 것이다. 유튜브의 자체 필터링이 필터버블과 확증편향을 강화시킨다고 하더라도 교인들은 훨씬 더 많은 설교자의 설교에 영향을 받게 된다.

크리스천들은 그들이 좋아하는 설교를 골라서 듣고, 유사한 설교 채널을 선택하고, 비교적 다양한 설교를 들으면서 선택적으로 받아들인다. 담임목사의 설교는 그중에 하나가 된다. 동영상에 기반한 신앙을 가진 플로팅 크리스천들의 경우, 출석 교회 담임목사의 성향이 어떠하든 그 영향을 상대적으로 덜 받게 되는 것이다. 동영상을 통해 다른 설교를 듣고 담임목사와 상관없이 자신만의 신앙적 성향을 선택적으로 형성하게 되면서 이전보다 출석 교회 목사의 설교 의존도가 약해지게 된다.

플로팅 크리스천의 등장 배경

1. Optional Culture : 선택 문화

한국 교회는 독특한 특징을 가지고 성장했다. 교단에 상관없이 비슷한 색깔을 가졌다. 장로교든, 감리교든, 성결교든, 순복음이든 금요철야에서는 통성기도와 방언기도를 하며, 찬양은 경배와 찬양 스타일로 하고, 금요철야 찬양은 박수를 치면서 한다. 또한 거의 모든 교회가 새벽기도를 하고 소그룹을 한다.

이렇듯 한국 교회는 코로나19 이전에도 유사점이 많았다. 그런데 코로나19가 이런 교회의 유사성을 더 확대시켰다. 동영상 매체가 중요하게 된 시기에 크리스천들은 인터넷상에서 더 많은 교회를 떠돌아다녔다. 코로나19 이전에는 동영상을 만들지 않던 많은 교회가 코로나19 이후 유튜브에 노출되었고, 사람들은 다른 교회 동영상에 접속하기가 더 쉬워졌다.

실제로 2022년 4월, 사회적 거리두기 전면 해제 직후에 실시한 조사 결과에 따르면 출석 교회가 있지만 다른 교회 예배나 설교를 듣는다는 사람의 비율이 55.0%였고 그중 하나가 아닌 두 개 이상의 교회를 경험한 사람은 32.9%였다. 즉 교회 출석자의 3명 중 1명이 다른 교회 예배나 설교에 영향을 받고 있다는 것이다.

언급한 대로, 코로나19 이전에도 한국 교회는 유사성이 높았다. 한국 교회사 초반에 설교자의 부족으로 시작된 부흥회, 상설 부흥회와 같은 기도원, 기독교방송의 보급, 대학의 선교단체들, 목회자 세미나 등이 이런 유사성을 만들어낸 매개체였다. 이 매개체의 공통점은 초교파적으로 진행된다는 것이었다. 교단이든 교회든 상관없이 관심이 있는 사람은 누구나 참석이 가능했다. 참석자들은 동일한 목사의 영향을 받았다. 많은 한국 교회가 교단에 상관없이 복음주의적인 성향을 띄는 이유가 이것 때문이었다.

코로나19 때문에 생겨나고 만들어진 동영상은 이제 또 다른 매개체가 된다. 동영상이 다른 매개체와 다른 것은 설교자와 교회를 선택할 수 있다는 것이다. 이전의 매개체들은 개인이 설교자나 강사를 선택할 수 없었다. 주최 측에서 섭외한 강사의 설교나 강의를 일방적으로 들어야 했다. 하지만 동영상은 그렇지 않다. 이전 같으면 담임목사나 부흥사의 설교가 마음에 들든 그렇지 않든 선택할 수 없었다. 일단 한 교회에 정착하게 되면 정치적 성향이 달라도, 어떤 면이 마음에 들지 않아도 수동적으로 들어야 했다. 그러나 동영상은 내 성향에 따라 설교자를 선택할 수 있고, 내가 듣고 싶고 알고 싶은 영역의 설교만 들을 수도 있다. 선택이 가능해졌다.

이것은 오늘날 한국 문화와 그 맥을 같이한다. 교회에 '선택의 문화'가 들어온 것이다. 코로나19 이전에 '하나투어'에서 여행 트렌드를 분석했다. 하나투어는 매년 하나투어를 이용하는 고객들의 데이터를 기반으로 관광 트렌드를 추적 분석하고 예측했다.[6] 이 보고서에 따르면, 하나투어에서 예측한 2019년 트렌드 중에 하나가 '탈패키지 상품의 증가'였다. 이것은 2019년 이전 5년 동안 여행 일정을 자유롭게 조립하는 개별 맞춤 여행이 연평균 11% 증가한 것에 따른 분석이었다. 과거에는 여행사가 임의로 정한 일정에 따라 움직이는 패키지여행이 대중적이었지만, 최근에는 자유로운 여행을 하고 싶어 하는 사람들이 늘어나고 있다는 것이다.

코로나19 이전부터 시작된 현대 한국 사회의 문화 중 하나가 '선택의 자유'의 확산이었다. 최근 몇 년간 현대 한국인들은 선택할 수 있는 문화를 선호한다. 모든 영역에서 그 비율이 점차 늘어나고 있다. 동영상 강의나 사이버대학의 유례없는 호황이 이런 흐름의 반영일 것이다.

플로팅 크리스천의 등장은 이런 문화적 배경을 바탕으로 한다. 현대 한국 사회에 확산되고 있는 자율적인 선택의 문화에서 플로팅 크리스천이 나왔다. 그들은 기독교 콘텐츠를 선별하고, 선택하고, 소비한다.

2. Subjective Religious Curator : 주관적 종교 큐레이터

2000년대 이래 심리학계에 급부상한 단어가 있다. "주관적 안녕감"을 의미하는 'Subjective Well-being'이라는 용어이다. '주관적 안녕감' 또는 '주관적 행복'이란, 개인이 스스로 자신의 삶에 대해 인지적 정서적 평가를 하는 것을 말한다. 이 개념에서 중요한 것은 행복을 판단하는 주체가 타인이나 사회가 아닌 '자신'이라는 것이다.

큐레이터(curator)는 미술관이나 박물관에서 작품을 수집하고 관리하며 전시회를 기획하는 사람을 말한다. 그들이 하는 큐레이션(curation)은 폭발적으로 증대된 정보들 가운데 가치 있는 콘텐츠를 선별하여 소비자들이 좀 더 쉽게 접근할 수 있도록 도와주는 작업이다. 다시 말해 큐레이터는 많은 정보들 가운데 어떤 정보를 선별하여 소비자들이 좀 더 쉽게 접근할 수 있도록 도와주는 사람이다.

그렇다면 종교 큐레이터는 많은 종교 정보 가운데 가치 있는 것을 선별하고 선택할 수 있도록 하는 것이다. 따라서 '주관적 종교 큐레이터'(Subjective Religious Curator)라는 것은 자기가 자신을 위해 많은 종교 정보들을 수집하고, 선별하고, 최종적으로 선택한다는 뜻이다. 어떤 교회를 선택하고, 어떤 예배 형태를 선택하고, 어떤 예배 시간을 선택하고, 어떤 모임에 참석할지를 자신이 주체적으로 선택한다는 말이다.

이렇듯 코로나19는 크리스천들이 자발적으로 어떤 선택을 하게 만들었다. 현장 예배에 갈지 가지 않을지를 선택하고, 출석 교회와 상관없이 동영상으로 예배드리는 교회를 선택하고, 예배 형태를 선택하고, 예배 시간을 선택하고, 헌금의 유무와 헌금하는 교회를 선택하게 했으며, 모임의 참석 유무를 결정하게 했다. 이것은 코로나19 이전과 사뭇 다르다. 코로나19 이전에는 예배나 모임 시간을 개인이 결정할 수 없었다. 예배드리는 그 시간에 헌금을 했다. 거기에 선택의 여지가 없었다. 교회가 결정하는 대로, 목사가 결정하는 대로 평신도들은 따라가야 했다.

출석 교회의 예배에 참석하는 닻형 플로팅 크리스천이라 하더라도 그들은 주체적인 종교 큐레이션을 한다. 출석 교회의 예배를 드리지만 동영상으로 다른 교회 예배에 참석하거나, 대형교회에서 하는 동영상 프로그램에 참여하며, 가치 있다고 생각되는 교회에 헌금을 한다. 고정적으로 출석하는 교회가 있지만, 주일예배 참석 유무와 타교회 활동을 자신이 기획하고 선별하고 선택한다. 크리스천들은 더 이상 담임목사의 목회 방침에 수동적으로 따라가는 것이 아니라 자신의 가치에 따라 다양한 방식으로 종교 큐레이션을 하기 시작했다.

《소속된다는 것 : 현대 사회의 유대와 분열》(문예출판사, 2015)의 저자 귀베르나우는 '소속'과 '자유'는 양가감정과 긴장관계에 있다고 했다.[7] '선택 문화'와 '주관적 종교 큐레이션' 현상의 이면에는 구속받기 싫어하는 현대인들의 욕구가 내재해 있다. 더욱이 한국 사회는 1세기 전으로 거슬러 올라갈 필요도 없이 현재도 여전히 암묵적인 복종과 순응이 요구되는 사회이다. 따라서 현대 한국인들에게는 그런 사회적 분위기를 이탈하고 싶은 욕구가 내재해 있다. 그리고 최근 그런 욕구가 여기저기서 터져 나온다.

트렌드 전망 및 시사점

'플로팅 크리스천'은 코로나19로 인해 나타난 두드러진 현상이다. 그런데 흥미롭게도 이것은 종교에서 영성으로 흘러가는 세계종교의 현상과 그 맥을 같이한다. 서구 유럽에서는 이미 이런 현상이 나타나기 시작했다. 제도 종교는 쇠퇴하고 개인적인 영성을 추구하는 방향으로 종교의 흐름이 달라지고 있다. 사람들은 영적인 것을 추구하고 있지만, 그것을 반드시 교회에서 추구하기를 원하지는 않는다.

비슷한 방향에서 한국 기독교의 지형도 달라지고 있다. 코로나19 이전에 이미 한국 교회는 쇠퇴하고 있었다. 기독교계도 그것을 인식하고 각 교회에 각성을 촉구해왔다. 그런데 코로나19가 그것을 더 가속화시켰다. 이 흐름이 아직 대세가 아니더라도 큰 흐름의 물꼬가 트였다. 그 시작이 '플로팅 크리스천'이다.

이제 교회는 패러다임을 달리해야 할지도 모른다. 교회에 소속된, 특히 우리 교회에 소속된 크리스천을 만드는 것이 지금까지 한국 교회가 가지고 있었던 패러다임이었다. 우리 교회가 성장해야 하고, 사람들이 우리 교회에 와야 했다. 그렇게 등록된 사람들이 우리 교회를 든든히 세우는 데 중요한 역할을 했다. 사람 수와 재정의 규모는 자주 그 교회를 평가하는 척도가 되기도 했다. 교회의 전도 방식이 공격적이라는 지적도 있었지만 우리 교회를 확장시켜야 했다. 교회끼리 보이지 않는 경쟁 구도가 형성되었던 것이 사실이다.

하지만 코로나19 시대를 지나면서 교회의 기존 패러다임을 재고할 필요가 있다. 부평초형 플로팅 크리스천은 제도권 교회 안으로 들어오지 않을지도 모른다. 오래전부터 가나안 성도가 있었다. 그런데 교회는 가나안 성도들을 교회 안으로 데려오지 못했다.

부평초형 플로팅 크리스천을 대상으로 하는 목회는 다른 방법으로 접근해야 한다. 아직까지 그들이 동영상으로 예배를 드리고 있다는 것은 그래도 기독교의 테두리 안에 있고 싶다는 것이다. 그들의 종교적 정체성은 크리스천이다. 단, 굳이 교회에 나가 예배를 드리고 싶지 않고, 어떤 교회에 소속되고 싶지 않고, 어떤 봉사도 하고 싶지 않을 뿐이다. 현대적 사고와 가치를 가지고 있는 자들이다. 한국 교회는 이들에게 새롭게 접근해야 한다.

목회자들의 기대와는 달리 부평초형 플로팅 크리스천의 수가 크게 즐어들 것 같지 않은데, 목회자들은 더 전통적인 방식을 고수하는 것 같다. 조사 대상 목회자들의 59.8%는 온라인 교회를 인정할 수 없다고 답했고, 약 80%는 주일예배는 반드시 교회에서 드려야 한다고 생각했다. 사회적 거리두기 전면 해제 이후 앞으로 주일예배를 어떻게 드릴 것인지에 대해, 현장 예배만 드리고 온라인을 활용하지 않을 것이라고 대답한 목회자도 39.5%이고, 코로나 이전 방식대로 현장 예배 후 설교 영상만 올리겠다고 대답한 사람도 12.3%이다. 50%가 넘는 목회자가 온라인을 활용하지 않거나 기존 방식을 고수하겠다고 답한 것이다.

플로팅 크리스천 현상에 대해 교단과 교회는 다각도로 논의하고 적극적으로 생각해야 한다. 부평초형 크리스천을 단지 신앙이 없는, 또는 신앙이 떨어진 크리스천으로 간주할 것이 아니라 또 다른 방식으로 그들을 크리스천으로 성장시킬 방법을 찾아야 한다. 목회자들은 좀 더 큰 틀과 전체적인 맥락에서 새로운 형태의 크리스천들에게 신앙적 돌봄을 제공할 필요가 있다.

Spiritual
But
Not
Religious

SBNR

코로나19 기간 동안 한국 교회에 'SBNR'이 많아졌다. SBNR은 "Spiritual But Not Religious"의 약자로 영적이지만 종교적이지는 않다는 말이다. 과거에는 '영적인 것'과 '종교적인 것'이 같은 말이었다. 영적인 사람이 종교적인 사람이고, 종교적인 사람이 영적인 사람이었다. 하지만 현대에는 종교적인 것이 교회라는 조직과 더 연관이 있고, 영적인 것이 교회 조직과 상관이 없다. 영적이지만 종교적이지는 않을 수 있다. 반대로 종교적이지만 영적이지 않을 수도 있다.

SBNR은 플로팅 크리스천과 밀접하게 연관되어 있지만, 교회를 나가지 않는다는 점이 다르다. 그래서 가나안 성도, 부평초형 플로팅 크리스천은 SBNR에 포함되지만, 닻형 플로팅 크리스천은 포함되지 않는다.

SBNR이 눈에 띄게 나타나고 있는 것은 한국 교회가 새로운 국면에 접어들었다는 것이다. 서구 유럽 기독교 국가에서는 이미 SBNR이 존재했다. 2000년대 전후부터 서구 유럽 학계에서는 계속해서 이에 대한 활발한 논의가 있었다. 기독교가 쇠퇴하는 것을 보고 종교가 없어질 줄 알았는데 다른 형식의 종교적 흐름이 생긴 것을 발견한 것이다. 즉 교회는 쇠퇴하고 SBNR은 증가한 것이다. 코로나19로 인해 한국에도 SBNR이 눈에 띄게 증가했다. 이제 한국 교회도 SBNR의 두드러진 증가에 어떻게 대응할지 고심해야 할 시점이 되었다.

"교회는 안 다니는데 하나님은 믿어요. 그냥 저 혼자 가끔 기도도 해요."

한국 교회의 신앙 유형이 달라지고 있는 것을 나타내는 말이다. 코로나19를 지나면서 한국 교회에 눈에 띄게 많아진 그룹이 생겼는데, 바로 교회는 가지 않지만 하나님을 부정하지는 않는 사람들이다. 하나님을 믿는 것과 교회를 가는 것이 별개가 되었다. 하나님의 존재도 믿고 기도도 하고 성경도 가끔 보지만 교회에 소속되어 있지 않은 사람들이 늘었다는 것이다.

2022년 4월 사회적 거리두기 전면 해제 시점 직후에 진행한 "코로나19 이후 한국 교회 변화 추적조사" 결과, 전체 개신교인 중 79.8%는 교회에 소속되어 있고 20.2%는 교회에 소속되어 있지 않은 '가나안 성도'로 나타난다.

교회에 소속된 사람들 중에는 현장 예배를 드리는 사람, 소속 교회 온라인 예배를 드리는 사람, 예배를 드리지 못한 사람, 다른 교회 예배나 방송 예배를 드리는 사람이 다 포함되어 있어서, 교회에 소속되어 있다고 답한 79.8%의 사람들 중 42.6%는 현장 예배에 나가지 않는 것으로 조사되었다.

한편 개신교인 중 20.2%는 교회에 소속되어 있지 않다고 답했지만 모두 개신교인의 정체성을 가지고 있었다. 교회에 소속되어 있다고 답한 사람 중 현장 예배에 나가지 않는 42.6%와 교회에 소속되어 있지 않다고 대답한 20.2%가 이 글에서 주목해야 하는 그룹이다. 이 두 그룹을 합해 전체 개신교인 기준으로 환산하면 54.2%에 해당된다.

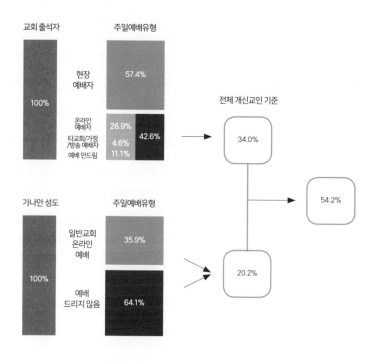

교회를 나오지 않는 크리스천

현대 한국 교회는 크리스천의 정체성과 영성의 범주가 넓어지고 있다. 교회에 나가지 않지만 크리스천이라고 생각하고 있는 사람들, 교회에 소속되어 있지 않지만 온라인 예배는 드리는 사람들, 출석교회가 있지만 예배를 매주 드리지 않는 사람들, 출석교회 온라인 예배를 드리는 사람들 등 교회 출석 여부와 크리스천의 정체성이 분리되고 있다.

2018년 한국교회탐구센터의 "가나안 성도의 신앙인식 및 생활에 관한 조사"에는 가나안 성도들의 종교적 정체성에 대한 질문이 포함되어 있었다. 가나안 성도들에게 교회를 나가지 않는데 크리스천이라고 생각하는 이유를 물었는데, 37.9%는 그들이 "하나님의 존재를 믿기 때문에"라고 답했다. 거의 비슷한 맥락으로 12.3%는 "예수님의 대속을 믿기 때문에"라고 답했다. 따라서 50.2%의 응답자들은 교회 출석 여부를 떠나 자신의 신앙에 근거하여 자신이 크리스천이라고 생각했다. 그 밖에 26.2%는 "기독교 가정에서 자랐기 때문에"라고 답했고, 13.2%는 "오랫동안 신앙생활을 해왔기 때문에"라고 답했다. 약 39.4%가 자신의 기독교 환경이나 오래된 신앙적 가치를 자기 종교적 정체성의 기반으로 생각하고 있는 것이다. 이런 현상들이 크리스천의 정체성이 교회 출석 여부와 분리되어 있다는 증거다.

크리스천으로서 정체성의 확장은 기독교 영성과도 연관되어 있다. 한국 교회에서 사용하고 있는 기독교 영성은 수도원 영성을 생각하는 경우가 많지만, 현대적 개념에서의 영성은 더 포괄적인 개념으로, 다른 종교의 전통 또는 종교의 전통과 무관한 영역을 포함한다. 가령 교회와 분리되어 있는 성스러운 것에 대한 주관적 경험, 깊은 가치와 의미, 초자연적인 영역, 개인적인 성장, 궁극적이고 성스러운 것에 대한 추구, 종교 경험, 내적 측면과의 깊은 만남을 포함하는 광범위한 개념이 영성이다. 개인의 종교적 영성을 넘어 환경적 영성, 생태적 영성, 사회적 영성이라는 용어가 등장한 이유가 이것이다.

이 책에서는 기독교 신앙과 기독교적 영성을 가지고 있지만, 교회에 나가지 않는 사람들을 SBNR(Spiritual But Not Religious)이라 부른다. 여기서 '종교적인'이라는 뜻의 'Religious'는 제도권 교회를 말하

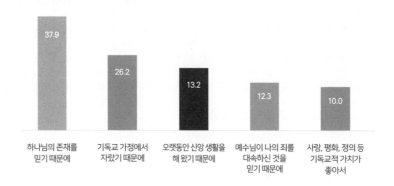

가나안 성도가 기독교인으로서 갖는 정체성의 근거

37.9 — 하나님의 존재를 믿기 때문에
26.2 — 기독교 가정에서 자랐기 때문에
13.2 — 오랫동안 신앙 생활을 해 왔기 때문에
12.3 — 예수님이 나의 죄를 대속하신 것을 믿기 때문에
10.0 — 사랑, 평화, 정의 등 기독교적 가치가 좋아서

고, 'Not Religious'는 교회를 나가지 않거나 거부하는 것을 말하며, 'Spiritual'은 '영적인'이라는 뜻이지만 기독교적 의미를 넘어서는 현대적 영성을 포함한다. 이 용어는 이미 사용되고 있는 것으로 영적이지만 교회 또는 종교기관을 나가지 않는 것을 의미한다. 플로팅 크리스천이나 가나안 성도가 이 현상에 포함되어 있다. 이미 있는 현상을 다루는 이유는 코로나19로 인해 확산되고 있는 SBNR이 한국 교회 감소에 영향을 끼칠 수 있고 탈교회화 현상을 가속화시킬 수 있기 때문이다.

"코로나 때문에 집에서 예배드려요."

"애들이 코로나에 노출될까봐 걱정돼서 교회에 갈 수 없어요. 애들만 두고 교회에 갈 수도 없어서."

코로나19는 교회에 나가지 않는 것에 대해 누구도 강요할 수 없는 분위기를 만들었다. 코로나19 이전에는 교회를 나오지 않는 사람들에게 적극적으로 권면하고 교회로 초청했다. 하지만 코로나19 이후 교회는 적극적으로 교회에 초청하는 것을 망설이게 되었다. 그 대상이 어린아이인 경우, 가족 중 환자가 있는 경우, 어린아이를 키우고 있는 교인들의 경우에 더욱 그렇다.

직장에 가고, 학교를 가고, 학원을 가고, 친구를 만나고, 식당과 카페는 가도 교회에 적극적으로 초청하는 것은 망설이게 되었다. "백신을 맞지 않은 자녀가 걱정돼서", "아픈 가족이 코로나에 걸릴까봐"라고 하면 할 말이 없어지기 때문이다. SBNR이 타당하게 용인되고 있는 것이다.

SBNR은 교회의 감소, 유지, 성장에 영향을 미칠 것이다. 코로나19로 더욱 확산된 SBNR이 코로나19 이후에도 교회로 돌아오지 않는다면 교회는 더 축소될 것이다. 교회에 소속되어 있지 않은 20.2%의 사람들은 차치하고, 교회에 소속되어 있다고 말한 사람들 중 42.6%도 교회를 나가지 않고 온라인으로 예배를 드리거나 일부는 예배를 드리지 않고 있다는 데 주목해야 한다. 이 42.6%도 이미 SBNR로 분류할 수 있는 그룹이기 때문이다. 그러므로 SBNR을 살펴보는 것이 중요한 의미를 가질 수밖에 없다.

SBNR
(Spiritual But Not Religious)

SBNR이란 영적인 것을 추구하고 지향하지만, 교회에 나가지 않는 사람들을 나타내는 단어로 과거에는 '가나안 성도'로 불렸다. 그들은 크리스천으로서의 정체성을 교회 출석여부에 두지 않고 영성을 가지고 있는지에 두고 있으며 종교적인 것을 추구하지 않고 영적인 것을 추구한다.

교회를 벗어나 홀로 신앙생활을 하는 'SBNR'은 여전히 영적인 것을 추구한다. 개인적으로 신앙생활을 유지하고 영적인 삶을 지향한다.

한국 교회 SBNR의 특징

1. 코로나 SBNR

"저는 모태신앙이라 교회에 안 나가는 걸 한 번도 생각하지 못했는데 안 나가니까 시간이 너무 많아요. 주일에 교회에 가면 봉사를 해야 해서 참 바빴거든요. 그래서 이번에 '아, 다른 사람들은 주일을 이렇게 보냈겠구나'라는 생각을 했어요."

"저는 온라인으로 예배를 드리는 게 더 좋아요. 처음에는 불편했는데 이제는 온라인 예배가 더 좋아요."

코로나19 이전에 교회생활을 열심히 했던 사람들은 공감할 수 있는 이야기다. 2020년 코로나19로 인해 많은 사람들이 교회에 갈 수 없었다. 사람들이 온라인으로 1시간만 예배를 드리면 되었기 때문에 크리스천의 신앙생활이 느슨해졌다. 그런데 어떤 사람들은 그것을 편하게 생각하기 시작했다.

온라인으로 예배를 드리는 사람들은 온라인 예배의 장점을 좋아한다. 온라인 예배의 장점은 시간을 자유롭게 선택하거나, 격식을 갖추지 않아도 큰 지장이 없고, 좋아하는 부분이나 잘 듣지 못한 부분을 다시 들을 수 있다는 것이다.

대학교의 수업도 코로나19 때문에 동영상이나 줌으로 진행되었다. 그런데 그런 수업방식에 익숙해진 후부터는 동영상 수업을 선호하는 학생들이 생겨났다. 학교 가기 위해 준비할 필요도 없고, 이동할 필요도 없고, 모르는 부분이나 이해가 되지 않는 부분을 다시 들을 수 있기 때문이다. 마찬가지로 온라인 예배를 선호하는 사람들은 온라인 예배가 가지는 편리성을 좋아하는 것이다.

한국의 SBNR은 코로나19 때문에 급속히 확산되었다. 코로나19 이전에 이미 있었던 가나안 성도들은 전체 기독교인의 약 20%였다. 그런데 거기에 교회에 소속되어 있지만 현장 예배에 가지 않는 사람들이 더해진 것이다. 처음에는 코로나19 초반 방역정책 때문에 모든 교인들이 온라인으로 예배를 드려야 했다. 코로나19로 인해 새로운 방식의 예배나 신앙생활을 접하게 된 것이다. 처음에는 많은 사람들이 이 새로운 예배를 낯설고 어색하게 생각했다. 하지만 새로운 방식을 경험한 후 여기에 만족하는 사람들이 생겨났다. 결국 방역규제가 풀렸지만 코로나19 이전에 교회를 다녔던 42.6%가 현장으로 돌아오지 않고 있다. 그런 유형의 신앙생활을 계속 유지하고 있는 SBNR이 생긴 것이다.

그렇다면 SBNR이 교회에 어떤 영향을 미칠까? 코로나19 언택트(Untact) 시대에 가장 빠르게 성장한 산업 중 하나가 택배와 배달 문화였다. 이전에도 택배와 배달이 있었지만 코로나19 이후 택배는 57% 증가했고, 식품 배송도 84% 성장했다고 한다.[1] 관련 업계에서는 이커머스(electronic commerce, 전자상거래) 채널로 전환된 소비자들의 소비행태가 코로나 종식 후에도 오프라인 채널로 다시 돌아가지 않을 것으로 전망했다.[2] 편리함과 유익함을 알게 되면 이전으로 돌아가기 힘들기 때문이다. 교회에서의 신앙생활도 마찬가지다. 크리스천들에게 패러다임 전환(Paradigm shift)은 이미 일어났다. 새로운 사고를 하게 되고, 새로운 방식의 신앙생활을 알게 되고 충분히 경험했다. 새로운 방식이 좋다고 느낀다면 예전 방식으로 돌아가지는 않을 것이다.

실제로 온라인 예배를 드리고 있는 사람들에 대한 조사(2022년 4월)가 이를 뒷받침한다. 출석교회가 온라인 예배를 중단할 경우 어떻게 하겠느냐는 질문에 "다른 교회 온라인 예배나 방송 예배를 드리겠다"라고 대답한 사람이 24.5%, "온라인 예배를 하는 교회로 옮기겠다"고 답한 사람이 4.3%였다. 이 두 그룹에 속한 사람이 28.8%였다. 이것은 2020년 12월에 동일한 조사에서 두 그룹의 합이 16.3%였던 것보다 12.5% 늘어난 수치이다.

코로나19로 확산된 SBNR은 서구에서 보고된 일반적 SBNR과 성격이 다르다. 한국에서 코로나 이후 확산된 SBNR은 기독교에 무관심하거나 종교적 호기심 때문에 이 종교 저 종교 떠돌아다니는 사람들이 아니기 때문이다. 종교적으로 새로운 정체성을 찾기 위해 영적 고향을 끊임없이 찾고 있는 사람들도 아니다. 대안적인 영성을 찾지도 않는다. 단지 코로나19로 교회를 안 나갔다가 계속 나가지 않게 된 경우가 많을 뿐이다. 이들은 크리스천으로서의 정체성을 가지고 있고 신앙생활도 한다. 단지 교회만 안 나간다. '코로나 SBNR'이 다른 유형의 SBNR과 다른 점이다.

2. 개인적인 신앙생활 그러나 영적인 경험을 하기 원한다

"교회를 안 나가니까 저 혼자 집에서 찬양도 하고 기도도 했어요."

코로나19 이후 변화는 교회를 중심으로 하는 공적 영역과 사적 영역 모두에서 나타났다. 한국 크리스천들의 신앙생활은 교회 중심인 경우가 많았다. 많은 한국 교회가 '가족 같은 교회', '교회 중심의 신앙생활'을 지향했으며 신앙 공동체의 중요성을 강조해왔다. 교회는 말씀을 나누고, 삶을 나누는 곳으로 생각되었다. 교회에서 예배를 드리고, 프로그램을 진행하고, 모임을 했다. 한국 교회에는 참 많은 예배와 프로그램, 모임이 있었다. 많은 모임이 있었기 때문에 그 모임을 잘 따라가기만 해도 예배드리고, 성경을 읽고, 기도할 일이 많았다. 하지

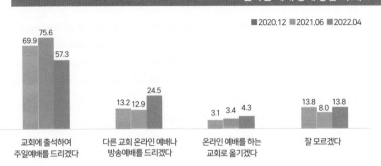

만 코로나19로 교회에 갈 수 없었을 때 이 공적 영역은 자연스럽게 멈추었다. 교회에서 더 이상 신앙적인 활동을 할 수 없게 된 것이다.

이 기간 동안 크리스천들은 교회 활동뿐만 아니라 대부분 개인의 신앙생활도 제자리에 머물러 있었다. 2022년 4월 코로나19 이후 한국 교회 변화 추적조사 결과 보고서에 의하면 37.6%의 크리스천이 "신앙이 더 약해진 것 같다고 응답했다." "깊어진 것 같다"고 응답한 수치는 13.1%에 머물렀으며 43.8%는 "비슷하다"고 답했다. 이 질문은 2020년 12월, 2021년 6월, 2022년 4월 세 차례에 걸쳐 추적조사를 한 것이다. 의미 있는 부분은 신앙이 약해진 것 같다는 응답이 코로나19가 길어지면서 더 많이 늘어난 데 비해, 깊어진 것 같다는 줄었다는 것이다.

코로나19 기간 동안 교회의 많은 부분이 중단되었다. 그래도 개인의 신앙은 온전히 개인의 것이었다. 신앙이 사유화되었다. 외부의 도

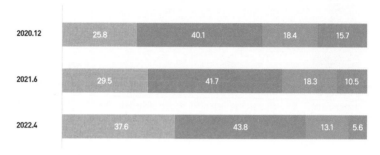

코로나19 이전 대비 신앙수준 변화

■ 약해진 것 같다 ■ 비슷하다 ■ 깊어진 것 같다 ■ 잘 모르겠다

	약해진 것 같다	비슷하다	깊어진 것 같다	잘 모르겠다
2020.12	25.8	40.1	18.4	15.7
2021.6	29.5	41.7	18.3	10.5
2022.4	37.6	43.8	13.1	5.6

* 개신교인 대상

움 없이 자발적으로 신앙을 유지해야 했다. 스스로 설교를 듣고, 예배에 참석하고, 성경을 읽고, 기도를 해야 했다. 교회로 돌아가지 않고 있는 코로나 SBNR은 이 개인적인 성향의 신앙생활을 유지하겠다는 것이다.

SBNR은 개인적인 성향을 가진다. 교회 공동체가 주는 유익을 포기한다. 하지만 영적인 관심은 포기하지 않고 있다. 2022년 4월 코로나19 이후 한국 교회 변화 추적조사 결과 보고서에, 영적 체험을 경험하고 싶은 마음이 있는지에 대한 질문이 있었다. 전체 조사 대상자 중 71.9%가 "영적 체험을 경험하고 싶다"고 말했다. 교회에 소속되어 있다고 했지만 현장 예배를 나가지 않는 사람들(SBNR 1) 중 69.7%가 "영적 체험을 하고 싶다"고 답했다. 교회를 출석하지 않는 가나안 성도(SBNR 2)의 절반인 50.8%도 "영적 체험을 경험하고 싶다"고 응답했다. 따라서 SBNR(1+2) 중 영적 체험을 하고 싶은 사람은 무려

62.6%나 된다. 이를 다시 전체 개신교인 기준으로 환산하면, 교회에 출석하지 않지만 영적인 경험을 하고 싶다는 사람이 전체 개신교인의 34.0%로 3명 중 1명 꼴이 된다. 지극히 개인적인 성향을 가지고 있지만 영적인 것을 추구하고 있는 것이다.

이 현상을 다시 생각해보면 SBNR은 교회 다니는 것과 영적인 경험을 분리하고 있다는 말도 된다. 결국 이들의 도식은 이런 것이다. "기독교 신앙을 가지고 있기 때문에 영적인 경험을 하고 싶다. 교회를 다니지 않아도 영적인 경험은 할 수 있다. 교회를 다니는 것과 영적인 경험을 하는 것은 별개다."

SBNR의 등장 배경

1. 온라인 예배의 현실화와 사회적 분위기

SBNR을 전반적으로 다루기 전에 코로나로 인해 대거 확산된 SBNR을 생각해보자. 코로나로 인해 생긴 SBNR이 퍼지게 된 주된 이유는 코로나19의 발발이라는 사회적인 배경 때문이었다. 코로나19 때문에 대면 예배가 불가능했다. 정부의 방역정책으로 몇 번에 걸쳐 대면 예배가 금지되었다. 코로나19로 확산된 SBNR은 대면 예배 금지 시기부터 새로운 형태의 신앙생활을 공식적으로 경험했다. 이전에 온라인이나 영상매체를 통한 예배는 교회에서 암묵적으로 인정하지 않았다. 하지만 코로나19 시기에 교회는 그 예배를 불가피하게 인정했다. 교단의 공식 입장과 상관없이 온라인 예배가 교회 현장에서 예

영적 체험을 하고 싶은 개신교인들

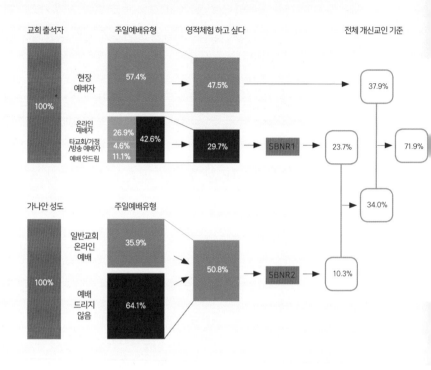

교회 출석자	주일예배유형	영적체험 하고 싶다		전체 개신교인 기준
	현장 예배자 57.4%	47.5%		37.9%
100%	온라인 예배자 26.9% / 타교회/가정/방송 예배자 4.6% / 예배 안드림 11.1% (42.6%)	29.7%	SBNR1	23.7% → 71.9%

가나안 성도	주일예배유형			
	일반교회 온라인 예배 35.9%	50.8%	SBNR2	34.0% / 10.3%
100%	예배 드리지 않음 64.1%			

영적 체험 경험하고 싶은 마음(각 그룹별)

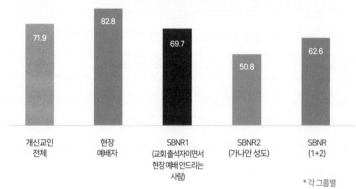

개신교인 전체	현장 예배자	SBNR1 (교회 출석자이면서 현장 예배 안드리는 사람)	SBNR2 (가나안 성도)	SBNR (1+2)
71.9	82.8	69.7	50.8	62.6

*각 그룹별

배로 인정된 것이다. 그렇다면 온라인 예배를 드리는 것이 무엇이 문제인가?

온라인 예배의 현실화는 SBNR에게 교회에 참석하지 않고도 예배 드릴 수 있는 방법을 열어준 것이고, 교회 현장 예배에 참석하지 않아도 자신이 크리스천이라는 메시지를 준 것이다. 온라인 예배의 현실화와 더불어 중요한 요인이 된 것은 한국의 사회적 분위기였다. 코로나19의 확산 초기, 위기감으로 한국 사회 전체가 위축되어 있었다. 모든 대면 모임이 취소되고, 학교가 휴교되고, 재택근무 체제로 근무 형태도 바뀌었다. 2020년 코로나19로 사회적 긴장감이 최고조일 때 교회의 방역 문제가 연이어 터졌다. 코로나19가 한창인 중에도 일부 교회는 현장 예배를 고수했다. 그로 인해 기독교는 공공(公共)을 생각하지 않는 종교로 낙인찍혔다. 몇몇 교회에서 코로나 확진자가 나왔고 비난은 더 거세졌다.

> "△△교회는 왜 미안하다, 죄송하다, 사과 한마디가 없나요? 당신들 때문에 얼마나 많은 사람들이 고통받고 힘들어하는지 아시나요? 눈에 보이지도 않는 신은 믿으면서 예배는 꼭 대면 예배를 해야 믿음이 생기는 건가요?"(2021 한국 교회 온라인 여론 분석 보고서, 한국교회탐구센터, 목회데이터연구소)

그 당시 한국 사회의 분위기를 반영한 말이다. 2022년 4월에 실시된 개신교에 대한 국민 이미지 조사(국민일보/사귐과 섬김, 일반 국민 1000명)의 '코로나19 전후 한국 교회 호감도 변화'를 묻는 질문에서 52.6%의 응답자는 "코로나19 이후 교회에 대한 이미지가 나빠졌다"

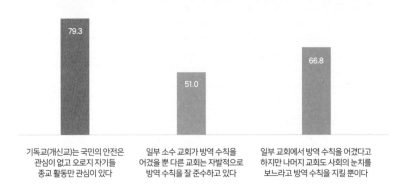

코로나19에 대한 한국 교회 대응에 대한 인식

79.3	51.0	66.8
기독교(개신교)는 국민의 안전은 관심이 없고 오로지 자기들 종교 활동만 관심이 있다	일부 소수 교회가 방역 수칙을 어겼을 뿐 다른 교회는 자발적으로 방역 수칙을 잘 준수하고 있다	일부 교회에서 방역 수칙을 어겼다고 하지만 나머지 교회도 사회의 눈치를 보느라고 방역 수칙을 지킬 뿐이다

고 응답했다. 코로나19에 대한 한국 교회 대응에 대한 인식을 묻는 문항에서도 79.3%의 사람들이 "기독교는 국민의 안전은 관심이 없고 오로지 자기들 종교 활동에만 관심이 있다"라고 답했다.

코로나19는 기독교에 대한 이미지를 더욱 실추시켰다. 크리스천들도 사회적 분위기를 알고 있었다. 직장에서, 동료들 사이에서, 학교에서 가해지는 비판을 들었다. 교회에서 확진자가 생길 경우 언론은 대대적으로 보도했다.

"오랜만에 예배에 갔는데 하필 제 뒷좌석에 앉은 분이 코로나 확진되는 바람에 회사에서 엄청 욕먹었어요. '왜 꼭 이런 상황에서 교회를 가나요? 꼭 대면 예배를 드려야 했나요?'라면서 사람들이 뭐라고 했어요. 그때부터 예배에 나갈 수가 없었어요."

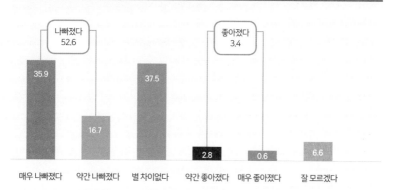

나빠졌다
52.6

좋아졌다
3.4

35.9

16.7

37.5

2.8

0.6

6.6

매우 나빠졌다   약간 나빠졌다   별 차이없다   약간 좋아졌다   매우 좋아졌다   잘 모르겠다

"저희 회사는 방침에 따라 교회에 갈 경우 매주 예배에 참석한다는 문서를 써내야 돼요."

코로나19 이후 크리스천들은 사회적 분위기, 직장의 대응 방안, 정부의 정책 때문에 교회에 가는 것이 조심스러워졌다. SBNR이 확산된 결정적인 계기는 이런 사회적 분위기 때문이기도 했다.

2. 2000년대 이후 한국 교회의 위축과 쇠퇴

"저는 집사입니다. 교회를 나가기는 해야 되는데…."

코로나19 때문에 대대적인 움직임이 나타나기는 했지만, 이전에도 한국에 이미 SBNR이 있었다. 가나안 성도가 SBNR의 한 유형이었다. 2000년대 이후 가나안 성도에 대한 관심이 있었다. 하지만 코로나19 이후 SBNR은 가나안 성도와 비교할 수 없을 만큼 갑자기 숫자가 늘어났다. 코로나19 이전에도 교회를 다녀도 '적당히'를 추구하는 사람들이 있었다. 일부 사람들은 '종교에 미친', '광적인', '너무 맹목적인' 크리스천을 싫어했다. 기독교인이라 하더라도 극단적인 신앙인을 싫어했다. 지하철에서 "예수천국 불신지옥" 할 때마다 눈살을 찌푸렸다. 어떤 사람들의 종교 행위가 비이성적인, 지나친 감정적 매몰과 열심을 연상하게 만들기 때문이었다.

이것은 과거 한국 교회의 부흥기와는 다른 시각이었다. 교회가 한창 부흥하던 70~90년대의 종교적 열심은 그야말로 숭앙(崇仰)되었다. 기도를 열심히 해서 응답받은 이야기는 교회 내에서 회자되는 감동적인 간증이었다. 기도를 몇 시간 하고, 어느 산에서 기도하고, 철야를 몇 시간 한 이야기는 열정이라고 여겨졌다. 일 년에 성경을 몇 독씩 하는 목표를 세우기도 했다. 교회는 전도를 잘하는 사람을 초청하여 이야기를 들었다. 몇십 명을 전도했다는 이야기는 교인들에게 전도에 대한 동기를 불어넣었다. 교회는 부흥회를 열었고 인근 주변에 관심 있는 크리스천들이 모두 모였다. 정기적으로 기도원에 가는 사람도 많았다. 가서 기도를 하고 예배를 드리고 봉사도 했다. 모든 활동이 왕성했다. 그런 활동은 열정이자 열심이었다. 존경스러운 것이었다.

그런데 2000년대 이후 이런 분위기는 예전과 같지 않고 다소 꺾였다. 한국갤럽조사연구소는 2015년에 5차 비교조사 보고서를 발표했다.[3] 1984년, 1989년, 1997년, 2004년, 2014년 5번의 추적조사 결과였다. 조사 보고서에 의하면, 1984년 "매일 기도하는" 크리스천은 65%였지만 2014년에는 52%의 크리스천만 "매일 기도한다"고 답했다. 1980년대에 비해 2014년에 매일 기도하는 크리스천은 13%가 줄었다. 2018년에 보고된 한국기독교 분석리포트의 보고도 비슷한 흐름이 관찰된다.4 기독교인들의 하루 평균 기도 시간이 2004년 27분에서 2013년 23.7분, 2017년 21.5분으로 줄었다.

2000년대 이후 이미 크리스천들의 신앙생활은 달라지고 있었다. 개교회의 새벽기도 참석률이 예전보다 줄었다. 밤새 철야 기도회를 하는 교회가 드물었다. 개인기도 시작 후 1시간이면 사람들이 대부분 자리를 비웠다. 기도하는 곳으로 여겨진 기도원도 상황은 비슷했다. 2010년 이후 기도원이 많이 사라졌다. 2000년대 초반까지만 해도 매일 집회를 하는 기도원이 널려 있었다. 하지만 2010년 이후 기도원은 존립을 고민해야 할 만큼 방문자들이 줄었다. 많은 기도원이 문을 닫거나 예배가 줄었다.

교회의 활동이 서서히 위축되기 시작했다. 코로나19 이전 교회는 이미 많은 지표에서 쇠퇴 국면에 들어섰다. 그럼에도 교회에서 예배드리는 것은 자연스러운 것이었다. 어느 정도 신앙생활을 하는 크리스천이라면 교회에서 예배를 드렸다. 교회에서의 예배는 불문율이었다.

코로나19로 인한 SBNR의 확산은 2000년대 이후 진행되고 있던 기독교의 쇠퇴에 영향을 줄 수 있다. SBNR의 증가를 막을 수는 없겠지만 코로나19가 아니었다면 그 속도가 이렇게 빠르지는 않았을 것이다. 한국 교회에 몇십 년 뒤에나 올 SBNR 현상이 코로나19로 더 빠르게 확산된 것이다.

3. 제도 종교에서 영성 추구로

"요즘 온라인 점(占)이 있어요. 그냥 클릭을 하면 그 날의 운세처럼 점을 봐 줘요."

"타로가 점인가요? 재미로 하는 거지…. 근데 진짜로 그런 것 같아요. 맞는 것 같아요."

"어릴 때 무당이 저는 잘 산다고 했어요. 부자 된다고…. 어려울 때 가끔 그 생각이 나요."

현대 한국에서 점을 보거나 타로를 보는 것은 어렵지 않다. 앱을 깔거나, 유튜브를 통하거나, 전화를 하면 된다. 너무 쉽다. 애써 무속인을 찾을 필요도 없고 비싸지도 않다. 몇 번의 클릭이면 된다. TV 오락 프로그램에서도 장난처럼 무속인을 찾아가 연애운과 결혼운을 묻는다. 긴가민가 재미삼아 보는데 그럴듯하다. 드라마는 무속인을 이용하여 복선(伏線)을 만든다. 드라마 스토리가 무속인이 하는 대로 거의 정확히 진행된다.

2013년 한국문화관광연구원에서 발표한 자료에 따르면 우리나라의 무속인을 약 40만 명으로 추산하고 있다.[5] 이 작은 나라에서 이렇게나 많은 무속인들이 무속업을 계속 유지하고 있는 것이 신기할 정도다.

다시 질문을 해보자. 현대 한국 사회가 탈종교적인가? 2021년 한국갤럽에서 발표한 종교인식 조사에서 전 국민의 54%가 종교에 관심이 없다고 답했다.[6] 종교인구 감소에 대한 조사도 비슷한 양상이다. 2021년 종교인 비율변화 추이를 보면 종교인구가 2021년 40%로 2004년보다 14%p 줄었다. 통계상으로 종교인구는 감소하고 있다. 일부 사람들은 이 현상을 보고 앞으로 한국의 종교인구가 급격히 줄 것이라고 전망한다. 그런데 이들이 말하는 종교는 과연 어떤 종교인가? 종교기관에 소속되는 것을 말하는가? 종교를 그렇게 본다면 종교인구는 확실히 감소할 것이다. 제도 종교는 감소할 것이다. 제도 종교에 소속된 인구도 감소할 것이다.

현대 한국인들은 전통적인 개념에서 말하는 조직된 종교를 떠나고 있지만, 이들은 여전히 영적인 것을 추구하는 세대다. 세계적인 추세가 그러하다. 한국 역시 코로나19 이후 탈(脫)제도 종교화 경향이 강해지고 있다. 통계가 보여주는 것처럼 말이다. 그런데 그렇다고 영적이지 않은 것은 아니다. 영적(靈的)이란 교회를 나가느냐 나가지 않느냐와 상관이 없다. 교회의 출석 여부와 영성(靈性)을 가지고 있는 것은 별개이다. 특정한 종교를 가지고 있지 않아도 점을 보고 점을 믿는다. 교회에 소속되어 있지 않지만 영적인 것을 무시하지는 않는다. 이것이 SBNR의 신앙행태이다.

《The Spiritual Revolution》(Blackwell, 2005)을 썼던 폴 힐라스와 린다 우드헤드는 영국의 종교 지형이 '종교'에서 '영성'으로 전환되었다고 주장했다.[7] 기독교 국가라고 생각했던 영국의 교회 출석 인구가 10% 미만이 되었다. 사람들은 영국의 종교가 세속화에 밀려 이제 끝났다고 생각했다. 서구 유럽의 종교들이 그러했다. 하지만 힐라스와 우드헤드는 현상 이면에 다른 흐름이 있다는 것을 발견했다. 바로 현대는 종교기관을 중심으로 한 제도 종교가 아닌 영성을 추구하는 방향으로 종교 지형이 바뀌고 있다는 것이다.

종교가 사유화되고 있다. 종교기관이 담당하던 것을 개인이 담당하고 있으며 나름의 영성을 다양하게 추구하고 있는 것이다. SBNR 현상이 나타나는 것이다. 힐라스와 우드헤드의 주장이 맞다면, 어떤 소속이나 전통적인 종교 의례에 참석하는 인구는 줄 수 있으나 SBNR이 줄지는 않는다. 흥미롭게도 코로나19 이후 한국 교회에 등장한 SBNR은 세계적 흐름과 맥락을 같이 한다. 큰 흐름에서 보면 현대의 사회적 구조와 문화가 SBNR을 만든 주요 동인(動因)일지도 모른다.

트렌드 전망 및 시사점

과거 한국 교회는 영적이라는 이름으로 많은 시행착오를 겪었다. 교회마다 철야기도를 하는 사람들이 있었고 목회자들도 금식하고 기도하는 것을 강조했다. 은사를 가지고 있다고 생각하는 사람들에게 가서 줄을 서서 기도를 받았다. 병 치유를 위해, 문제 해결을 위해 그렇게 했다. 그것이 하나님의 뜻이라고 믿었다. 은사를 받은 사람들과 목회자들은 하나님의 뜻을 전달하는 매개자처럼 여겨졌다. 사람들은 기도를 많이 해서 그런 은사를 받고 싶어 했다. 참 많은 사람을 교회로 오게 했다. 많은 사람들로 하여금 열심히 기도하게 했고 교회에 충성하게 했다. 하지만 그것이 많은 사람들에게 심리적 불편함을 만들기도 했다. 많은 부작용도 있었다. 비이성적이고 비과학적이라고 비판하는 사람도 있었다. 차츰 그 흐름이 없어졌다. 그래서 영적인 것에 대한 관심이 줄었다고 생각했다.

하지만 이번 조사에서 발견한 것은 한국 크리스천들은 여전히 영적 체험이나 영성에 대한 욕구가 많다는 것이다. SBNR만 원하는 것이 아니다. 교회를 잘 다니고 있는 사람도 영적인 것을 원한다. 언급한 것처럼 영적 체험을 경험하고 싶은 사람이 71.9%였다. 거의 4명 중 3명은 영적인 경험을 원한다는 말이다. 연령이 높을수록 더 원한다. 가장 낮은 수치를 보여주는 20대도 63.4%가 영적 경험을 하고 싶다고 했다. 중직자들의 85.1%가, 30년 이상 교회를 다닌 사람의 77.8%가, 영적 체험을 했다고 대답한 88.4%의 사람들이 영적 경험을 하고 싶다고 대답했다.

한국 교회의 크리스천들은 영적인 경험을 하고 싶어 한다. 영적인 지향은 SBNR만의 욕구가 아닌 것이다. 교회는 현대 한국인들의 영적인 욕구에 관심을 가져야 한다. 코로나19로 급속하게 확대된 SBNR 중 일부는 코로나19가 끝나더라도 돌아오지 않을 가능성이 높다. 2023년에도 상당수의 SBNR은 교회에 나오지 않고 혼자 신앙생활을 유지할 가능성이 많다. 그럼에도 불구하고 그들의 영적인 추구는 멈추지 않을 것이다.

03

Hybrid Church

하이브리드 처치

온라인 교회에 대한 논의가 활발해지고 있다. 2000년대 초부터 몇몇 신학자들을 중심으로 '사이버 교회'(cyber church), '디지털 교회'(digital church) 등의 논의가 있었다. 코로나19는 그 논의를 오늘의 당면한 과제로 앞당겼다. 코로나19로 인해 교회 예배당의 문이 닫혔을 때, 이에 대한 교계의 반응은 두 가지로 나뉘었다. 한쪽은 무슨 일이 있어도 현장 예배를 고수해야 한다는 입장이었고, 다른 한쪽은 국가방역과 성도들의 안전을 위해 온라인으로 예배를 드려야 한다는 입장이었다. 2년이 지난 지금, 많은 교회들은 여전히 현장 예배와 온라인 예배를 병행하고 있다. 코로나19 이후에도 온라인 예배를 드리겠다는 교인들의 참여 의향은 점점 더 확대되고 있는 추세이다. 특히 다음세대는 더 이상 현장 예배와 온라인 예배를 대립이나 옳고 그름의 문제로 바라보지 않는다.

온라인이 '필요'(needs) 기반의 공간이라면, 오프라인은 '열망'(wants) 기반의 공간이다. 사람들은 온라인에서 '재미와 효율'을, 오프라인에서는 '의미와 경험'을 추구한다. 이러한 흐름 속에서 교회는 다가올 시대를 준비하기 위해 '하이브리드 처치'(hybrid church)로 변화하여야 한다. 하이브리드 처치는 온라인과 오프라인 중 어느 한 장소를 기본으로 삼지 않는 교회를 의미한다. 하이브리드 처치는 온라인과 오프라인 중 어느 한 곳에 장소의 우선성을 두지 않는다. 하이브리드 처치는 온라인과 오프라인 두 영역 모두를 매우 진정성 있게 돌보고, 동일한 관심으로 살핀다.

하이브리드 처치는 일시적인 트렌드로 사라져버릴 교회 모델이 아니다. 가상과 현실의 결합이 더욱 가속화되고, 교인들의 삶의 영역 또한 폭발적으로 확장됨에 따라 교회는 온라인, 오프라인 모두를 유기적으로 연결시킬 수 있는 하이브리드 처치로 변화해야 한다. 하이브리드 처치에 대한 연구를 바탕으로 지속가능한 사역 모델을 개발하고, 유기적인 '옴니채널'(omnichannel)을 통해 복음을 변증하기 위한 구체적인 노력이 필요하다.

"매주 금요일 저녁 유튜브에 접속하여 온라인으로 골방기도회를 드린다. 나만의 골방에서 작은 휴대폰 화면을 보며 드리는 기도회이지만, 결코 혼자가 아님을 느낀다. 채팅을 통해 인사말을 남기면, 인도자가 나의 이름을 불러주고, 이를 통해 소그룹 구성원들은 서로의 안부를 확인한다. 마지막 환우들을 위한 기도시간에는 이름도, 얼굴도 모르는 환자들을 위해 기도한다. 우리의 기도가 모여 하나님의 뜻이 이루어지기를 바란다."

"한 달에 한 번, 오프라인으로 모여 함께 예배드린다. 처음에는 온라인 소그룹으로 만났지만, 오프라인으로 만나니 더욱 반갑다. '처음 뵙겠습니다'라는 인사가 어색하지 않은 이유는, 이미 온라인을 통해 서로의 아픔과 고민, 그리고 기도제목을 알고 있기 때문이다. 삼삼오오 둘러서서, 또는 서로의 손을 맞잡고 드리는 기도는 더욱 특별하다. 동시에 온라인에서도 서로를 위한 기도제목을 나눈다. 온라인과 오프라인의 유기적인 연결을 통해 더욱 특별한 공동체의 하나됨을 경험한다."

'온라인 vs 오프라인'이라는 대립구도 속에서 무엇이 옳은지, 예배 형태는 어디까지 가능한지에 대한 신학적 논의가 무르익기도 전에, 교회는 어느새 '하이브리드 처치'로의 변화를 시작하고 있다. 목회데이터연구소에서 2022년 4월 전국의 개신교인 1500명을 대상으로 조사한 결과, 현재 대부분의 교회들은 현장 예배와 동시에 실시간 온라인 예배를 드리고 있다(76.7%). 현장 예배만을 고수하며 실시간 온라인 예배를 드리지 않는 교회는 전체 교회 중 평균 11.5%에 불과하다. 교인들을 대상으로 "현재 출석하는 교회에서 온라인 예배 중계를 중단

■ 2021.06 ■ 2022.04

70.7 76.7

10.3 11.5

7.4 6.7

11.6 5.2

현장 예배와 동시에
실시간으로
온라인 중계한다

현장 예배만 드리고
온라인을 전혀
활용하지 않는다

온라인 중계는 안하고
현장 예배 후 설교 영상만
온라인 제공한다

현장 예배는
드리지 않고
온라인으로만 예배 드린다

* Base=교회출석자, N=1197

한다면 어떻게 하시겠습니까?"라고 물었을 때, "교회에 출석하여 주
일예배를 드리겠다"는 응답은 작년(2021년) 75.6%에서 올해(2022년)
57.3%로 크게 줄었다. 도리어 '다른 교회 온라인 예배나 방송예배를
드리겠다'는 응답이 작년(2021년) 12.9%에서 올해(2022년) 24.5% 증
가하였다. 이는 이제 온라인 예배가 교인들에게 익숙한 형태로 자리
잡았음을 의미한다.

하지만 동시에 교인들은 온라인으로 모든 신앙생활이 가능하다
고 생각하지는 않는다. 예를 들어, 목회자나 교인들 간에 '영적인 대
화'를 나눌 때에 '직접 만나서 하는 영적인 대화'와 '온라인상에서 하
는 영적인 대화' 중 어느 것을 더 선호하느냐는 질문에 대부분의 교인
들은 '직접 만나서 하는 영적인 대화'(58.8%)를 '온라인상에서 하는 영
적인 대화'(8%)보다 월등히 선호하는 것으로 나타났다. 특히 연령이
낮을수록 이러한 경향은 더욱 두드러진다.[1] 10대와 20대의 경우 '온

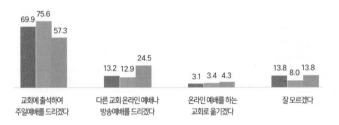

온라인 예배 중계 중단 시 행태

■2020.12 ■2021.06 ■2022.04

교회에 출석하여 주일예배를 드리겠다: 69.9 / 75.6 / 57.3
다른 교회 온라인 예배나 방송예배를 드리겠다: 13.2 / 12.9 / 24.5
온라인예배를 하는 교회로 옮기겠다: 3.1 / 3.4 / 4.3
잘모르겠다: 13.8 / 8.0 / 13.8

* Base=지난 주일 출석교회 온라인 예배 드린 자, N=322

라인상에서 이루어지는 영적인 대화'(3.1%)보다 '직접 만나서 나누는 영적인 대화'(57.7%)를 선호하는 것으로 나타난다. 디지털 네이티브 (Digital Native)로 살아가는 10대, 20대들에게 여전히 오프라인 교회 공간이 중요한 이유다.

이러한 상황 속에서 교회는 '피지털(physital) 경험'에 주목해야 한 다. '피지털'이란 오프라인을 의미하는 '피지컬'(physical)과 온라인을 의미하는 '디지털'(digital)의 합성어로, 디지털을 활용해 오프라인 공 간에서 물리적인 경험을 확대하는 것을 의미한다.[2]

이를 위해 교회는 먼저 다양한 디지털 채널을 활용하여 세상을 향 한 교회의 문을 활짝 열어놓아야 한다. 장벽은 낮추고, 장애물은 걷 어내서, 누구나 쉽게 교회의 문턱을 넘을 수 있도록 매끄럽고 친절한 온라인 환경을 구축해야 한다. 동시에 교회는 교인들에게 오프라인 공간에서만 얻을 수 있는 물리적이고도 체험적인 신앙경험을 제공해

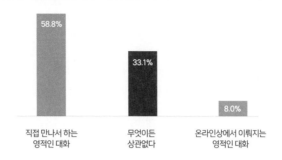

영적인 대화 시 선호 방식

58.8%

33.1%

8.0%

직접 만나서 하는
영적인 대화

무엇이든
상관없다

온라인상에서 이뤄지는
영적인 대화

* 2022.04.15.~25, Base=전체, N=1500

주어야 한다. 이는 반드시 온라인 공간에서는 결코 얻을 수 없는, 생생하고 실재감 넘치는 차별적 신앙경험이어야 한다. 이 책에서는 '온라인'과 '오프라인'을 대립이 아닌 상호보완의 관계로 보고, 이를 위한 교회의 모델로서 '하이브리드 처치'(hybrid church)를 제안한다. 이제 교회는 두 영역의 '고유성'과 '장소감'(sense of place)을 고려하여, 복음의 변증을 시도해야 한다.

하이브리드 처치의 4가지 인사이트

하이브리드 처치는 어떤 모습일까? 다양한 형태로 나타나는 하이브리드 처치의 모습을 '온감, 실재감, 소속감, 장소감'이라는 4가지 키워드로 정리하고, 그에 따른 인사이트를 소개한다.

1. 온감 : 온라인에서 '휴먼 터치'를 만나다

'휴먼 터치'(human touch)가 의미하는 바는 인간적인 손길을 기술로 만들거나 기술을 최대한 인간적으로 만들겠다는 것이 아니라, 말 그대로 "인간의 손길은 여전히 필요하다"는 점이다. [3]

1950년대 심리학자 해리 할로(Harry Harlow)는 원숭이 애착 실험을 통해, 갓 태어난 어린 개체에게 따스한 온기와 접촉은 생존을 좌지우지할 만큼 절대적으로 중요하다는 것을 증명하였다. 이와 비슷한 개념으로 김난도 서울대 교수팀이 《트렌드 코리아 2021》(미래의창)에서 소개한 '휴먼 터치'(human touch) 역시 인간의 따뜻한 손길의 중요성을 강조한다. '휴먼 터치'란 코로나 블루를 겪는 소비자들에게 따스한 인간의 온도와 감성을 전달하는 사람 중심의 언택트(비대면) 기술 또는 마케팅을 의미한다. [4]

책에 따르면 온라인과 오프라인이 혼재한 상황 속에서 소비자가 구매 결정을 내리는 가장 중요한 순간에 필요한 것이 바로 이 '휴먼 터치'이다. [5] 김난도 교수는 휴먼 터치를 구현하기 위해서 첫째, 고객 중심의 공간과 동선 꾸미기, 둘째, 인간적 소통의 강화, 셋째, 기술에 사람의 숨결 불어넣기, 넷째, 내부 조직 구성원들의 마음 챙김이 중요하다고 강조한다. [6]

휴먼 터치의 한 사례로 어느 대기업의 쇼핑 플랫폼은 생방송 중 고객과 문자로 직접 소통하는 서비스인 '라이브톡' 기능

하이브리드 처치
(Hybrid Church)

하이브리드 처치란 온라인, 오프라인을 동일하게 활용하고 두 영역을 유기적으로 연결하는 교회를 뜻하며 온라인에서는 접근성과 효율을, 오프라인에서는 의미와 경험을 추구할 수 있다. 어느 한 곳만 집중되지도, 우선시되지도 않고 온라인, 오프라인 두 영역이 균형을 이루어야 한다.

온라인과 오프라인 어느 하나만 부각되지 않고 상호보완하며 각 영역이 가지고 있는 단점을 최소화하고 장점을 최대화하여 온라인, 오프라인 모두를 활용할 수 있는 '하이브리드 교회'를 지향하는 흐름이 커지고 있다.

을 활용한다. 방송을 시청하면서 발생하는 고객의 모든 궁금증을 쇼호스트가 실시간으로 답해준다. 방송 중 진행자에게 답변을 듣지 못했더라도, 방송이 끝난 후에 방송 관계자가 반드시 답변을 제공하기 때문에, 고객사용 경험과 만족도를 향상시킨다. [7]

하이브리드 처치에는 이러한 휴먼 터치가 중요하다. 휴먼 터치의 첫 번째 대상은 교회에 처음 발걸음을 내딛는 새신자들일 것이다. 그들은 교회로부터 '따뜻함'을 느끼기 원한다. 오늘날 교회의 첫인상이 결정되는 곳은 어디인가? 예전에는 교회 건물이나 예배당이었겠지만, 이제는 홈페이지가 교회의 첫인상이다. 교회의 소셜미디어, 온라인 예배 플랫폼, 새신자 등록 페이지가 교회의 첫인상이자 교회로 들어오는 첫 번째 출입문이 된다. 그렇기 때문에 하이브리드 처치는 항상 교회의 온라인 영역을 따뜻하게 유지해야 한다. 그 속에서 인간적인 소통이 이루어지도록, 환대와 친절한 안내, 신속한 응답이 이어질 수 있도록 시스템을 갖추어야 한다.

우선 새신자가 교회에 등록하는 과정을 살펴보자. 그들은 교회에 관심을 가지고, 교회에 대한 정보를 얻기 위해 교회 홈페이지를 찾는다. 하지만 홈페이지의 최신 게시물이 몇 년 전 날짜에 그대로 머물러서 전혀 업데이트가 되지 않고 있다면, 또한 모바일 최적화가 되어 있지 않아서 스마트폰에서 사용이 불편하다면, 새신자는 더 이상 홈페이지에 머무르기를 포기하고 곧 떠나고 말 것이다.

새들백교회(saddleback church)의 홈페이지를 보면 새신자들에게 꼭 필요한 정보와 환대의 메뉴들이 갖추어져 있다.[8] 첫 화면에서 교회의 최신 소식들을 접할 수 있고, 흘러가는 짧은 트레일러 영상을 통해 교회 공동체가 가진 역동성을 간접적으로 체험할 수 있다. 또한 메인 슬라이드 바로 하단에 '함께 예배하기'(Worship Together) 버튼과 '함께 성장하기'(Grow Together) 버튼을 만들어 새신자도 쉽게 온라인 예배와 소그룹 모임에 참여할 수 있도록 친절한 안내를 제공한다. 이처럼 교회가 온라인 영역을 더욱 따뜻하게 만들기 위해서는 먼저 외부인의 시선으로 온라인 영역을 지속적으로 살피고 점검해야 한다. 기존의 교역자와 교인들은 이미 내부인이기 때문에, 외부의 새신자가 교회 홈페이지를 찾고, 교회에 새로 등록하기까지 얼마나 많은 장애물이 있는지 알지 못한다. 그렇기 때문에 교회는 외부인의 시선에서 주기적으로 온라인 영역을 점검하고 보완하여, 어렵게 교회의 문을 두드린 새신자가 환대 속에서 교회에 잘 정착할 수 있도록 도와주어야 한다.

하이브리드 처치는 온라인 예배 가운데 이러한 인간적인 소통의 기회를 제공해야 한다. 온라인 예배의 시청형태를 보면 전체의 절반 (50.2%)은 "혼자 예배를 드리고 있다"고 응답했다. 이는 온라인 예배만으로는 현장 예배처럼 다수가 모여 공동체를 느끼며 예배드리는 것에 한계가 있음을 보여준다. 이를 보완하기 위해 교회는 온라인 예배를 드리는 교인들이 외로움이나 소외를 느끼지 않도록 예배 가운데 휴먼 터치의 요소를 넣어야 한다. 예를 들어, 미국의 엘리베이션 처치 (elevation church)는 주일예배 스트리밍의 시작과 끝부분에 온라인 예배자들만을 위한 '웰커머'(welcomer)가 등장한다. 이들은 화면을 통해 온라인 예배자들을 환영하고, 채팅을 통해 소통하며, 교회에 오지 못하는 온라인 예배자들만을 위한 교회소식과 안내사항을 전달한다. 현장 예배에서도 설교자는 항상 카메라 너머의 온라인 예배자들을 염두하며, 그들을 위한 멘트를 준비한다. 또한 라이프닷 처치(life. church)는 직접 제작한 온라인 예배 플랫폼에 '1:1 기도버튼'(request prayer)을 만들었다. 누구든지 예배 중에 이 버튼을 클릭하면, 즉시 새로운 채팅창이 열리며 대기 중인 중보기도자와 1:1로 매칭되어 기도제목을 나눌 수 있다. 이러한 휴먼 터치를 통해 온라인 예배에 참여하는 회중들은 교회로부터 자신들의 존재를 인정받고, 서로가 유기적으로 연결되어 있음을 느낀다.

2. 실재감 : 오프라인에서 현존을 느끼다

"친구들 만나면 필수 코스가 됐어요. 추억을 남길 수 있잖아요."[9]

예배에 대한 인식_나는 온라인 예배에 집중하는 것이 어렵다

구 분		사례수 (명)	전혀 그렇지 않다	별로 그렇지 않다	약간 그렇다	매우 그렇다	계	그렇지 않다	그렇다
전체		(1197)	12.4	31.4	45.5	10.8	100.0	43.8	56.2
성별	남자	(503)	14.4	34.7	40.2	10.8	100.0	49.0	51.0
	여자	(695)	11.0	29.0	49.3	10.8	100.0	40.0	60.0
연령	19~29세	(176)	10.8	27.4	48.8	13.0	100.0	38.2	61.8
	30~39세	(167)	10.6	24.0	50.0	15.4	100.0	34.6	65.4
	40~49세	(217)	10.4	36.7	39.8	13.1	100.0	47.1	52.9
	50~59세	(211)	10.5	30.3	50.2	9.1	100.0	40.7	59.3
	60세 이상	(425)	15.8	33.7	42.8	7.7	100.0	49.5	50.5

* Base=교회출석자, N=1197, %

온라인 신앙 생활에 대한 의견

구 분		사례수 (명)	매우 부정적 이다	약간 부정적 이다	보통이다	약간 긍정적 이다	매우 긍정적 이다	계	부정적	보통	긍정적
전체		(1500)	2.3	13.7	41.6	32.7	9.8	100.0	16.0	41.6	42.4
성별	남자	(645)	2.7	13.6	41.5	31.5	10.7	100.0	16.0	41.5	42.2
	여자	(855)	1.9	13.8	416	33.6	9.0	100.0	15.7	41.6	42.6
연령	19~29세	(205)	1.5	13.2	45.6	27.6	12.0	100.0	14.7	45.6	39.6
	30~39세	(220)	2.3	16.4	39.7	33.3	8.4	100.0	18.6	39.7	41.7
	40~49세	(290)	3.2	13.8	41.4	33.1	8.4	100.0	17.0	41.4	41.6
	50~59세	(285)	3.3	13.8	39.9	34.4	8.7	100.0	17.1	39.9	43.0
	60세 이상	(500)	1.5	12.6	41.8	33.3	10.8	100.0	14.1	41.8	44.1

* 2022.04.15.~25, Base=전체, N=1500

최근 MZ세대 사이에서 네 컷의 즉석사진을 찍을 수 있는 무인 셀프 사진관이 인기를 끌고 있다. 사진사 없이 리모컨이나 셀프타이머를 이용해서 직접 사진을 찍고, 즉석 인화되어 나오는 두 장의 사진은 친구와 한 장씩 나누어 가진다. 이들은 모두 고해상도의 카메라가 달린 스마트폰을 가지고 있지만, 굳이 수고와 번거로움을 감수하고 인화되는 사진을 찍는다. 그 이유에 대해 20대 류 모 씨는 다음과 같이 말한다. "디지털 시대에서 아날로그 감성을 느낄 수 있는 가장 쉬운 방편… 휴대폰 사진은 삭제할 수도 있지만, 인화된 사진으로는 추억을 진득하게 회상할 수 있다." 이러한 현상을 두고 이은희 인하대 소비자학과 교수는 "셀카를 넘어 소중한 사람들과의 만남을 간직한다는 하나의 '의식'(ritual)으로 보인다. 평범함을 거부하고 즉석사진을 찍으면서 의미를 부여하는 것"이라고 진단했다.[10]

위 사례와 같이 MZ세대는 디지털의 편의성만으로는 채워지지 않는 욕구가 있는데, 그것은 바로 '실재감'에 대한 욕구이다. MZ세대는 태어나자마자 시각적인 자극을 끊임없이 받아왔다. TV, 모니터, 스마트폰, AR, VR 등등. 하지만 이러한 것들은 그들에게 평면적인 경험 밖에는 제공해주지 못한다. 실재를 유사하게 따라하기는 했지만, 결국 실재는 아닌 것이다. AR, VR의 경우에도 실재처럼 보이기는 하지만 여전히 실재를 모방할 뿐, 기술적 한계가 존재한다. 실재를 흉내낸 시각정보 중심의 공간 안에서 살아가던 MZ세대가 어느 날 오프라인에 갔을 때 실제로 보고, 듣고, 냄새 맡고, 만져보는 입체적인 경험, 즉 실재감에 사로잡히게 된다. 이는 MZ세대가 가진 실재에 대한 결핍에서 발생하며, 그 실재감에 반응하는 것이다. 한 예로, 글로벌 컨설팅 기업 커니(Kearney)의 조사에 따르면, Z세대 응답자의 81%가 '오프라인 쇼핑'을 선호한다고 응답하였다. 그들이 매장방문을 선호하는 이유는 매장에서의 쇼핑이 "소셜미디어와 디지털 세계와 단절될 기회를 주기 때문"(50%)이라고 답했다.[11] 이처럼 다음세대에게 오프라인은 여전히 중요한 영역이다.

온라인 예배의 경우도 마찬가지다. 한국 교회 교인들을 대상으로 한 온라인 예배에 대한 인식 조사에서, "나는 온라인 예배에 집중하는 것이 어렵다"라는 문항에 가장 높은 비율로 "그렇다"고 응답한 세대는 30대이고, 그다음이 10대와 20대이다. 오히려 40대 이상 연령이 높아질수록 온라인 예배에 집중하는 것이 어렵지 않다고 응답하였다. 또한 온라인 신앙생활에 대한 의견을 물었을 때, 전체 연령 중 긍정률이 가장 낮게 나타난 연령대는 바로 19-29세였다(39.6%). 오히려 연령대가 높아질수록 온라인 신앙생활에 대한 긍정률이 높게 나타났다. 자신에게 가장 적합한 신앙생활 유형을 묻는 질문에도 비대면 예배를 선호한다는 응답은 전체 연령 중 19-29세가 가장 낮았으며(7.3%), 반대로 대면 예배 선호도는 60세 이상 연령에 이어 19-29세가 두 번째로 높게(41.4%) 나왔다. 다시 말해 교회의 다음세대는 비대면 예배보다는 대면 예배를 선호한다고 응답한 것이다. 이는 편의와 재미를 위해서는 온라인 영역을 선호하지만, 경험과 의미를 위해서는 오프라인 영역에 머물기 원하는 MZ세대의 특성과 유사하다.

이러한 상황 속에서 교회는 무엇을 해야 하는가? 온라인에 머물던 다음세대가 오프라인에 와서 실재감을 느낄 수 있도록 실재감 넘치는 신앙경험을 제공해야 한다. 이는 반드시 온라인이 아닌 오프라인에서만 느낄 수 있는 경험이어야 한다. 성찬에서 함께 떡을 먹고, 잔을 마시는 경험, 서로 손을 맞잡고 상대방의 온기를 느끼며 맞이하는 기도의 경험, 악기의 진동과 예배당의 울림을 전해주는 청각적 경험 등 아직은 온라인에서 구현하기 어려운 신앙의 경험을 제공해주어야 한다.

그렇기 때문에 하이브리드 처치에서 예전(ritual)은 여전히 중요하며, 앞으로 더욱 강화되어야 할 영역이다. 시각 중심의 예배를 넘어서, 오감을 통해 몸으로 체험하는 현장 예배를 기획해야 한다. 이에 따른 예배의 환경 구성 역시 매우 중요하다. 이미지 하나, 촛불 하나, 조명과 공간의 울림 하나도, MZ세대에게는 매우 커다란 가치로 경험된다는 것을 기억해야 한다. 교회가 교인들에게 줄 수 있는 가장 큰 실재감(presence)은 하나님의 현존(presence)이다. MZ세대가 실재 교회 공간 안에서 하나님의 현존을 느낄 수 있도록 교회의 오프라인 영역을 기획하고 구성하여야 한다.

3. 소속감 : 소그룹에서 길을 찾다

"매주 목요일 저녁 7시 한강 #러닝크루에서 함께 뛰실 분을 모집합니다."

요즘 인스타그램에서 쉽게 볼 수 있는 문구이다. 해시태그로 '#러닝크루'를 검색하면 수많은 모임 안내 글이 검색된다. 최근 MZ세대 사이에서는 '소모임 앱'이 유행이다. '소모임', '플라이어스', '프립', '탈잉' 등 소모임 앱들을 통해 독서, 등산, 러닝 등의 다양한 취미활동을 함께 공유한다. 가입 신청과 승인, 모임 공지, 일정 조율 등의 과정은 모두 온라인으로 진행된다. 참가신청을 마치면 약속된 시간과 장소에서 모임을 진행한다. 불필요한 친목을 지양하기에 구체적인 개인정보를 공유하지 않으며, 간단히 이름이나 닉네임 정도만 나눈다. 모임의 목적 이외에 다른 사담이나 뒤풀이를 하지 않는다. 이는 끈끈한 결속보다는 적당한 거리감을 선호하는 MZ세대의 특성이 반영된 결과이다. 이러한 MZ세대의 특징 때문에 어느 조직이든 조직 내의 커뮤니티를 활성화 하는 것은 필수적인 생존 조건이 되어가고 있다.

MZ세대의 7가지 욕구 중 하나로 '부족 사회'를 꼽을 정도로 MZ세대에서 끼리끼리 문화는 더욱 강화되고 있다. 그들은 학연과 지연, 혈연을 벗어나 취향과 관심사를 중심으로 모이는 '소모임 문화'를 추구한다. 동시에 그들은 '느슨한 연대'를 추구하기에 상대방에게 자신의 라이프스타일을 강요하지 않는다. 구체적인 목적을 위해 모이고, 그 목적이 성취되면 곧바로 흩어진다.[12]

그렇다면 교인들은 온라인에서도 공동체의 구성원으로서 소속감을 느끼고 있을까? 온라인 예배를 드린 경험이 있는 교인들에게 온라인 예배에 대해 느낀 점들을 물었을 때, "나는 온라인으로 예배드려도 교회 공동체의 일원이라는 생각이 든다"라는 질문에 긍정률(약간 그렇다와 매우 그렇다)이 81.5%로 매우 높게 나타났다. 또한 응답자의 절반 이상인 53%가 "온라인 예배를 통해 목회자의 보살핌을 받고 있다고 느낀다"고 응답했다. 온라인을 통해서도 교인들이 공동체에 대한 충분한 소속감을 느낄 수 있다는 증거이다.

하이브리드 처치는 교인들이 더 깊은 유대와 소속감을 느낄 수 있도록 소그룹으로 모이는 기회를 제공해주어야 한다. MZ세대는 교회 내에서도 자발적인 동질집단으로서의 소모임을 경험하기 원한다. 그렇기 때문에 교회는 더 이상 탑-다운(top-down) 방식의 일괄적인 소그룹 생성을 지양하고, 교인 각자의 상황과 니즈(needs)에 맞는 소그룹을 자발적으로 생성, 선택할 수 있도록 친절한 안내자가 되어주어야 한다.

이를 위해 하이브리드 처치는 온라인으로 쉽게 매칭될 수 있는 소그룹 기능을 제공해야 한다. 미국의 새들백교회나 라이프닷교회, 엘리베이션교회와 같은 교회의 홈페이지를 살펴보면 메인 페이지에 핵심 기능으로 온라인 소그룹 매칭페이지 버튼이 링크되어 있다. 교인들은 손쉽게 자신들이 원하는 소그룹을 검색할 수 있으며, 특정 소그룹에 가입을 원하는 경우, 소그룹 리더에게 즉시 가입 신청을 할 수 있다.

하이브리드 처치 소그룹의 핵심은 교인들의 실질적인 필요(felt-need)를 다루어주는 것이다. 교회 내 다음세대들에게 소그룹으로의 참여를 독려할 때 참여의무를 강조하기보다는, 그들의 실질적인 필요를 다루는 커리큘럼과 콘텐츠가 있음을 강조해야 한다. 이를 위해 교회는 각 생애주기별 이슈와 고민들에 대한 질문을 커리큘럼화하고, 그에 대한 해답을 동질집단에서 찾아나갈 수 있도록 안내자 역할을 해야 한다.

4. 장소감 : 나만의 장소를 만들다

"죽어가는 것은 오프라인 공간이 아니라 고정관념이다. 지루한 공간은 죽고, 가슴 설레는 공간은 산다."[13]

김난도 교수는 그의 책《더현대 서울 인사이트》(다산북스)에서 이푸 투안(Yi-Fu Tuan)의 말을 빌려 공간(space)과 장소(place)의 개념을 구분하여 설명한다. '공간'과 '장소'는 다른 개념이다. '공간 + 경험 = 장소'이다. 즉 '공간'에 '경험'이 더해지면 그곳을 '장소'라고 부를 수 있다. 그렇기 때문에 공간은 추상적 의미가 강하지만, 장소는 공간 중에서도 특별히 삶과 경험, 애착이 녹아든 곳을 말한다.[14] 결국 사람들이 특정 장소를 찾는 것은 '이곳이 나의 장소'라는 확신과 경험이 있을 때 가능하다.

하이브리드 처치는 교인들이 온오프라인 영역에 '나만의 장소'를 만들어 갈 수 있도록 노력해야 한다. 이를 위해 교회는 먼저 단순한 예배 스트리밍을 넘어 양질의 온라인 콘텐츠를 준비해야 한다. 2022년 4월 목회데이터연구소 설문 결과 대부분의 교인들은 코로나 이후 '영적 성장과 제자 훈련을 위해'(82.8%), '전도를 위해'(83.7%), '이웃사랑을 실천하기 위해'(82%), 디지털 자원을 적극 활용해야 한다는 입장에 동의하고 있다. 또한 코로나19가 종식된 후 한국 교회에 일어날 변화의 1순위와 2순위로 '온라인 예배와 온라인 콘텐츠의 활성화'를 꼽았다. 이는 작년(2021) 25.3%에 비해 올해(2022) 32.8%로 크게 증가한 수치이다. 이처럼 교인들은 앞으로 온라인을 통한 신앙훈련과 양육콘텐츠를 제공받기를 원하고 있다.

한 예로 소망교회(담임목사 김경진)는 2022년부터 교회 내에 온라인 지구를 신설하여 운영 중이다. '온라인 지구'란 개인적인 상황(이민, 유학, 질병, 먼 곳으로의 이사 등)에 의해 교회출석이 어려운 교인들 가운데 비슷한 상황의 교인들(나이, 자녀 연령, 가구 형태, 직장 등)이 모여 함께 교제를 나누고 신앙 훈련을 받는 공동체이다. 온라인 지구는 매주 금요일 유튜브를 통해 온라인 기도회를 드리는데, 참석자들은 각자의

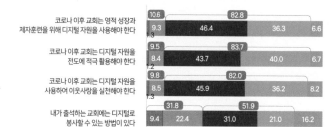

■전혀 그렇지 않다 ■별로 그렇지 않다 ■약간 그렇다 ■매우 그렇다 ■잘 모르겠다

코로나 이후 교회는 영적 성장과
제자훈련을 위해 디지털 자원을 사용해야 한다
10.6 82.8
9.3 1.3 46.4 36.3 6.6

코로나 이후 교회는 디지털 자원을
전도에 적극 활용해야 한다
9.5 83.7
8.4 1.2 43.7 40.0 6.7

코로나 이후 교회는 디지털 자원을
사용하여 이웃사랑을 실천해야 한다
9.8 82.0
8.5 1.3 45.9 36.2 8.2

내가 출석하는 교회에는 디지털로
봉사할 수 있는 방법이 있다
31.8 51.9
9.4 22.4 31.0 21.0 16.2

* 2022.04.15.~25, Base=교회출석자, N=1197

■1순위 ■1+2순위

2021.06

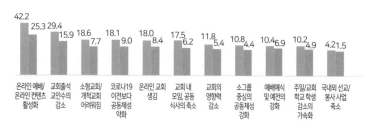

온라인 예배/온라인 컨텐츠 활성화	교회출석 교인수의 감소	소형교회/개척교회 어려워짐	코로나19 이전보다 공동체성 약화	온라인 교회 생김	교회 내 모임, 공동 식사의 축소	교회의 영향력 감소	소그룹 중심의 공동체성 강화	예배예식 및 예전의 강화	주일/교회 학교 학생 감소의 가속화	국내외 선교/봉사 사업 축소
42.2 / 25.3	29.4 / 15.9	18.6 / 7.7	18.1 / 9.0	18.0 / 8.4	17.5 / 6.2	11.8 / 5.4	10.8 / 4.4	10.4 / 6.9	10.2 / 4.9	4.2 / 1.5

2022.05

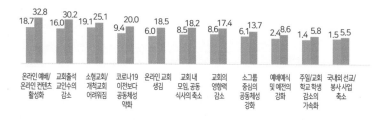

온라인 예배/온라인 컨텐츠 활성화	교회출석 교인수의 감소	소형교회/개척교회 어려워짐	코로나19 이전보다 공동체성 약화	온라인 교회 생김	교회 내 모임, 공동 식사의 축소	교회의 영향력 감소	소그룹 중심의 공동체성 강화	예배예식 및 예전의 강화	주일/교회 학교 학생 감소의 가속화	국내외 선교/봉사 사업 축소
18.7 / 32.8	16.0 / 30.2	19.1 / 25.1	9.4 / 20.0	6.0 / 18.5	8.5 / 18.2	8.6 / 17.4	6.1 / 13.7	2.4 / 8.6	1.4 / 5.8	1.5 / 5.5

* Base=전체, N=1500

자리에서 같은 시간에 모여 채팅을 통해 소통하며 기도회에 참석한다. 또한 각 구역별로 소모임을 만들어 정기적으로 구역 예배를 드리게 되는데, 교회는 이를 위한 소모임 교제를 제공한다. 구성원들은 비록 멀리 떨어져 있지만, 온라인을 통해 함께 눈물 흘리고, 공감하며, 서로를 위해 기도했던 그 '시간의 장소성'을 기억한다. 그 시간은 성령의 임재를 경험했던 '나만의 장소성'으로 자리매김 된다.

하이브리드 처치는 온라인 공간에 '나만의 장소성'을 부여해야 하지만, 동시에 오프라인 공간에서도 교인들이 '나만의 장소성'을 느낄 수 있도록 노력해야 한다. 이를 위해 교회는 교인들에게 지속적으로 대면 예배에 나올 수 있도록 독려해야 한다. 소망교회 온라인 지구는 한 달에 한 번 '교회 오는 날'이라는 이름으로 오프라인 기도회를 진행한다. 물론 온라인으로도 실시간 중계를 하지만, 이날은 오프라인에서 함께 모여 손잡고 서로의 체온을 느끼며 기도하는 시간을 갖는다. 이러한 대면경험은 교인들에게 더욱 특별한 '나만의 장소'로 기억된다. 하이브리드 처치는 온라인과 오프라인 영역 모두에서 교인들이 고유한 '나만의 장소성'을 확보할 수 있도록 예배환경과 기회를 제공해주어야 한다.

하이브리드 처치를 위한 목회 전략

하이브리드 처치로 변화하기 위해 교회는 무엇을 준비해야 하는가? 하이브리드 처치를 위한 단계별 목회전략을 세워야 한다.

1. 디지털 성숙도를 파악하라

하이브리드 처치로의 변화를 위해 교회가 가장 먼저 해야 할 일은 교회의 '디지털 성숙도'를 파악하는 것이다. 디지털 성숙도란 디지털 전환(Digital Transformation)을 위해 현재 교회의 디지털 역량을 파악하는 것을 말한다. 이 장에서는 'MIT 슬로언 매니지먼트 리뷰'(MIT Sloan Management Review)에서 제공하는 디지털 성숙도를 파악하기 위한 5가지 지표를 차용하여, 다음과 같이 교회의 디지털 성숙도를 위한 자가진단표를 제안한다.[15]

지표	디지털 성숙도(Digital Maturity)		
	하(10점)	중(15점)	상(20점)
디지털 전환에 대한 필요성을 인식하고 있는가?			
현재 디지털 기술을 새로운 방식에 활용하고 있는가?			
분명하고 일관된 디지털 전략이 수립되어 있는가?			
디지털 전환을 위한 조직문화가 준비되어 있는가? (위험감수, 적극적 추진, 다양한 시도, 협력 및 보상)			
디지털 전문 인력이 있는가?			

교회는 위의 표를 통해 자가진단을 할 수 있으며 점수를 다 더하여 50-66점은 '초기단계', 67-84점은 '개발단계', 85-100점은 '성숙단계'로 평가한다. 위의 표를 통해 '초기, 개발, 성숙단계' 중 현재 교회의 디지털 성숙도를 진단하고, 그에 따라 부족한 지표부터 시작하여 교회의 현실에 맞는 하이브리드 목회 전략을 수립한다. 교회가 취해야 할 디지털 전략은 '모든 것의 디지털화'를 의미하지 않는다. 다양한 디지털 전환의 스펙트럼 중에서 현재 교회가 추구해야 할 핵심 가

치를 위해 한정된 예산과 역량을 투입할 수 있도록 우선순위를 정하는 것을 의미한다.

2. 옴니채널을 구축하라

포스트 코로나 시대 속에서 "오프라인과 온라인의 경험이 매끄럽게 연결되는가?" 하는 것은 매우 중요한 핵심 과제가 되었다. 이러한 상황 속에서 하이브리드 처치는 복음전파와 영혼구원의 사명을 위해 '옴니채널'(Omni-channel)을 구축해야 한다. 옴니채널이란 온라인 채널과 오프라인 채널을 모두 보유하고 이들 간의 유기적인 연결성을 구축하는 서비스를 말한다. MZ세대는 온오프라인의 전환이 디지털 네이티브답게 매끄럽다. 교회는 그들에게 복음을 전하기 위해 옴니채널을 구축하고, 그 위에 복음을 올려놓아야 한다. 옴니채널은 단순히 다양한 채널을 통해 효율성을 추구하는 '멀티채널'(Multi-channel)이 아니다. 온라인과 오프라인을 넘어, 어느 공간에서도 다음세대가 교회의 본질을 경험할 수 있도록 채널 간의 유기적인 연결을 만들어야 한다.

교회에서 시도할 수 있는 옴니채널의 예로는 '새신자 등록'이 있다. 교회는 다양한 채널, 예를 들어 교회 홈페이지와 소셜미디어, 유튜브, 전도지와 옥외 현수막 QR코드 등을 통해, 클릭 한 번이면 새가족 등록 페이지로 이동할 수 있도록 시스템을 구축해놓아야 한다. 동시에 이렇게 새신자 등록을 신청한 대상에게는 담당자가 빠른 시간(최대 3일 이내) 안에 새가족 등록에 대한 안내를 회신한다. 이후 새신자가 교회를 처음 방문할 때, 담당자가 직접 오프라인에서 새신자를 만나 환대하고 구체적인 교회 등록과정을 안내한다.

3. 양손잡이 전략을 구사하라

"결국 살아남는 것은 온라인일까? 오프라인일까? 일단 이 질문은 잘못된 것이다. 단순하게 온라인이냐 오프라인이냐를 묻는 것은 우리에게 많은 것을 놓치게 한다."[16]

김난도 교수는 《더현대 서울 인사이트》에서 '오아시스 마켓'의 사례를 설명하며 '양손잡이 전략'(ambidextrous strategy)을 소개한다. 대기업들의 각축전인 새벽배송 시장에서 유일하게 흑자를 기록하고 있는 기업이 있는데 바로 오아시스 마켓이다. 그 비결은 온라인으로 새벽배송을 하고 남은 재고를 당일 오프라인 매장에서 저렴하게 판매하는 양손잡이 전략을 취하고 있기 때문이다. 2011년 오프라인 매장에서 출발한 오아시스 마켓은 계속해서 오프라인 매장을 확대하고 있다.[17]

이러한 점에서 하이브리드 처치 역시 양손잡이 전략을 구사해야 한다. 실제로 교인들에게 자신에게 가장 적합한 예배 모임의 유형을 물었을 때, '대면 예배'(40.2%)와 '대면/비대면 예배 모두'(42.8%)가 가장 높았고, '비대면 예배'가 가장 잘 맞는다는 응답은 전체 응답 중 10.5%로 그 수치가 매우 낮았다. 이를 볼 때 교인들은 온오프라인을 고유의 영역으로 인식하고, 양쪽 모두에서 신앙생활을 하는 '하이브리드 처치 모델'에 익숙하다는 것을 알 수 있다.

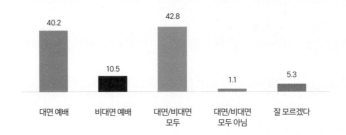

하이브리드 처치는 목회 전략을 세울 때 기존의 교회 사역을 분석하여 어떻게 양손잡이 전략을 구사할 수 있을지 고민해야 한다. 기존에 온라인 중심으로 진행되던 사역은 오프라인으로 확장하고, 반대로 오프라인 중심 사역들은 온라인으로 그 범위를 넓혀 나가야 한다.

하이브리드 처치의 등장배경
: 결국 진정성 있는 공간만 살아남는다

사도행전 7장에 나오는 스데반의 설교에서 그는 하나님을 '움직이는 하나님'(Moving God)으로 묘사한다. 하나님은 애굽으로, 떨기나무 불꽃으로, 성막으로, 성전으로 이동하신다. 하나님은 살아 계시며, 이스라엘의 역사를 주권적으로 움직여 나가시는 분임을 강조한다. 이러한 하나님의 '운동성'은 오늘날 오프라인 공간을 넘어 온라인

공간으로 확장된다. 이것이 앞으로 하이브리드 처치가 더욱 중요해
지는 이유이다.

1. 디지털 전환(Digital Transformation)

'디지털 전환'(Digital Transformation)은 'DX'라고도 하며, 이는 디
지털 기술을 사회 전반에 적용하여 전통적인 사회 구조를 혁신시
키는 것을 말한다. 흔히 DX의 ABCD라고 불리는 AI(인공지능),
Blockchain(블록체인), Cloud(클라우드), Data(데이터) 등을 활용하여
기존 전통적인 운영 방식과 서비스 등을 혁신하는 것을 의미한다. 코
로나19는 디지털 전환의 속도를 더욱 가속화했다. 기업들은 재택근
무를 확대하고, 온라인 서비스를 런칭하고, 키오스크를 설치하는 등
의 디지털 기술을 적극적으로 도입하고 있다.

이러한 디지털 전환의 흐름은 교회 안에서도 감지된다. 2022년 1
월 미국의 10대 교회로 꼽히는 포터하우스덴버교회는 예배당이 없는
온라인 교회로 전환했다.[18] 물론 교회 건물 매각의 중요한 이유 중 하
나가 성도 수와 재정감소에 있었으나, 교회의 리더들은 부동산을 매
각하고 온라인 예배를 적극 활용하며 지역 봉사활동을 유지하는 것
이 최선의 결정이라고 판단하였다. 이 외에도 VR기기를 쓰고 가상공
간에 접속하여 예배를 드리는 VR처치(www.vrchurch.org)나, 자체 개
발한 온라인 예배 플랫폼인 'CHURCH ONLINE'을 무료로 보급하는
라이프닷교회(life.church) 등도 모두 디지털 전환을 적극적으로 도입
하는 교회의 대표적인 사례들이라 할 수 있다.

2. 리-아날로그(Re-Analog)

이처럼 '디지털 전환'의 시대를 살아가면서도 여전히 미래는 아날로그에 달려 있다. 디지털과 인공지능의 최신 기술들이 우리의 실생활에 많은 편리함을 주고 있지만, 동시에 사람들은 이러한 기술발전 앞에서 막연한 두려움과 상실감을 경험한다. 아무리 고도로 발달한 디지털 기술일지라도, '인간다움'을 구현하기에는 여전히 기술적 한계가 존재하기 때문이다. 그래서 최근 기업들은 앞다투어 오프라인에 체험형 매장을 만들고, 자신들의 브랜드에 스토리를 입혀 경험하도록 만든다. 이른바 '아날로그의 반격'이다. '리테일 테라피'(retail therapy)라는 말처럼 사람들은 오프라인 쇼핑을 통해 힐링 되는 기분을 느낀다.

교회는 어떠한가? 목회데이터연구소의 2021년 7월 통계를 보면, 온라인 문화에 익숙한 청소년임에도 불구하고 '온라인 예배'(78%)보다 '현장 예배'(87%)에 더 만족하는 것으로 나타났다. 학생들은 줌으로 진행되는 원격수업에 피로감을 느끼며 '줌 피로'(Zoom Fatigue)를 호소하고 있다. 디지털 문화의 세례를 받고 태어난 MZ세대는 오히려 오감을 통해 직접 체험하고 경험하기를 원한다. 이처럼 아날로그적 감성을 온오프라인에 적극적으로 구현하는 '리-아날로그'(Re-Analog) 현상은 더욱 분명해질 것이다.

3. 진정성(authenticity)

결국 온라인이냐 오프라인이냐의 논쟁은 더 이상 무의미하다. 이러한 논쟁은 소모적이며, 새로운 경험과 가치 창출의 기회를 놓치게 만들고 만다. MZ세대는 온라인에서 정보를 교류하고, 오프라인에서 오감을 통해 체험하고, 그 경험과 느낌을 다시 온라인에 기록(라이프 로깅)한다. 그들은 채널 간의 이동이 매끄러운 하이브리드 여정 속을 살아간다. 그들에게 있어서 온오프라인의 구분보다 더욱 중요한 것은 바로 '진정성'이다. 온라인 공간이든 오프라인 공간이든 그들은 결국 진정성 있는 공간에 매력을 느끼며, 지속적인 접근을 시도한다.

교회 공간이 줄 수 있는 진정성은 무엇일까? 이는 많은 예산을 투입해서 화려한 예배당을 짓거나, 메타버스에 교회를 구축하는 것이 아니다. MZ세대가 바라는 진정성이란 무엇일까? 교회가 나와 끊임없이 소통하며, 약자의 의견을 존중하고, 서로가 함께 성장하며, 비로소 살아 있는 하나님의 임재를 느끼게 되는 것이 MZ세대가 교회에 바라는 진정성의 모습이다.

트렌드 전망 및 시사점

앞으로 디지털 전환은 더욱 가속화될 것이고, 동시에 오프라인에서 인간다움의 터치를 그리워하는 '휴먼 터치'의 영역은 더욱 공고해질 것이다. 이러한 흐름 속에서 교회는 무엇을 해야 할 것인가? 우선 하이브리드 처치는 온라인과 오프라인이라는 넓은 스펙트럼 속에서 교인들이 '나만의 장소'를 찾을 수 있도록 기회를 제공해야 한다. 여기에서 말하는 '나만의 장소'란 단순한 온라인, 오프라인 공간(space)이 아닌, 자신만의 특별한 경험과 애착이 녹아 있는 '장소'(place)를 말한다. 어느 공간에서든 영적이고 신앙적인 체험을 할 수 있다면, 교인들은 그 시간과 공간을 나만의 장소로 기억하고, 애착을 가지고 다시 찾게 될 것이다.

　나만의 장소를 확대하기 위해 교회는 소그룹의 중요성을 더욱 강조해야 한다. 이를 위해 하이브리드 처치는 온라인 소그룹 매칭 시스템을 구축해야 한다. 교인들이 각자의 형편과 상황에 맞는 동질집단을 쉽고 매끄럽게 찾을 수 있도록 도움을 주어야 한다. 교인들에게 소그룹에 대한 참여를 동기부여할 때 교인들의 가장 실질적인 필요를 채워줄 수 있는 커리큘럼을 통해 참여를 이끌어야 한다. 가령 어린 자녀를 기르는 부모에게는 '성경적인 부모의 역할'에 대해서, 청년들에게는 '그리스도인의 재정관리'에 대해서, 직장인들에게는 '일과 영성'에 대해서 커리큘럼화된 신앙교육 교재를 제공한다면, 교인들은 일상 가운데 직접 느끼는 필요와 질문에 대한 답을 스스로 찾을 수 있게 될 것이다. 이를 위해 교회는 소그룹을 위한 다양한 커리큘럼의 교재를 제작하거나 구비할 수 있어야 한다. 직접 모든 교재를 만드는 것이 어렵다면, 시중에 활용되고 있는 기존의 교재 중 교회의 목회철학이나 방향성에 맞는 교재를 선택하여 활용하는 것을 추천한다. 특히 영상 콘텐츠와 소그룹 나눔 교재에 특화되어 있는 '라잇나우미디어'(rightnowmedia)나 클래스 기능을 갖춘 '퐁당'(fondant) 등을 활용하여 풍성한 소그룹 나눔으로 이끌 수 있다.

　마지막으로 교회는 하이브리드 목회를 전담할 수 있는 전문가를 양성해야 한다. 이는 디지털과 목양에 대한 전반적인 이해가 필요하다. 최근 대부분의 기업에서는 CDO(Chief Digital Officer), 즉 최고 디지털 관리자를 세워 각 기업의 디지털 전략을 총괄하게 한다. 이처럼 교회에서도 디지털 전문 사역자가 세워져 담임목사와 당회의 목회 비전에 따른 하이브리드 목회 전략을 수립할 수 있도록 준비해야 한다. 나아가 신학교에서는 디지털 신학, 다시 말해 디지털 문화 속에서 신학의 역할을 정의하고, 디지털을 통해 세상과 소통하는 디지털 신학의 가능성을 모색해야 할 것이다.

04

Molecule
Life

몰라큘 라이프

2022년 4월 18일에 사회적 거리두기가 전면 해제되었지만, 2년 넘게 변화된 일상이 코로나 이전으로 돌아가기에는 불가능하다는 것이 공통된 인식이다. 앞으로는 대규모 모임을 피하고, 될 수 있는 대로 접촉을 안 할 수 있는 '언택트' 방식의 삶으로 바뀌게 될 것이다. 사람 간 접촉을 하지 않는 비대면 방식의 상거래와 상품 주문, 온라인 회의가 더 큰 비중을 차지하게 되고 재택근무가 선호될 것이다.

문제는 이러한 비대면 활동의 증가가 사람들 사이의 관계를 약화시킨다는 점이다. 사람은 사회적 동물이고 혼자서는 살 수가 없다. 오늘날과 같이 복잡한 사회에서는 모든 조직과 개인들이 유기적으로 연결되어 있어서 서로를 의지할 수밖에 없다. 또한 전염병과 같은 사회적 재난 상황에서도 사람은 심리 정서적으로 위안을 받을 수 있는 관계를 필요로 한다.

개인들이 원자화된 현대 사회에서 전염병의 여파로 사회관계는 더 단절되겠지만 사람들은 최소한의 모임을 유지하면서 살아갈 것이다. 원자들이 최소한의 단위로 결합되어 있는 분자(molecule)처럼 사람들도 최소한의 모임을 유지하는 '몰라큘 라이프'의 형태가 될 것이다. 이 책에서는 사람들이 코로나19로 인해 사회적 관계가 단절되었지만, 최소한의 사람들과 모임을 가지는 것을 '몰라큘 라이프'라고 부른다. 이런 사람들의 행태가 교회생활에 어떤 영향을 미쳤고 앞으로 어떤 영향을 미칠 수 있는지 다루어본다.

"코로나19가 시작되고 거의 사람을 안 만나고 있어요. 일할 때 필요한 아주 소수의 사람들과 우리 가족들만 만나요."

"저희 구역은 구역장님이랑 저랑만 줌으로 모여요. 코로나 이후에 사람들이 잘 모이지 않더라고요. 처음에는 왔는데 줌으로 해서 그런지 잘 안 되고 있어요."

코로나19가 시작되고 모임이 사라졌다. 코로나19 이전에는 많은 모임이 있었다. 아이들을 학교에 보낸 주부들은 점심 약속이 많았다. 자유롭게 많은 사람들과 모임을 가졌고, 프로그램에 참석하고 다양한 활동을 했었다. 직장에 다니는 사람들은 저녁 시간에 많은 모임이 있었다. 저녁마다 도심의 식당과 카페는 사람들로 붐볐다. 하지만 코로나19가 시작되고 모든 모임과 회의가 취소되었다. 반드시 해야 하는 모임은 줌으로 대체되었다. 더 이상 사람을 만날 필요가 없어졌다. 모든 사회적 모임이 사라진 것이다.

교회도 마찬가지였다. 교회마다 주중에 성경공부, 기도모임, 프로그램 준비모임, 친교모임과 같은 많은 모임이 있었다. 교회에 특별한 모임이 없어도 직장에 나가지 않는 권사님들은 교회에서 모여 이야기하고 같이 식사하면서 시간을 보내기도 했다. 하지만 코로나19가 시작되고 예배뿐 아니라 교회의 모임도 중지되었다. 교회의 소모임들도 더 이상 제대로 모일 수 없었다.

고립된 사람들

"코로나 이후 불안이나 우울한 마음이 심해졌어요!"

"마음이 힘들 때 교회에 가도 이야기할 사람이 없어요!"

현대의 대중 사회 속에서 홀로 고립된 채 살아가는 개인을 가리켜 '원자화된 개인'이라는 말이 사용되었다. 그런데 우리 사회는 오랫동안 가족 중심의 삶을 살아왔고, 사회의 작동 원리 속에는 학연, 지연, 혈연이라는 유사 가족 집단을 중심으로 한 연고주의가 깊게 자리잡고 있다. 그래서 원자화된 개인이라는 말이 우리 사회에는 어울리지 않는다는 주장이 적지 않게 제기되었다. 이러한 연고주의가 앞으로도 쉽게 사라지지 않을 것이다. 그러나 젊은 층들 사이에서는 점차 약해지고 있으며 개인들의 삶의 모습은 심하게 단절되고 고립되어 있어서 원자화되었다는 말이 결코 과장이 아니다.

개인 취향을 존중하는 젊은 세대들을 중심으로, 집단을 중시하고 다른 사람들의 눈치를 보던 모습들이 크게 바뀌고 있다. 자신의 개인적인 삶보다는 직장 등 사회적인 삶을 중시해온 기성세대는 개인생활이 다소 침해받더라도 조직을 위해 희생하고 헌신하는 것을 당연시해왔다. 그러나 젊은 세대는 직장도 자신의 삶을 위한 것으로 생각하기 때문에 다른 사람 눈치를 보지 않으며 다른 사람들의 시선을 의식하지 않는다. 직장에서 칼퇴근은 당연한 것이고 회식도 좋아하지 않으며 개인의 삶을 즐긴다. 일과 삶이 균형을 이루는 '워라밸'을 중시하고 미래든 남을 위해서든 자신을 희생하기를 거부하고 현재의 행복을 위해 소비하는 '욜로'의 삶을 지향한다.

코로나 사태로 인해서 개인들은 더 고립되고 단절되었다. 대면 접촉을 피하고 비대면 모임을 선호하게 되면서 사회관계는 더 약화되고 있다. 이러한 상황은 4차 산업혁명 기술들의 발달로 더 가속화되고 있다. 4차 산업혁명은 클라우스 슈밥(Klaus Schwab)이 2016년 다보스 포럼에서 정보통신 기술을 기반으로 하는 인공지능, 빅데이터, 사물인터넷 등의 기술을 융합하여 초연결성, 초지능성을 지향하는 새로운 산업으로 패러다임 전환이 이루어진다고 언급하면서 사용되고 있는 용어이다.[1]

4차 산업혁명 시대에는 막대한 정보의 양을 스스로 분석하고 처리하는 인공지능과 모든 사물에 인터넷이 연결되어서 초연결 네트워크가 만들어진다. 전자, 건설, 의료, 노인, 복지, 스포츠 등 여러 다양한 산업과 서비스업에 사물인터넷이 도입되어 현실 세계와 가상 세계의 경계를 허물고 있다.

이러한 변화는 대면 접촉과 실물 중심의 거래를 해온 것과는 전혀 다른 상황을 만들게 될 것이고 이에 따라 인간의 사고와 인식도 크게 변하게 된다. 문제는 사람들이 대면 접촉보다는 온라인 네트워크를 통해서 만나기 때문에 사회적 관계 자체가 약화될 우려가 크다는 것이다. 이러한 인간관계의 약화는 심리 정서적인 불안정을 가져온다.

코로나 기간 중 우울감이나 무기력을 표현하는 '코로나 블루'의 영향으로 스스로 목숨을 끊는 사람들도 적지 않게 나타나고 있다. 다행히 작년에 자살률이 감소세로 돌아서기는 했지만, 여전히 안심할

순위	10대	20대	30대	40대	50대	60대
1위	자살(41.1%)	자살(54.4%)	자살(39.4%)	암(28.3%)	암(36.6%)	암(41.4%)
2위				자살(20.8%)		
3위					자살(9.9%)	
4위						자살(4.7%)

* 통계청, 2020 사망원인통계, 2021.09

2019-2020 연령별 자살률 증감률

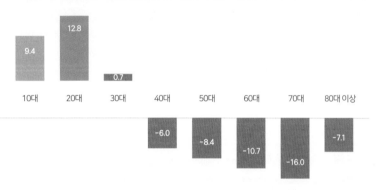

* 통계청, 2020 사망원인통계, 2021.09

수 없는 것은 위기 상황을 벗어난 후에 결속력이 느슨해지고 이에 따라 자살률이 다시 증가할 우려가 있다는 것이다. 또 하나의 문제는 젊은 층에서는 자살률이 오히려 늘었다는 점이다. 작년 통계에서 20대 자살률은 10만 명 당 21.7명으로 1년 전보다 12.8% 늘었고, 10대 자살률은 1년 전보다 9.4% 늘어나 10만 명 당 6.5명이었다. 특히 20대 사망자 가운데 자살로 인한 사망은 전체의 54.4%에 달했다.

이러한 차이는 코로나 팬데믹이라는 상황에 대해 연령별로 미치는 영향이 다르기 때문이다. 중년 이상은 비교적 안정된 생활을 하고 있고 사회적 거리두기에 큰 어려움이 없지만 팬데믹 상황이 불러온 고용 절벽과 고용 불안에 직장을 가질 기회조차 박탈당한 젊은이들은 큰 어려움을 겪고 있다. 특히 사회적 거리두기로 대면 서비스 업종의 타격이 컸고 이것이 20대 여성들의 높은 실직률로 나타났다. 이렇게 젊은이들이 경제난에 처하고 사회관계마저 단절되면서 엄청난 무기력증과 좌절감에 빠졌으며 코로나19 사태 이후 한계 상황에 도달한 자살 위기 계층이 증가하고 있다는 염려가 전문가들 사이에서 나오고 있다.

자살의 요인은 다양하지만 대부분 사회적으로 고립되고 단절된 사람들이 자살에 더 취약하다는 것은 널리 알려진 사실이다. 자존감이 높고 어려울 때 도움을 청할 수 있는 친구가 있는 사람은 자살의 위험이 낮지만 우리나라 사람들은 대부분 그렇지 못하다. OECD에서 발표하는 '더 나은 삶의 지수'(Better Life Index)에 대한 조사 결과에서는 매번 공동체성과 관련된 사회관계망 부문에서 우리나라가 OECD 가입국가 중 최하위를 기록하고 있다. 코로나로 인해서 우울감과 불안감을 극도로 느끼고 있는 사람들이 다른 사람들과의 관계에서 도움을 받지 못할 가능성이 큰 것이다.

개신교인들도 예외가 아니다. 2022년

몰라큘 라이프
(Molecule Life)

몰라큘 라이프는 원자들이 최소한으로 결합되어 있는 분자(molecule)처럼 최소한의 모임을 유지하는 것을 말한다. 코로나19로 인해 많은 모임이 사라지고 있지만, 꼭 필요한 만남과 모임은 지속되고 있다. 어떠한 상황에서도 사람은 혼자 살아갈 수 없는 존재인 것이다.

코로나19로 인해 사람들과의 대면접촉을 최소화하고 있지만, 필요한 대면모임은 지속적으로 진행되고 있다. 관계는 축소되어도 완전히 사라지지 않고 최소한의 모임을 추구하는 것이 '몰라큘 라이프'다.

4월에 개신교인들을 대상으로 진행한 '코로나 추적조사'에서[2] 코로나19 이후 일상생활의 변화에 대해 불안/우울감은 "줄었다" 11.7% "심해졌다" 27.0%, 분노/짜증/스트레스는 "줄었다" 13.1% "심해졌다" 30.4%, 고립감/소외감은 "줄었다" 12.9%, "커졌다" 31.8%로 나타나 개신교인 역시 코로나로 인해 전체적으로 부정적 심리 변화를 겪고 있는 것으로 나타났다. 특히 분노/짜증/스트레스는 타인에게 투영될 수 있는 것으로 개인적 심리 상태가 사람들과의 관계도 불안하게 만들 가능성이 있다.

몰라큘(molecule) 라이프

"사람들을 만나 감정노동을 하는 것 자체가 귀찮아요!"

"나와 비슷한 취향과 관심을 가진 사람들을 더 많이 만나고 싶어요."

사람들은 '나홀로 삶'의 방식을 편리하게 생각하지만, 혼자서는 결코 살아갈 수 없다. 다른 사람들의 간섭은 불편해하지만 외로움은 인간의 삶을 피폐하게 만든다. 그래서 사람들은 혼자의 삶을 즐기는 동시에 다른 사람들과의 관계도 어느 정도 유지하려고 한다. 코로나 이전에 유행했던 소셜다이닝이 그러한 사례 가운데 하나이다.

소셜다이닝(social dining)이란 SNS를 통해 관심사가 비슷한 사람끼리 만나 식사를 즐기며 인간관계를 맺는 것을 말한다. 원래 알고 지내는 친구들이나 동호회 사람들이 만나는 것이 아니라 친분이 없던 사람들이 SNS를 통해 처음 만나서 식사하는 것이어서 소셜미디어(Social Media) 시대에 등장한 새로운 소통 방식이라고 할 수 있다.

이전에도 혼자 밥 먹는 일이 없던 것은 아니지만, 1인 가구가 우리나라의 대표 가구로 등극하면서 구조적으로 혼자 밥을 먹을 수밖에 없는 상황에 처하게 되었다. 이것은 더 이상 밥상 공동체를 경험할 수 없게 되었다는 점에서 큰 문제이다. 사회학에서는, 모든 사회에서 음주와 식사는 사회적 상호작용과 의례 실행의 계기를 제공한다는 점에서 매우 중요한 행위로 본다.

이것은 현대 사회에서 더욱 중요하다. 현대인들이 사생활을 드러내는 것을 두려워하고 꺼리는 까닭은 개인의 독립성을 상실할지도 모른다는 우려와 깊이 연관되어 있다. 그러나 함께 식사하고 함께 놀이를 즐김으로써 서로의 사사로운 모습을 개방하고 서로 수용하고 서로의 삶을 공유하게 되는 것이다.

최근 젊은이들 사이에 널리 퍼지고 있는 '살롱 모임'도 이러한 욕구를 반영하고 있다. 기존에 한국 사회의 연고주의의 근간을 이루었던 동창회, 향우회, 친족 모임은 약화되고 있고 취미 활동이나 관심사를 나눌 수 있는 여러 가지 형태의 살롱(salon)이 운영되고 있다. 본래 객실이나 응접실을 의미하는 살롱은 사교계, 전람회나 전시회 등을 의미하기도 하고 다과점이나 미장원을 가리키기도 한다. 그리고 근대 사회가 형성되던 17-18세기 프랑스 상류사회에서 성행되던 귀족과 문인들의 정기적인 사교모임이나 화가나 조각가들의 연례 전람회를 뜻했다. 이것이 중요한 의미를 갖는 것은 살롱이 근대 사회에서 시민들이 토론하고 여론을 형성했던 공론장이 되었고, 오늘날 시민 사회의 모태로 여겨지기 때문이다.

요즘 젊은이들 사이에서 유행하는 살롱은 또 다른 의미를 갖는다. 근대 유럽의 살롱이 개인의 존엄성과 시민의 권리에 대한 중요성과 함께 형성되었다면, 오늘날의 살롱은 개인주의가 심화되고 있는 나홀로 삶 속에서 느슨한 형태의 사회관계와 공동체성을 유지하고 싶은 욕구에서 나온 것이다. 소셜다이닝과 같이 아는 사람들에 대해서 신경 쓰지 않고, 잘 모르는 사람들 속에서 편하게 자신의 관심사에 집중하고 필요를 채우고자 하는 욕구의 결과이다. 젊은 사람들은 상하 관계와 위계질서를 따져야 하는 연고주의 모임은 기피하면서도 필요에 따라 최소한의 사회관계를 유지하고자 하기 때문에 이런 모임이 만들어지고 있다.

코로나 상황에서도 마찬가지이다. 코로나 사태 속에서 사람 간 접촉이 더 엄격히 금지되었고, 이로 인해 개인은 더 고립되었다. 하지만 역설적이게도 이런 사회적 흐름과 규제 속에서 사람들은 다른 사람들과 연결되고 접촉하고자 하는 욕구가 더 강해졌다. 많은 모임이 없어졌지만, 코로나 상황 속에서도 사람들은 최소한의 만남이나 모임은 유지하려고 하였다. 각각의 원자들이 최소한의 단위로 결합되어 있는 분자처럼 사람들도 최소한의 모임을 가지고 있었다.

이러한 모습은 코로나 사태 속에서 더 활발하게 이용하는 중고물품 거래서비스 앱인 당근마켓에서도 발견된다. 이 앱에 있는 메뉴 중에는 중고물품 거래와 관계없는 '우리 동네'라는 메뉴가 있는데 전혀 알지 못하는 사람들 속에서 같이 저녁을 먹을 사람들을 찾기도 하고, 주말에 같이 영화를 볼 사람이나 산책할 사람을 구한다는 게시물이 쉴 새 없이 올라온다. 그리고 순식간에 많은 댓글이 달린다. 또한 스마트폰을 사용하기 시작하면서부터 다양한 형태로 나오고 있는 안부 문자 서비스는 전혀 모르는 사람에게 안부를 묻기도 하고 간단한 대화를 나누며 격려나 위로를 전하는 서비스이다. 생각보다 많은 사람들이 이용하면서 만족하고 있는데 코로나 사태 속에서 불안과 외로움을 느끼는 사람들에게 큰 위안이 되고 있다.

사람들이 원하는 것은 결국 '공동체'이다. 그러나 이러한 공동체는 전통적인 공동체와는 다르다. 획일적이고 권위적인 집단에 대한 소속이 아니라 개인의 재량과 주체성을 인정하면서도 필요할 때 같이 있어주고 정서적인 지지와 공감대를 형성할 수 있는 새로운 공동체, 이것이 코로나 사태 이후에 중요한 트렌드로 나타날 '몰라큘 라이프'의 모습이다.

1인 가구의 증가와 나홀로 삶

"나는 내가 원하는 시간과 장소에서 내가 원하는 메뉴를 눈치보지 않고 선택하고 싶다."

"나는 가족들과 떨어져 혼자 있을 때 마음이 편한 경우가 많다."

고립된 삶의 모습은 코로나 사태로 인해서 처음 발생한 것이 아니다. 한 트렌드 전문가는 코로나 이전에 현대인들의 삶의 방식을 분석하면서 '외로움'을 핵심 주제로 제시하기도 하였다.[3] 우리 사회에는 이전과는 다르게 개인주의 풍조가 널리 퍼져 있는데, 이것을 잘 보여주는 현상이 1인 가구의 증가이다. 전체 가구 중에서 1인 가구의 구성 비율은 1970년 3.7%에서 2000년에는 15.5%로 급속히 증가했고, 2015년 인구주택 총 조사에서는 1인 가구가 27.1%로 2인 가구를 제치고 대한민국 대표 가구가 되었다.

그 이후에도 1인 가구는 급속하게 증가하고 있다. 통계청에서는 2025년에는 31.3%에 이를 것으로 예측했으나, 이미 그보다 5년이나 빠른 2020년에 31.7%로 증가하였다. 여전히 뉴스에서 자주 등장해서 우리에게 익숙한 '4인 가족'은 더 이상 우리 사회의 대표 가족의 모습이 아니며, '나홀로 가족'이 우리 사회의 가족을 대표하게 된 것이다. 이제까지 대가족에서 핵가족으로 변해왔지만, 이제는 핵가족마저 무너지고 '나홀로 삶'이 한국 가족의 주요 형태로 자리잡게 되었다.

결혼보다 자신의 삶을 택하는 2030세대, 가부장적 가족제도를 거부하는 여성들, 결혼 적령기를 넘긴 남녀, 여기에 기러기 아빠와 돌아온 싱글, 홀로 된 노인까지 더해져 우리 사회에서 나홀로 가족의 수는 가파르게 늘어나고 있다.

1인 가구 증가의 직접적 원인이 되는 인구구조의 변화는 가까운 시일 안에는 변하지 않을 것이기 때문에 1인 가구 증가는 한동안 지속될 것이다. 서울시에서 1인 가구를 대상으로 실시한 조사에서 36.8%가 "지금처럼 혼자 살고 싶어 했으며" 그중 23.6%는 "평생 1인 가구로 살아갈 것"이라고 응답했다. 그리고 86.2%가 "혼자 사는 것에 만족하고" 있는 것으로 나타났다. 그러나 1인 가구의 85.7%는 "혼자 생활하면서 불편함을 느낀다"고 응답했고, 76.1%는 "혼자 생활하면서 심리적 어려움을 겪었다"고 응답하여 실제로 행복한 삶을 살고 있다고 보기는 어렵다.

따라서 1인 가구의 급증이 질병, 소외, 빈곤 등 사회병리 현상으로 발전할 수 있다는 점이 큰 문제이다. 혼자 사는 삶이 트렌디하고 세련되어 보일 수 있지만, 오히려 전통적 빈곤 문제와는 다른 차원에서 새로운 사회적 위험을 증가시키고 있다. 특히 1인 가구는 다인 가구에 비해 공동생활에 따른 비용 절약 효과 등이 없어 빈곤화가 더욱 심화될 수 있다. 그리고 1인 가구가 2인 이상 가구보다 고용, 소득, 주거, 의료, 안전 등에서 위험에 더 많이 노출되어 있다.

이미 오래전부터 사회 문제가 된 독거노인들의 고독사뿐만 아니라 최근에 문제가 되고 있는 2030세대의 고독사도 더욱 심각해질 우려가 있다. 중장년층도 문제이다. 고독사 통계에 의하면 독거노인보다 40-50대의 고독사 비율이 더 높고, 50대 고독사가 가장 많다. 서울시의 중장년 1인 가구 실태조사에서는, 주말 저녁에 혼자 식사한다고 답한 이들의 비율이 무려 93.2%에 달했다. 중장년 1인 가구 30%는 최근 3개월 내 접촉한 사람이 없어 사회적 고립이 심각한 것으로 진단됐다.

여기서 1인 가구에는 자발적 1인 가구와 비자발적 1인 가구가 있다는 점을 생각해야 한다. 이것은 1인 가구 증가의 원인 중에 빈곤 문제가 있기 때문이다. 개인이 자유로이 선택한 1인 가구뿐만 아니라, 경제적인 빈곤으로 결혼을 포기하거나 가정을 부양할 수 없어서 어쩔 수 없이 1인 가구로 전락한 사람들도 적지 않다. 이러한 경우에 빈곤 문제가 해결되지 않는다면 일생을 혼자 살아야 하기 때문에 더욱 심각한 문제가 된다. 이러한 빈곤 문제와 함께 정서적인 문제를 해결하기 위해 사람들은 최소한의 사회관계를 유지할 수 있는 몰라큘 라이프의 형태를 띠게 되는 것이다.

소그룹 시스템

1. 공동체의 원형인 교회 소그룹

이러한 점에서 위드 코로나 시기에는 무엇보다도 공동체에 대한 관심이 늘어나고 있다. 파괴된 사회관계를 회복함으로써 공동체를 제공하는 것이 사회적 재난과 위기 상황에서 사회를 안전하게 지키는 데에도 중요한 일이 될 것이기 때문이다. 공동체의 제공은 무엇보다도 종교의 역할이 크다. 알랭 드 보통(Alain de Botton)은 스스로 무신론자이면서 종교에 대한 관심을 갖고 종교의 고유한 특징을 관찰하였는데, 자신의 저서 《무신론자를 위한 종교》(청미래)에서 종교 공동체의 중요성에 대하여 역설하고 있다. 그는 종교는 인간의 고독에 대해서 깊이 있게 다루고 있으며, 사람들이 다른 사람들과 연대하지 못하도록 방해하는 편견들을 없애려는 종교의 노력이 중요하다고 말한다.[4]

공동체를 구성하는 데 매우 유용한 방법이 소규모 모임을 활용하는 것이다. 친밀한 관계 형성은 대규모 집회보다는 소수로 모인 대면 모임에서 더 쉽게 이루어지기 때문이다. 교회에서는 구역과 속회 등 다양한 형태의 소그룹을 운영하고 있는데 이러한 소그룹은 탈현대 사회의 특징인 유동성과 다양성을 수용할 수 있는 구조라고 할 수 있다. 즉 현실 사회의 다원화된 가치관을 교회가 가장 현실성 있게 수용할 수 있는 방법은 '소그룹'이다. 이러한 다양성에 대한 인정은 소그룹의 특징이고, 이것이 현대 사회에서 소그룹 운동이 성공할 수 있었던 가장 중요한 이유 가운데 하나이다. 그리고 최근 교회의 권위주의적이고 경직된 모습에 실망해 교회를 떠나는 탈교인들을 포용할 수 있는 요소가 될 수 있다는 점에서도 매우 중요하다.

사회학자인 로버트 우스노우(Robert Wuthnow)는 소그룹 운동이 일련의 문화 재조정 과정의 최신 형태라고 말한다.[5] 특히, 미국 사회에서 소그룹은 변화 자체에 도전하고 필요에 따라 쉽게 만들고 없앨수 있는 '모듈(modular) 공동체'를 만들면서 신앙을 더 유동성 있게 만들고 있기 때문이다. 소그룹은 다양하게 살고 있는 사람들을 일정한 장소에 모아 서로 이해할 수 있는 토대를 제공해줌으로써 구성원 사이의 관계 개선을 이룬다. 이러한 인격적인 변화를 통해 참여자 전원이 활동의 주체가 됨으로써 자발성과 적극성이 있는 참여를 가능하게 한다.[6] 따라서 소그룹을 통해서 공동체를 경험하고 이것을 통해 협력과 연대를 하게 하는 것이 매우 중요하다.

특히 앞에서 살펴본 1인 가구의 문제는 사회 문제일 뿐만 아니라 교회의 문제이기도 하다는 점에서 소그룹을 통한 공동체 형성은 매우 중요하다. 기독 청년 조사에서 청년 기독교인들 중에 절반이 겨우 넘는 55.6%만 결혼 의향이 있는 것으로 나타났다. 최근에는 앞으로 결혼할 것을 전제로 하는 '미혼'이라는 말보다 결혼 의향과 관계없이 결혼하지 않은 상태를 의미하는 '비혼'이라는 말을 선호하고 있다. 기독 청년들 사이에서도 '비혼'이 쟁점이 되고 있다. 전통적으로는 결혼해서 사는 것이 하나님의 뜻이라고 생각해왔지만, 최근에는 이러한 생각도 달라지고 있다.

현실적으로 청년들에게 결혼을 강제하기도 쉽지 않다. 혼자 사는 것이 편해서 결혼하지 않는 사람도 있지만, 앞서 말한 바와 같이, 형편상 또는 사회적인 요인 때문에 결혼을 할 수 없는 사람들도 많이 있기 때문이다. 또한 비합리적인 결혼생활의 모습이 노출되거나 가정 문제들이 자주 발생하는 현실에서 결혼에 대한 부정적인 시각이 더 커지는 것은 당연한 결과일 수도 있다. 이들에게 교회가 새로운 가족

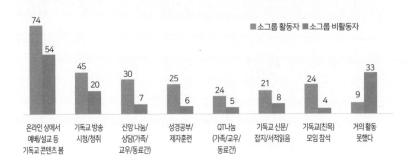

지난 1주일간 신앙 활동 내용

■ 소그룹 활동자 ■ 소그룹 비활동자

온라인 상에서 예배/설교 등 기독교 콘텐츠 봄: 74 / 54
기독교 방송 시청/청취: 45 / 20
신앙 나눔/상담(가족/교우/동료간): 30 / 7
성경공부/제자훈련: 25 / 6
QT나눔 (가족/교우/동료간): 24 / 5
기독교 신문/잡지/서적읽음: 21 / 8
기독교(친목) 모임 참석: 24 / 4
거의 활동 못했다: 9 / 33

* 소그룹 활동자 vs 비활동자, 중복응답

이 될 수 있다. 최근 혈연에 기초하지 않은 가족에 대한 논의도 이루어지고 있듯이 신앙에 기초한 공동체는 충분히 가족의 역할을 대신할 수 있다.

2. 신앙을 지탱해주는 소그룹

"코로나 기간 중 저에게 소그룹은 신앙을 유지하고 삶의 활력을 주는 동력이었어요!"

"우리 교회 소그룹 활동하는 사람들은 주일 현장 예배에 다 나오는 것 같아요."

〈목회데이터연구소〉가 2020년 코로나 기간 중에 실시한 조사에서

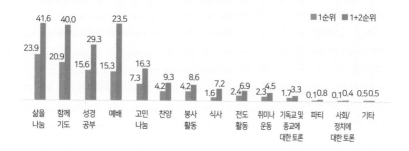

■ 1순위 ■ 1+2순위

	1순위	1+2순위
삶을 나눔	23.9	41.6
함께 기도	20.9	40.0
성경 공부	15.6	29.3
예배	15.3	23.5
고민 나눔	7.3	16.3
찬양	4.2	9.3
봉사 활동	4.2	8.6
식사	1.6	7.2
전도 활동	2.4	6.9
취미나 운동	2.3	4.5
기독교 및 종교에 대한 토론	1.7	3.3
파티	0.1	0.8
사회/ 정치에 대한 토론	0.1	0.4
기타	0.5	0.5

* 현재 소그룹 운영되고 있는 경우

는 소그룹 모임이 활발한 교회가 일반 교회들에 비해서 코로나로 인한 타격을 덜 받고 있는 것으로 나타나 주목을 받았다. 조사 결과에 따르면, 코로나19 상황에서 개인 신앙 유지에 소그룹 구성원들의 섬김과 교제가 도움이 된다는 비율이 압도적으로 높았고, 개인 경건생활과 소그룹 교제도 활발하게 이루어졌으며, 헌금 감소 타격도 덜 받는 것으로 나타났다.[7]

이 조사는 소그룹의 한 유형인 가정교회를 하는 교회들과 일반 교회들을 비교한 것이지만 반드시 가정교회 모델이 아니라고 해도 소그룹이 활성화되어 있는 교회나 소그룹 활동에 적극 참여하는 사람들에게는 비슷하게 적용될 수 있을 것이다.

실제로 2022년 코로나19 추적조사 결과에서,[8] 소그룹 활동은 신자들의 신앙생활에 적지 않은 영향을 미치고 있는 것으로 나타났다. 소그룹 활동에 정기적으로 참여하는 사람들은 코로나 이전뿐만 아니라 코로나 이후에도 예배에 참석하는 비율이 훨씬 높았고, 예배 형태도 출석하는 교회의 현장 예배에 참석했다는 비율이 가장 많았다. 또한 코로나 상황 속에서 성경 읽기나 기도 시간이 늘었다는 응답이 많았고, 코로나 상황 속에서 소그룹의 도움을 받았다는 응답이 상대적으로 많았다. '소그룹 실태조사'에서도 기본 신앙 활동에서 소그룹에서 활동하는 사람들이 그렇지 않은 사람들에 비해서 2배에서 4배까지 차이가 나는 것으로 나타났다. 코로나 사태 속에서도 소그룹이 성도들의 신앙을 굳건하게 지켜주고 있는 것이다.

소그룹에 참여함으로써 얻게 되는 도움이 여러 가지가 있지만, 그 가운데서도 심리적인 욕구의 충족은 매우 중요한 부분이다. 많은 소그룹 참여자들은 소그룹 활동을 통해 얻은 도움에 대해 '정서적인 지원'을 이야기한다. '코로나 추적조사'에서도 마찬가지이다. 삶을 나누고 함께 기도하는 것이 소그룹 활동에서 가장 중요한 것으로 나타났고, 도움을 받은 활동에서도 같은 결과를 나타냈다. 이것은 소그룹에 참여하는 동기와는 다른 결과이다. 처음에 소그룹에 참여할 때는 대개 성경공부를 통해서 성경에 대한 지식을 쌓으려고 하는 경우가 많다. 목회자들도 대부분 이런 의도로 교회 소그룹을 운영한다. 그러나 실제로 소그룹에서 받는 도움은 성경에 대한 지식보다는 소그룹 안에서의 사랑과 돌봄이라는 정서 차원의 지원이라는 것이다. 소그룹 구성원들은 소그룹 모임을 통해서 구성원들 사이에 친밀한 교섭을 하게 되고, 그 결과 일반 사회에서 경험하기 어려운 인간 상호간의 관심과 사랑 그리고 정서의 안정 등 정서 측면의 지원을 공급받고 있는 것이다.

삶을 나누면서 서로에 대해 격려하는 것은 원자화된 삶을 살며 불안감을 느끼는 현대인들에게 매우 중요하다. 현대인들은 항상 새로운 것을 요구하는 복잡한 사회에서 살아가면서 오랜 시간 동안 자신감의 결여로 고생한다. 사람들은 이러한 일상생활의 불확실성에 직면하여 용기와 확신이 주입될 필요가 있는데, 바로 소그룹 활동을 통해 격려를 받고 자신감을 회복하게 될 수 있는 것이다. 이처럼 소그룹은 가족과 지역공동체라는 기존의 지원 체계들이 무너진 현대 사회에서 삶의 파편화와 일시성으로 인해 소외감을 느끼는 현대인들에게 새로운 정서적 지원 집단으로서의 역할을 담당하는 곳이다.

일부 소그룹 모델에서는 함께 식사하는 것을 매우 중요하게 여기는데, 이것 역시 공동체성을 강화하는 중요한 요소이다. 앞에서 현대인의 삶의 방식과 관련해서 함께 식사하는 것이 얼마나 중요한지 설명했는데, 사실 함께 식사하는 것은 성경에 나오는 사도들의 전통에서 이어오는 것이기도 하다. 사도들이 식사를 인도할 때마다 예수와 함께하던 공간, 분위기, 느낌, 대화를 함께 기억하고 재현한다. 과거에 일어난 사건들을 인식하면서 기억하고 재현하는 일은 인간의 정체감을 유지하는 데 매우 중요하기 때문이다.[9] 이렇게 형성되는 친밀감은 다른 사람들에 대한 관심과 신뢰로 이어지기 때문에 공동체 운동의 매우 중요한 요소가 되고 있다.

그래서 일상생활 속에서 느끼는 정서적인 상태에서도 뚜렷한 차이가 나타났다. 가족과의 관계나 불안 우울감, 분노 짜증 스트레스, 그리고 고립감 소외감에서 소그룹 참석 정도와 개선되었다는 응답이 비례하였다. 소그룹에 잘 참석하지 않는 사람들, 가끔 참석하는 사

소그룹 참석 정도에 따른 코로나 전후 일상생활 변화

구분	정기적 참석	가끔 참석	거의 불참
가족과의 관계가 좋아졌다	38.2	25.8	22.6
고립감/소외감이 줄었다	23.0	17.8	9.5
불안/우울감이 줄었다	21.8	12.8	8.5
분노/짜증/스트레스가 줄었다	21.3	15.3	9.4

* 소그룹 소속자, 그렇다 비율

람들, 정기적으로 참석하는 사람들 중에 정기적으로 참석하는 사람들이 가족 관계가 좋아졌다는 응답이 가장 많았고, 다른 부정적인 항목들이 줄었다는 응답이 가장 많았다. 소그룹 활동이 코로나 사태 속에서 정서적인 안정에 크게 도움을 준 것이다.

그런데 목회자들의 소그룹에 대한 인식은 그리 높지 않았다. 74.6%가 소그룹을 중요한 사역의 하나로 인식하고 있을 뿐 목회의 핵심 사역이라는 응답은 20.9%에 불과하였다. 그러나 부목사들의 경우 소그룹이 핵심 사역이라는 인식이 49.4%로 담임목사의 20.9% 보다 두 배 이상 높이 나타났는데,[10] 향후 부목사들이 미래 한국 교회의 바통을 이어받을 그룹이라는 측면에서 보면 소그룹은 지속적으로 목회의 핵심 사역으로 포지셔닝(positioning) 될 가능성이 높다.

여기서 소그룹 형태가 새로운 방식으로 운영된다고 응답한 목회자들과 전통적인 방식으로 운영된다고 응답한 목회자들 사이에 핵심 사역이라는 응답이 2배 가까이 차이가 난다는 점이 중요한 부분이다. 전통적인 방식이 모두 부적절한 것은 아니지만, 소그룹 사역을

구분		사례 수 (명)	매우 많이 변화 되었다	어느 정도 변화 되었다	별로 변화 되지 못했다	전혀 변화 되지 못했다	잘 모르 겠다	계	변화됨	변화 안됨	모름
전 체		(1500)	19.8	53.4	18.0	1.6	7.2	100.0	73.2	19.6	7.2
소그룹 활동 여부	있음	(898)	24.6	59.2	12.5	0.6	3.0	100.0	83.9	13.1	3.0
	없음	(299)	16.2	45.4	24.3	2.7	11.5	100.0	61.6	26.9	11.5
소그룹 활동 정도	정기적으로 참석	(281)	38.6	54.7	5.4	0.0	1.4	100.0	93.2	5.4	1.4
	가끔 참석	(203)	17.5	64.8	14.5	1.4	2.8	100.0	82.3	14.9	2.8
	거의 참석 못함	(415)	18.6	59.6	16.5	1.1	4.2	100.0	78.3	17.5	4.2

* 개신교인 대상

중요하게 생각하는 목회자들은 그동안의 관행대로 교인 관리식으로 소그룹을 운영하지 않고 좀 더 다양한 잠재력을 발휘할 수 있고 적극적인 참여가 일어나는 새로운 방식의 소그룹을 운영하고 있기 때문에 인식에서 차이가 나는 것이다. 새로운 방식으로 소그룹을 운영하는 목회자들은 그렇지 않은 목회자들보다 코로나 이후에 교인수가 늘어날 것이라는 응답이 10%p 이상 더 높아, 향후 목회에 대해 더 낙관적으로 전망하고 있었다.

전통적인 방식의 소그룹은 대부분 구역 예배식으로 운영이 된다. 그래서 목회자들의 인식에서도 예배가 중요하다는 인식이 상대적으로 많다. 이에 반해 새로운 방식의 소그룹에서는 앞에서 살펴본 바와 같이, 삶의 나눔을 통해 소그룹 참여자들의 신앙 체험과 인격적인 변화를 경험하도록 한다. 실제로 신앙생활을 하는 동안 성격이나 행동이 성경적으로 변했다는 응답은 소그룹 참여자들에게서 20%p 이

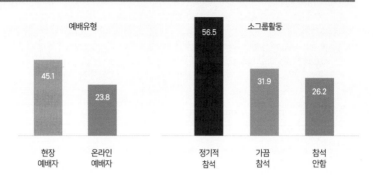

출석교회 '강한 소속감 느낀다'

예배유형

현장
예배자 45.1

온라인
예배자 23.8

소그룹활동

정기적
참석 56.5

가끔
참석 31.9

참석
안함 26.2

* 교회 출석자

소그룹 활동별 현장 예배 참석률

정기적
참석 76.9

가끔
참석 63.2

참석
안함 48.0

* 교회 출석자

상 높게 나타났고 소그룹 참여자들 중에서도 참석 정도와 비례하였다. 아래 표에서 보면 다른 요인들에 비해 소그룹 참여 여부와 정도가 크게 영향을 미치고 있음을 알 수 있다. "사람들은 대그룹에서 변하지 않고 소그룹에서 변한다"라는 미국의 새들백교회 릭 워렌(Rick Warren) 목사의 말이 입증된 셈이다.

출석 교회에 대한 소속감에서도 차이가 있었다. 소그룹에서 활동하는 사람들은 일반 신자들에 비해 소속감이 더 높았는데, 그중에서도 출석 교회에 대해 "강한 소속감을 느낀다"고 응답한 비율은 소그룹에 정기적으로 참석하는 신자들에게서 가장 높았다. 또 소그룹 정기적 참석자들이 다른 그룹보다 현장 예배 참여율이 더 높았다. 출석 교회를 계속 다닐 의향에서도 같은 결과를 보여준다. 이것은 코로나 사태 속에서 탈교회 현상이 가속화될 우려가 있고, 현장 예배 참석자 수가 줄고 플로팅 크리스천이 증가하고 있다는 점을 감안하면 매우 중요한 의미를 갖는다. 이처럼 소그룹은 현장 예배 참석을 유도하고 교회의 공동체성을 담보할 수 있는 매우 효과적인 도구이다. 따라서 교회 조직을 대형화하거나 피라미드형 관료제 조직으로 운영하기보다는 소그룹 네트워크 형태로 전환할 필요가 있다.[11]

트렌드 전망 및 시사점

1. 느슨한 관계를 선호하는 현대인

"최근 느슨한 인간관계를 선호하는 사람들이 많아진 것 같다."

"나는 가끔 몇 번 보지 못한 관계의 타인이 좀 더 편하다고 느낄 때가 있다."

코로나 상황 속에서 교회 소그룹은 이전처럼 모이지 못하고 있다. 조사 결과를 보면, 신자들 75.0%는 소그룹 모임에 속해 있다고 응답했지만, "거의 모이지 못한다"는 응답(16.8%)을 포함하여 3분의 2인 65.9%가 교회 소그룹이 이전보다 잘 운영되지 못하고 있다고 응답하였다. 소그룹에 속해 있는 응답자도 37.6%만 정기적으로 참석하고 있다고 응답하였고, 나머지는 가끔 참석하거나 거의 참석하지 못한다고 응답하였다. 따라서 위드 코로나 상황에서 어떻게 소그룹을 운영할 것인지 고민해야 한다.

여기서 기존의 사회관계가 이미 변하고 있다는 점에 주목할 필요가 있다. 현대인들은 과거와 같이 강한 친밀성을 바탕으로 하는 공동체에 대해서 점차 부담감을 느끼고 있다. 우리 사회는 급속하게 개인주의 사회로 변하고 있으며 이전과 같은 집단주의식 사고와 삶의 형태는 점차 퇴조(退潮)하고 있다. 혼자 살고 개인적인 공간을 유지하면서도 필요할 때 사람들과 어울리고 도움을 받는 방식이 선호되고 있다.[12]

이렇게 혼자 사는 시대에 필요한 새로운 연대가 '느슨한 연대'(weak ties)이다. 앞서 살펴보았던 소셜다이닝이나 살롱 모임이 그 예시이다. 기존의 끈끈하고 친밀한 관계보다 느슨한 연대의 성격이 강한 형태의 사회관계가 트렌드와 연결된다.

엠브레인트렌드모니터, "인간관계 및 대인관계 관련 인식조사", "모임 관련 인식조사"를 보면 사람들은 자신의 장단점을 잘 아는 사람보다 '잘 모르는 사람'과의 관계에서 더 편안함을 느끼고 있다(48%). 그래서 넓게 맺은 '인간관계를 다시 정리'하고 싶은 생각을 한다

(58%). 즉 사람들이 선호하는 관계는 '느슨한 관계'이다(68%). 자신을 잘 아는 사람과의 관계에서 불편함을 느끼는데다가 연고주의 모임에서는 상하 관계를 신경 쓰며 감정노동을 해야 하기 때문에 사람들은 크게 불편을 느낀다. 그래서 소수의 친한 친구만 남기고 나머지 사람들과는 느슨한 관계를 유지하고 싶어 하는 것이 요즘 사람들의 인식이다. [13]

교회에서도 이런 현상이 나타나고 있다. 교회 역시 사회적인 측면에서는 하나의 '자발적 결사체'(voluntary association)이기도 하고 오늘날 교인들의 참여는 이전 세대들과는 매우 다르기 때문이다. 모교회로서의 소속감도 약화되었고, 교회 활동에 대한 참여도나 헌신은 이전과 비교할 수 없을 정도로 감소하고 있다. 코로나 사태가 안정되면서 주일 점심 식사가 중요한 쟁점이 되고 있는데 많은 교회들이 봉사자를 구할 수 없다는 이유로 포기한다는 이야기들이 나온다. 또한 오랫동안 목회에서 중요한 비중을 차지했던 것이 심방인데, 코로나 이전에 이미 대심방은 사라지고 있었다. 교인들조차 집을 공개하기 꺼리고 목회자가 집을 방문하는 것을 부담스러워한다.

직분에 대한 생각도 바뀌고 있다. 기독교 모임에서 만난 60대 장로는 장로 직분에 대해 이렇게 말한다. "우리 선배 교인들은 장로가 되는 것을 아주 귀하고 뜻깊게 생각해서 장로가 되기 위해 열심히 노력했지만, 우리 세대는 교회에서 시키니까 하는 것이지 그렇게 큰 의미를 두지는 않습니다. 그런데 우리 후배 교인들은 장로 시키면 교회에 안 나오겠다고 해요." 이렇게 요즘 세대들은 과거처럼 직분에 연연하지도 않고 위계질서에 편입되는 것에도 불편을 느낀다. 또한 교회 안에서 이루어지고 있는 다양한 모임들 역시 최소한의 신앙생활을 위해 유지하고 있지만 많은 의무를 부과하거나 사생활이 침해된다면 기피하는 경향이 강하다. 이처럼 교회도 느슨한 연대가 더 어울리는 환경이 되고 있다.

2. 소그룹 운영에서 고려할 점

"구역장이 나이가 많아 참석하기 꺼려져요. 저와 나이가 비슷한 사람끼리 소그룹 하고 싶어요."

"온라인 소그룹이 저는 좋아요. 온라인에서도 신앙을 나눌 수 있다는 게 신기해요."

소그룹 운영에서도 이러한 점을 고려해야 한다. 먼저, 현재 교회 소그룹에 성도들이 얼마나 참여하고 있는지 점검해야 한다. 참여 인원이 전체 교인의 절반에 미치지 못한다면 현재 소그룹 운영의 문제점을 파악해야 한다. 그리고 교회 소그룹의 유형을 전통적인 구역이나 속회 형태로 유지할 것인지, 현대화된 형태의 소그룹으로 바꿀 것인지 판단해야 한다. 최근 교회들마다 다양한 형태의 소그룹이 운영되고 있는데 전환 과정에서 적지 않은 갈등이 노출되고 있다. 따라서 유행에 따라서 소그룹 형태를 바꾸기보다는 어떠한 유형이 성도들의 관심이나 필요에 적합한지 판단해야 한다. 전통적인 형태라도 운영방법에 따라서 얼마든지 필요에 적절하게 운영할 수 있기 때문이다.

대부분의 전통적인 방식의 소그룹은 지역을 중심으로 구성되어 있으나 현대인들의 특성을 고려하여 구성원의 필요나 관심, 비전에 따라서 구성하는 것이 효과적이다. 직업, 성, 연령, 취향 등 동질적인 그룹으로 묶을 수 있다. 또한 개인 단위로 구성할 것인지, 부부나 가족 단위로 구성할 것인지도 판단해야 한다. 각각의 장단점을 미리 파악하여 교회 현실에 맞는 방법을 적용해야 한다. 그런데 앞에서 설명한 바와 같이, 오늘날의 신자들에게는 과거와 같은 헌신이나 교회 활동에 몰입을 기대하기 어렵다. 따라서 많은 시간과 에너지를 요구하는 강한 훈련이나 양육 방식을 전 교인을 대상으로 적용하는 것은 현실적이지 않다.

전체 교인들은 비교적 많은 부담을 느끼지 않고 참여할 수 있도록 삶을 나누는 방식으로 소그룹을 운영하면서 어느 정도 헌신할 준비가 된 리더나 중직자들을 대상으로 강한 훈련 과정에 참여하도록 하는 이중 과정(two track)으로 운영하는 것이 바람직하다. 또한 전통적인 신앙 모임 외에 취미 활동을 같이할 수 있는 동아리 모임들을 활성화하는 것도 성도들이 소그룹에 참여할 수 있는 문턱을 낮추는 좋은 방법이 될 것이다. 한 가지 모델을 고집하기보다는 필요에 따라 다양한 소그룹에 참여할 수 있는 형태로 운영하는 것이 적절하다.

문제는 대면 접촉이 쉽지 않은 위드 코로나 상황에서 어떻게 관계를 이루어갈 수 있을지에 대한 구체적인 방안을 마련하는 것이다. 기본 원칙은 온라인과 오프라인을 적절하게 병행하며 각각의 장점을 극대화하는 것이다. 전염병이 다시 확산되는 상황이 되면 대면 모임은 위험스럽지만, 사람들은 온라인 환경 안에서만 살 수는 없다.

많은 사회학자들은 온라인이 대체재라기보다는 보완재라고 생각한다. 사이버 공간에서의 접촉이 피와 살을 가진 사람들의 상호작용을 대체하지는 않을 것이라고 예상한다. 사회적 거리두기 전면 해제 후, 대면 모임이나 이동량이 크게 증가한 것이 이를 잘 보여준다. 따라서 공식 소그룹 모임이 어려울 때는 소그룹 구성원들끼리의 일대일 만남이나 4인 이하 모임을 통해서 제한적으로나마 대면 모임을 운영하는 것이 중요하다.

여기서 톰 레이너(Thom S. Rainer)가 제안하는 세 그룹을 염두에 두면 도움이 될 것이다. 첫 번째는 온라인에만 참여하는 온라인 그룹이다. 면역력이 약한 사람들이나 지역적으로 멀리 떨어져 있는 사람들 그리고 온라인 선호그룹이 여기에 해당한다. 두 번째는 과도기 온라인 그룹이다. 이들은 대부분 온라인을 통해서 참여하지만 대면 모임에 대해서도 어느 정도 열려 있는 사람들이다. 마지막은 양면 이용 그룹이다. 요즘에는 대면 모임을 선호한다고 해도 온라인을 전혀 하지 않는 사람들은 더 이상 찾아보기 힘들다.[14] 병중에 있거나 업무상 참석하지 못하는 이들을 위해서라도 온라인은 유용한 방법이다. 우리나라에서는 외국에 비해 자영업자들이 많고 맞벌이를 하는 경우도 많다. 그리고 교회가 멀어서 평일에는 오가기 어려운 경우도 많기 때문에 필요에 따라 적절하게 온라인을 병행하는 것이 좋은 방법이다.

코로나19 이후 한국 교회에 새롭게 재조명된 목회 모델이 있다면 단연 소그룹이다. 많은 목회자들이 코로나 전부터 소그룹을 계속 유지하는 주변의 교회가 흔들리지 않은 모습을 지켜보면서 소그룹에 관심을 보이기 시작했다. 일례로 한국기독교목회자협의회(한목협)에서는 지난 6월에 개최한 전국수련회 주제를 아예 '소그룹'으로 잡아 집중적으로 세미나를 진행하기도 하였다. 그 밖에 여러 교단에서 소그룹과 관련된 논의들이 최근 들어 활발하게 일어나고 있다. 이는 한국 교회가 본격적으로 소그룹에 눈을 뜨기 시작했다는 사인(sign)이다. 2023년 한국 교회의 소그룹 목회는 서서히 확장되어 갈 것이다. 그리고 현재의 부목사들이 담임목사로 이동하면서 앞으로 이 트렌드는 더욱 공고해질 것이다.

05

Active
Senior

액티브 시니어

한국 사회의 가장 큰 사회적 변화는 인구변화이다. 인구변화의 중심에는 저출산과 고령화가 있다. 고령화 문제는 한국 사회가 해결하기 힘든 과제이다. 그런데 한국 교회의 고령화는 한국 사회의 고령화보다 훨씬 비율이 높다. 그러므로 한국 교회의 고령화는 다음세대 이슈와 함께 가장 중요하게 고려해야 할 과제이다. 초고령사회를 눈앞에 둔 한국 교회가 고령화 문제 해결의 핵심 키(key)로 떠올릴 수 있는 것이 바로 '액티브 시니어'(Active Senior)이다.

이전 노인세대와는 다른 새로운 집단세대로 등장한 액티브 시니어의 중심에는 예비노인 혹은 초기노인으로 불리우는 베이비붐 세대가 자리잡고 있다. 이들은 활기찬 삶을 영위하는 고령자라는 오팔세대(OPAL)로 불리기도 한다. 이들은 자신의 노후를 스스로 책임지려는 주도성과 책임성이 강하다. 그뿐만 아니라 연령에 크게 구애받지 않는 탈(脫)연령적 성향을 가지고 있으며 연령과 상관없이 활동적인 삶을 살고자 하는 특징을 갖고 있다.

한국 교회는 액티브 시니어에 대한 관심과 이해가 필요하다. 시니어 사역에 적극성도 부족했다. 하지만 60세 이상 고령 인구의 비율이 2021년 기준 23%가 된 한국 교회는 향후 고령자가 가장 많은 집단으로 부상하게 된다. 액티브 시니어를 사역의 중심에 두지 않고서는 초고령사회의 교회 성장을 기대할 수 없게 되었다. 액티브 시니어가 가진 강점과 요구에 민감하게 반응하며, 고령친화적인 교회로 탈바꿈하고 액티브 시니어가 교회와 사회의 선교 봉사적 사명을 감당할 수 있도록 '시니어 임파워링' 사역에 집중해야 할 시점이 된 것이다.

"나는 얼마나 어리석은가. 왜 나는 지금껏 그들이 끝없이 죽음을 향해 발걸음을 내딛는다고 생각했을까. 그들은 다만 자신들이 지난날 자신들의 삶을 열심히 살아온 것처럼 어차피 처음에 왔던 그곳으로 돌아갈 수밖에 없는 거라면 그 길도 초라하지 않게 가기 위해 지금 이 순간을 너무도 치열하고 당당하게 살아내고 있는데." _tvN 드라마 '디어 마이 프렌즈' 중에서

노인의 삶에 대한 인식이 달라지고 있다. 꼰대 같고, **뻔뻔하고**, 구질구질할 것 같은 노인들의 인생이 재조명되고 있다. 나이는 노인이지만 마음은 여전히 젊은, 사람들이 늘어난다. 노인은 더 이상 뒷방 늙은이가 아니다. 더 이상 며느리와 딸의 어린 아이들을 봐주는 집안의 잉여 인력이 아니다. 이제 "인생은 60부터"다.

한국 사회에 확대되고 있는 노인에 대한 인식은 고령인구 증가에 기반한다. 통계청(2021) '장래인구추계 : 2020-2070년'에 따르면, 65세 고령인구는 지난해 815만 명에서 2024년에 1천만 명을 넘어서고, 2040년 1천 724만 명, 2070년 1천 747만 명으로 증가하게 된다. 고령인구 비중은 2025년 20%로 초고령사회로의 진입을 시작으로 2040년 34.4%, 2070년 46.4%로 급격하게 증가할 전망이다.

"우리 교회는 시골인데 전부 노인밖에 없어요. 가장 젊은 사람이 63세예요. 교회에 일할 사람이 나랑 그 분밖에 없어요."

한국 교회도 이미 고령화의 영향력에 있다. 이미 시골 교회의 교인들은 대부분이 노인들이다. 고령화의 위기 속에서 한국 교회도 고령

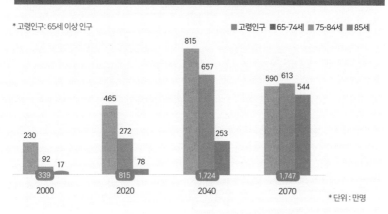

고령인구 추계

* 고령인구: 65세 이상 인구   ■고령인구 ■65-74세 ■75-84세 ■85세

815
657
590 613
544
465
272
253
230
92 17
78

339   815   1,724   1,747

2000   2020   2040   2070

* 단위 : 만명

2005년 대비 2015년 60대 이상 총 인구 및 개신교인 증가률

100

50

0

49%
80%

총 인구   개신교

화를 피해갈 수 없게 되었다. 도리어 교회의 고령화는 일반 한국 사
회의 고령화보다 더 빠르게 진행되고 있다. 한국갤럽조사연구소가
2021년에 실시한 한국종교현황 조사에서 만 19세 이상 개신교인 중
60대 이상이 차지하는 비율은 33%였다.[1] 하지만 2021년 4월 행정안
전부에서 발표한 주민등록인구 현황을 보면 60대 이상 인구는 전체

국민의 30%였다. 전체 인구를 감안했을 때 한국 교회는 한국 사회보다 더 빨리 고령사회로 진입한 것이다.[2]

한국 사회는 고령화 문제 해결을 위해 오랫동안 연금보험제도, 건강보험, 주택 및 농지연금, 기초연금, 국민기초생활보장제도 및 노인복지법 등 다양한 사회보장 대책 등 활동적이고 생산적인 노후를 위한 다양한 정책과 프로그램들을 통해 국가 차원의 고령화 전략 기반을 마련하고 있다. 그렇다면 한국 교회는 초고령사회의 현실 앞에서 어떻게 해법을 찾아야 하는가? 해답은 활동적 노화를 영위하는 액티브 시니어에서 찾아야 한다.

액티브 시니어는 이전의 노인 세대와는 다른 삶의 경험과 가치와 태도 및 행동 양식을 가진 새로운 시니어를 말한다. 과거 노인 세대는 질병, 빈곤, 고독, 역할상실 등 부정적인 측면이 부각되었고, 수동적인 노년기를 보내는 경향이 많았다. 하지만 액티브 시니어는 능동적이다. 경제부흥 및 민주화의 경험과 높은 교육수준을 가진 액티브 시니어는 자기주도적이고 미래지향적이며 연령에 크게 구애받음 없이 활동적이고 성공적인 노화를 지향하는 자아실현의 욕구가 강하다. 이들은 노년문화를 새롭게 바꾸어놓을 것이며, 소비지향적 노후 문화에서 생산지향적 노후 문화를 주도할 것이다.

교회생활에 있어서도 이전과는 다른 문화를 만들어낼 것이다. 지난 반세기 동안

액티브 시니어
(Active Senior)

액티브 시니어는 은퇴 이후 소극적으로 사회활동을 하던 기존 노인세대와는 달리 적극적으로 사회활동을 하는 새로운 노인세대로 자신들을 위한 삶을 살아간다. 초고령화사회를 앞두고 있는 지금 자기계발과 여가활동, 새로운 관계 맺기에 적극적으로 임하는 액티브 시니어는 더욱 증가할 것이다.

기존의 노인의 모습과는 다르게 자신의 노후를 스스로 책임지려는 주도성과 책임성이 강하며 연령에 크게 구애받지 않고 활동적인 삶을 살고자 하는 특징을 갖는 자들이 '액티브 시니어'다.

40-50대가 한국 교회의 주력세대로 역할을 하였다. 교회가 고령화되면서 향후 10년 후는 50-60대, 20년 후는 60-70대가 주력세대가 된다. 결국 액티브 시니어는 향후 한국 교회의 고령화를 기회로 이끄는 주도적 역할을 담당하게 될 것이다.

초고령사회 한국 교회의 기회, 액티브 시니어

1. 액티브 시니어의 등장과 한국 교회의 현실

"요즘 노래 교실에 다닙니다. 나이가 들수록 목소리에 힘이 빠진다고 하더라구요. 나이가 들면 목에 근육을 키워야 된대요. 사람들이랑 같이 노래하는 게 재미있기도 하고 해서 노래교실에 갑니다. 또 매일 2시간씩 탁구도 치고 있습니다. 처음 배우는 거라 초보반인데 너무 재미있습니다."

액티브 시니어는 은퇴 이후에도 소비생활과 여가생활을 즐기며 사회활동에도 적극적으로 참여하는 50-60대를 지칭하는 말이다. 자신에 대한 투자를 아끼지 않으며, 높은 소비력을 지니고 있다. 여가 및 사회활동에도 적극적으로 참여한다.[3] 은퇴 이후에도 제2의 삶을 찾아 경제활동에 다시 뛰어든다. 전통적인 고령자인 기존 노인 세대와는 달리 가족 중심주의에서 벗어나 자신에게 투자하고 자기계발과 여가활동, 관계 맺기에 적극적이다.[4]

"며느리가 직장에 간다고 아이를 봐달라고 했어요. 나도 내 삶이 있으니 아이를 하루 종일 봐주는 것은 안 된다고 했어요. 아이를 몇 시간 봐주는 대신 얼마를 달라고 했어요."

요즘 시니어들에게 자주 들을 법한 이야기이다. 이들은 더 이상 손자를 봐주는 데 하루를 전부 사용하지 않는다. 이들에게도 삶이 있고 만나야 할 사람이 있기 때문이다. 그들은 주저할 일에 대해서도 서슴없다. 젊을 때 하고 싶었지만 시간이 없어서, 돈이 없어서 할 수 없었던 일들을 하며 그것을 즐긴다. 거기에서 새로운 사람도 만난다. 이것이 액티브 시니어들이 살아가는 방식이다.

액티브 시니어는 베이비붐 세대인 1955년부터 1963년 사이에 태어

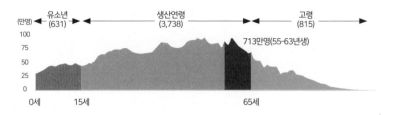

* 2020년 기준(통계청 장래인구추계, 2020-2070년)

난 사람들이다. 2020년을 기점으로 베이비붐 세대는 약 713만 명으로 전체 인구의 약 14%를 차지하고 있다. 1955년생은 65세인 노인 연령층에 진입하기 시작했고, 1963년생은 2023년에 60대로 진입하게 된다. 매년 60-70만 명 정도가 노인층에 편입된다. 한국갤럽조사 연구소의 개신교인 현황 조사에 의하면, 2021년 기준 50대가 19.0%, 60대 이상이 33.3%로 전체 개신교인의 절반을 상회하고 있다. 한국 교회의 베이비붐 세대가 차지하는 비율이 대한민국 전체 인구 중 베이비붐 세대가 차지하는 비율보다 훨씬 높다. 새로운 관점을 가진 시니어들이 한국 교회 안에 많은 것이다.

하지만 액티브 시니어에 대한 한국 교회의 관심은 그리 높지 않다. 한국 교회는 고령화 사회로 진입하면서 노인 세대에 대한 관심을 갖기 시작했다. 고령사회에 진입하면서 노인들을 위한 교회의 목회 사역 방안을 모색하려는 시도가 증가하기 시작했다.

2. 에이지리스 라이프(Ageless Life), 내 나이는 내가 결정한다

"나이요? 그게 왜 중요하죠? 제가 몇 살인지, 생일이 언젠지 관심 없어요. 하루하루가 얼마나 바쁘고 즐거운지 시간이 아까워요. 친구들이 저보고 넌 아직도 청춘이냐고 놀려요!"

외모나 건강상태로 나이를 정확하게 맞추는 것이 어려워졌다. 70세에도 2시간씩 운동을 한다. 집에서 근력을 키우기 위해 아령도 한다. 정기적으로 등산을 한다. 30대보다 근력과 폐활량이 더 좋다. 노화를 멈추기 위해 피부에 많은 돈을 쓴다. 좋은 영양제를 먹는다. 매년 2년마다 건강검진을 한다. 건강을 위해 돈을 아끼지 않는다.

기대수명과 건강수명의 증가로 인해 실제 연령은 건강과 활동성을 충분히 설명하지 못한다. 1990년대부터 긍정적 노화 패러다임의 변화 속에서 자신이 인식하는 연령 즉, 주관적 노화 인식을 중요하게 다루기 시작했다.[5] 노화의 의미가 달라진 것이다. 자신의 생물학적, 사회적, 심리적 기능의 변화에 개인적인 의미를 부여한다.

"마치 이 노인들은 젊어지는 샘물로 목욕한 것처럼 보였다. 그렇지만 이 샘은 노인들의 머릿속에 있었다!" 스벤 뵐펠, 《나이의 비밀》(청미)

우리가 우리의 나이를 어떻게 인지하느냐가 우리의 삶의 질을 결정한다. 주관적 연령 인식은 건강노화와 유의미한 관계를 가진다. 65-74세 집단에서 자신을 비(非)노인이라고 인식하는 사람이 자신을

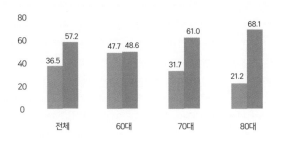

노인대학(경로대학) 명칭의 적절성

■ 시대에 뒤떨어진 명칭 ■ 시대에 적절한 명칭

* 미래목회와말씀연구원/아드폰테스/목회데이터연구소, 만 65세 이상 교회출석 노인, 2045명, 2022.06

노인으로 인식하는 사람보다 더 높은 수준의 인지기능, 더 적은 만성 질환 수, 더 낮은 수준의 우울, 더 높은 수준의 사회활동 참여를 하는 것으로 나타났다. 반면, 자신을 노인으로 인지할수록 건강하지 못한 노화 상태를 갖고 있었다고 한다. 자신이 스스로를 어떻게 생각하느냐에 따라 건강노화에 영향을 미치고 있는 것이다. 주관적인 노화 인식은 신체적 기능뿐만 아니라 심리적 웰빙에 이르기까지 노년기 삶에 광범위한 영향을 미친다.[6]

한국 교회 액티브 시니어의 연령 인식의 특징을 보여줄 수 있는 조사 결과가 있다. 목회데이터연구소에서 2022년 6월 교회 출석하는 65세 이상 고령층 2,045명을 대상으로 교회가 가장 많이 사용하는 "노인대학 혹은 경로대학" 명칭에 대한 인식을 조사한 결과, 전체 연령에서 시대에 뒤떨어진 명칭이라는 응답이 나왔다(36.5%). 70대와 80대에서는 각각 31.7%와 21.2%로 낮았으나 60대에서는 47.7%로 가장 높게 나타났다. 이러한 결과는 교회 내에서도 액티브 시니어와 같은 초기 노인일수록 '노인' 혹은 '경로'란 표현을 부적절하게 인식하고 있다는 것을 보여준다. 교회도 용어 변경 뿐만 아니라 활동적 노화를 추구하는 액티브 시니어를 위한 새로운 프로그램 개발이 필요한 것이다.

인지연령과 관련하여 보건복지부 "2020년도 노인실태조사"에서 노인들에게 자신이 생각하는 노년기 시작 기준 연령이 몇 세부터인지를 질문하였다. 그 결과, 노년기 시작 연령은 평균 70.5세이며, 연령별로는 69세 이하 25.9%, 70-74세 52.7%, 75-79세 14.9%, 80세 이상 6.5%로 나타났다.

목회데이터연구소에서도 개신교 노인들을 대상으로 한 조사에서 노년기가 시작되는 적정 연령을 질문한 결과, 노년기 시작 연령은 평균 71.6세이며, 연령별로는 69세 이하 11.0%, 70-74세 55.5%, 75-79세 17.8%, 80세 이상 11.1%로 나타났다. 2021년 한국노인 표본에서 일반 노인의 노년기 시작 연령 기준 70세 이상이 74.1%인 것에 비해, 한국 교회 개신교인의 노년기 시작 연령은 70세 이상이 84.4%로 훨씬 높게 나타났다. 또한 활동 가능한 연령이 몇 세인가를 질문한 결과 69세 이하 10.4%, 70-74세 31.1%, 75-79세 26.1%, 80세 이상 25.0%로 나타났다. 이러한 결과는 한국 교회 시니어 교인들의 활동 의지가 매우 높다는 것을 보여준다. 개신교인들의 인지연령에 의한 노화 인식이 일반 노인들에 비해 더 긍정적이며, 75세 이후까지도 활동 가능하다는 응답이 더 많다. 한국 교회의 고령 교인들은 액티브 시니어로서 나이가 들어도 활동적인 삶을 영위하는 것을 충분

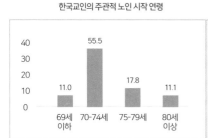

한국교인의 주관적 노인 시작 연령

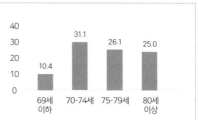

교인 활동 가능 연령

* 미래목회와말씀연구원/아드폰테스/목회데이터연구소, 만 65세 이상 교회출석 노인, 2045명, 2022.06

히 기대할 수 있을 것으로 보여진다.

3. 앙코르 커리어, 시니어는 여전히 현역이고 싶다

"우리에게 은퇴란 없다. 언제까지 우린 현역이고 싶다."

이 말은 2020년 1월 '보헤미안 랩소디'로 유명한 전설적인 록그룹 퀸(Queen)이 내한공연 당시 퀸의 멤버인 브라이언 메이(당시 74세)가 인터뷰에서 했던 말이다. 증가된 기대수명은 노화와 연령에 대한 인식을 크게 바꾸고 있다. 이제 연령과 활동성의 연관성은 크게 상관이 없어졌다.

과거의 은퇴 후 삶은 휴식 위주의 삶이었다. 그러나 수명연장으로 인해 짧게는 20년에서 길게는 30-40년을 더 살아야 한다. 많은 사람들이 현직에서 은퇴한 후 새로운 일을 찾는 인생 2막을 원하게 되었다. 은퇴 이후에도 건강이 허락하는 한 활동적이며 왕성한 삶을 살아가는 것이 고령화 시대의 미덕이 된 것이다. 이러한 사회적 변화 속에서 등장한 것이 '앙코르 커리어'(Encore Career)이다. 앙코르 커리어는 인생 후반의 지속적 소득 확보(Payback)뿐만 아니라 개인적 의미와 성취(Passion), 사회적 영향과 가치(Purpose) 등 이 세 가지 모두를 만족하는 일자리를 의미한다. [7]

출발은 인생 2막으로서 제2의 일이나 직업을 의미했지만, 점차 소득이 있는 일자리뿐만 아니라 지속적인 자원봉사나 사회공헌 활동을 하거나 비영리기관이나 종교단체 등에서 활동가로 종사하는 것도 앙코르 커리어 개념에 포함된다. 미국의 경우 앙코르 커리어 운동을 통해 베이비붐 세대를 사회적 주요 자원으로 활용함으로써 은퇴자 혹은 고령자가 사회적 부담이 아닌 사회적 자원이요 새로운 기회로 만들고 있다. [8]

한국 교회도 종교적 앙코르 커리어 혹은 사회공헌형 앙코르 커리어 운동을 전개할 시기가 도래했다. 2020년부터 노인층으로 진입하는 베이비붐 세대를 선두로 수많은 은퇴자들이 쏟아질 향후 현실 속에서 교회가 이들에게 교회의 사역에 적극적으로 참여할 수 있는 기회를 제공해야 할 것이다. 이미 활동적 노화를 지향하는 수많은 액티브 시니어들이 은퇴를 했고, 또 은퇴를 앞두고 있다. 이들은 여전히 활동하기 원하고 교회와 사회의 주역이기를 원한다.

목회데이터연구소는 시니어 교인 대상으로 자신을 대하는 교회의 태도에 대한 바람을 질문했다. 전반적으로 60대에서 80대까지의 연

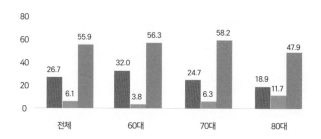

■교회 사역의 동력 ■돌봄의 대상 ■그냥 교인 중 한 명

교회에서의 역할(70-80대 고령층 대상)		
질문 내용	그렇다	그렇지 않다
1. 나는 교회에서 은퇴했더라도 여전히 교회의 정책 결정에 결정에 참여하고 싶다	39.6	54.3
2. 나는 아직 교회에서 일을 할만큼 신체적, 정신적 능력이 된다	40.2	53.3
3. 나는 건강이 허락되는 한 교회에서 주어진 사역을 적극적으로 하고 싶다	50.3	43.9
4. 나는 늦은 나이지만 평신도 선교사로 나가고 싶은 마음이 있다	13.5	78.7

령층에서 그냥 '교인 중 한 명'이라는 응답이 55.9%로 가장 높게 나타났다. 특별대우나 특별한 존재로 보지 않고 있는 그대로 대했으면 좋겠다는 응답이 가장 높았다. 그다음으로는 '교회 사역의 동력'이라는 응답이 26.7%로 나타났고, '돌봄의 대상'이라는 응답이 6.1%로 가장 낮았다.

연령대별로 살펴본 결과, 60대가 다른 연령대에 비해 교회사역의 동력으로 대해주기를 가장 선호하였다(32.0%). 80대는 다른 연령대에 비해 돌봄의 대상으로 이해해주기를 원하는 응답자가 상대적으로 많았다. 이러한 결과에서 60대 중 약 1/3 정도는 자신을 동역자로 보고 교회의 다양한 사역에 참여할 수 있는 기회가 제공되기를 바랐다. 70대 또한 약 1/4 정도(24.7%)가 여전히 사역에 참여 가능한 대상으로 봐주기를 원하고 있다. 이러한 결과로 본다면 교회가 시니어를 동력화하는 것에 집중한다면 여전히 적극적으로 교회 사역에 참여할 수 있는 시니어들이 많을 것이다. 한편, 교회 직분을 내려놓게 되는 70대 이상의 시니어들에게 교회 사역에 대한 의향을 질문한 결과, 은퇴 후에도 여전히 교회 정책 결정 참여를 원하는 응답이 39.6%, 은퇴 후 현재에도 교회 사역을 할 만한 신체적, 정신적 능력을 갖고 있다는 응답이 40.2%, 은퇴 후에도 건강이 허락되는 한 교회 사역을 적극적으로 하고 싶다는 응답이 50.3%로 높은 연령대에 비해 교회 사역 참여에 대한 의향이 높았다. 70-80대의 나이지만 평신도 선교사로 봉사할 의향이 있다는 응답이 13.5%로 나타나 교회의 은퇴자들에 대한 시니어 선교에 대한 필요성과 전망을 보여주고 있다.

4. 다이내믹 시니어, 역경을 넘어 창조적 삶으로

액티브 시니어들에게 긍정적인 측면만 있는 것은 아니다. 액티브 시니어는 삶의 여건 측면에서 양면성을 가진 독특한 세대이다. 액티브 시니어의 주도 세력은 베이비붐 세대로 흔히 '낀 세대'라고 한다. 원래 낀 세대란 30대 후반에서 50대에 이르는 세대이다. 1996년 국민학교가 초등학교로 바뀜에 따라 국민학교와 초등학교를 둘 다 겪은 세대이다.[9]

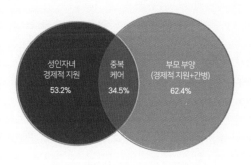

성인자녀
경제적 지원
53.2%

중복
케어
34.5%

부모 부양
(경제적 지원+간병)
62.4%

* 미래에셋은퇴연구소자료 : 5가지 키워드로 본 5060세대의 가족과 삶, 2001가구 조사

"A씨는 베이비붐 세대의 막내 격인 1962년생이다. 나름 평판 있는 지방 국립대학을 나와 괜찮은 대우를 받는 중소기업에서 30년째 일하고 있다. 그런데 아직까지도 서른이 넘은 미혼 자녀의 생활비를 지원하고 있으며, 노부모의 요양시설 비용을 매달 70만원씩 보내고 있다. 올해 말 퇴직을 앞두고 이제서야 자신의 노후에 어떻게 살아야 하는지 혼란스럽다."

베이비붐 세대에게 이러한 모습은 흔히 볼 수 있다. 미래에셋 은퇴연구소(2018)의 '5가지 키워드로 본 5060 세대의 가족과 삶'을 주제로 한 조사에서 베이비붐 세대가 대부분 포함되어 있는 5060 세대 중 74.8%가 월 평균 73만 원 정도를 성인자녀 생활비로 지원하고 있었다. 75.7%는 학자금, 결혼자금과 같은 목돈을 평균 5,847만 원 지원했다. 5060 세대 중 34.5%는 성인자녀와 노부모를 동시에 부양하는 '더블 케어' 가구로서 자녀에게 78만 원, 부모에게 40만 원 총 118만

원의 생활비를 지원하는 것으로 나타났다.[10]

이는 조사 당시 가구 월평균 소득 579만 원의 20.4%에 해당하는 금액이다. 이 조사의 핵심은 베이비붐 세대가 자녀 리스크의 위협을 가장 크게 받는 세대이면서 동시에 노부모 부양의 의무를 지는 마지막 세대라는 것이다. 그래서 베이비붐 세대를 가리켜 대한민국 최초의 '부포족'이라고 말하는 것이다. '부포족'이란 자식한테 부양받는 것을 포기한 사람들을 말하는 신조어이다.[11] 즉, 베이비붐 세대부터 셀프 부양시대가 본격적으로 시작된다는 것이다. 한국의 베이비붐 세대는 경제적 부흥기에 사회의 주도적 역할을 했음에도 가족부양 부담으로 자신의 노후에 대한 리스크를 짊어지고 있는 양면성을 가진 세대인 것이다.

그럼에도 불구하고 베이비붐 세대는 노화나 은퇴 여부와 상관없이 적극적인 활동 의지를 가진 긍정적 노화 관점을 가진 세대이다. 자녀와 노부모에 대한 이중 양육을 감당하며 힘겹게 살아가고 있지만 액티브 시니어 세대라고 불릴 만큼 활동적이고 긍정적인 노후 인식과 태도를 갖고 있다. 이들은 매우 역설적이면서 역동적인 세대라고 볼 수 있다.

한국 교회 역사에서도 이들은 교회의 성장과 부흥의 시기인 1970-1990년대에 청년기를 보냈다. 이들은 청춘을 다해 교회를 위해 헌신했던 경험을 가지고 있다. 이들은 대학생 혹은 청년 시절에 열악한 여건의 소규모 교회에 출석하여 기꺼이 교회 성장과 부흥을 위해 헌신한 세대이다. 그러나 정작 목회의 주관심 대상은 아닌 것으로 나타났다. 목회데이터연구소의 교회 목회자 대상으로 한 조사에서 향후 목

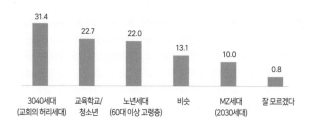

향후 목회 중점 세대

31.4	22.7	22.0	13.1	10.0	0.8
3040세대 (교회의 허리세대)	교육학교/ 청소년	노년세대 (60대 이상 고령층)	비슷	MZ세대 (2030세대)	잘 모르겠다

* 예장통합 담임목사 981명, 2022.04

회적으로 좀 더 집중할 예정인 세대에 대한 질문으로, 교회의 허리세대인 '3040세대'라는 응답이 31.4%로 가장 많았다. 그다음으로 '교회학교, 청소년'이 22.7%, '노년세대'가 22.0%로 응답되었다. 추가적인 분석이 필요하겠지만 상당수의 목회자가 생각하는 노년세대는 65세 이상 혹은 훨씬 더 고령의 취약한 노인들을 지칭한다고 예상할 수 있다.

액티브 시니어로 불리는 예비 노인 혹은 초기 노인으로서 베이비붐 세대에 대한 관심은 상대적으로 매우 낮다고 보는 것이 타당할 것이다. 어쨌든 교회의 새로운 긍정적 노년문화를 주도하게 될 베이비붐 세대는 현재 낀 세대로서 이중 부담 속에 살고 있지만 여전히 자신의 노후에 대한 주도성을 잃어버리지 않으려 한다. 현실의 어려움 속에서도 과거 성공적인 경험 속에서 형성된 효능감과 자신감으로 은퇴와 상관없이 자신이 원하는 새로운 삶을 창조해 나가려는 열정을 지니고 있다. 액티브 시니어는 다이내믹 시니어의 표상이다.

액티브 시니어를 사역 중심에 품는 교회의 조건

1. 고령친화적 교회

세계보건기구(WHO)는 고령화로 인해 동반되는 각종 사회문제 해결을 위해 '고령친화도시'(Age-Friendly Cities)를 그 대안적 모델로 삼아 전 세계에 보급하는 운동을 전개하고 있다. 세계보건기구(WHO)는 고령친화도시를 통한 활동적 노화 실현을 위해 세 가지 정책 방향을 제시하였다. 첫째, 전 생애를 통해 교육 및 학습 기회 제공, 둘째, 개별 노인의 욕구, 선호, 능력에 따른 적합한 경제 활동 보장, 셋째, 공식 및 비공식적 일, 자원봉사 등에 적극적 참여와 지원, 고령자 개인이 지속적으로 가정 및 지역 사회의 삶에 참여할 수 있도록 지원하는 것 등을 설정하고 있다.

교회가 액티브 시니어를 위한 사역을 준비하고 수행하기 위해서는 단순히 시니어들을 위한 몇 가지 프로그램을 제공하는 수준에 머물러서는 안 된다. 활동적 노화에 기반한 성공적인 액티브 시니어 사역을 고안해야 한다. 고령친화적 인프라를 갖춘 고령친화적 교회로 전환할 수 있어야 할 것이다.

고령친화적 교회란 아무리 나이가 들더라도 소외되거나 배제됨이 없이 교회의 구성원으로 은퇴 이후의 삶을 소명으로 살아갈 수 있는 여건과 지원체계를 갖춘 교회를 말한다. 고령친화적 교회가 되기 위해서는 어느 누구도 연령이나 노화로 인해 교회생활이나 사역 참여에 제한을 받거나 차별받지 않아야 한다. 이를 위해서는 고령자에 대한 이동권 보장, 모든 연령층이 참여할 수 있는 교회 공간 제공, 시니어의 특성과 욕구에 최적화된 시니어 프로그램 제공, 연령차별을 방지할 수 있는 노인에 대한 긍정적 이미지 개선, 고령자를 대변하고 대표할 수 있는 조직 구성, 소외 및 취약 노년층에 대한 지원체계 마련, 세대 간 상호작용을 이끄는 연령통합 프로그램 개발 등을 위해 노력해야 한다.

또한 한국 교회가 고령친화적 교회로 나아가기 위해서는 우선적으로 시니어에 대한 인식 전환이 필요하다. 교회들이 아직도 시니어에 대한 긍정적 인식이 부족하다. 그로 인해 시니어들이 느끼는 소외감도 상당하다. 시니어들이 느끼는 소외감은 이들에 대한 교회의 관심과 배려를 간접적으로 보여주는 지표가 된다. 목회데이터연구소의 개신교인 대상 조사에서 교회에서 젊은 사람들이 모인 곳에 가면 눈치가 보인다는 응답에서 전체 고령자 중 38.1%가 그렇다고 응답했으며, 연령대별로는 60대가 35.8%, 70대가 40.3%, 80대가 37.5%로 나타났다. 고령친화적 교회로 나아가기 위해서는 연령 때문에 교회에서 눈치를 보는 등 소외감을 느끼지 않도록 교회가 다각적으로 시니어들을 배려해야 할 것이다.

교회가 고령친화적 교회로 나아간다면 지역사회의 많은 시니어들이 교회를 찾게 될 것이다. 고령친화적 교회로의 전환을 통해 시니어들이 활성화되면 시니어 사역에 그치지 않고 시니어들을 통해 교회 사역 전반이 긍정적 영향을 받게 될 것이다.

2. 시니어를 교회의 핵심 사역자로 삼는 교회

액티브 시니어를 이야기할 때 빠지지 않는 단어가 바로 '시니어 시

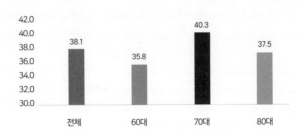

*만65세 이상 고령 교인 대상, 그렇다 비율

프트'(Senior Shift)이다. 이 용어는 두 가지 의미로 사용된다. 하나는 연령 구조가 젊은층 중심에서 고령자 중심으로 이동하는 '인구동향 시니어 시프트'를 의미하며, 다른 하나는 기업의 주 고객이 청장년 중심에서 고령자 중심으로 이동하는 '기업활동 시니어 시프트'를 의미한다.[12] 시니어 시프트의 처음 시작은 기업들이 소비자 시장의 주역으로 부상하는 새로운 시니어층인 액티브 시니어들을 마케팅 관점에서 접근하기 위해 만들어진 용어였다. 하지만 점차 그 개념이 사회 전반으로 확대되어 고령화의 영향으로 정치, 경제, 사회, 문화 등의 중심이 고령층으로 이동하는 현상을 말한다.[13]

한국 교회도 시니어들이 교회의 중심에 자리잡고 있다. 그 증거로 시니어들의 교회에 대한 애착, 즉 소속감이 교회의 다른 어느 세대보다 강하다. 결국에는 소속감을 가진 구성원이 그 조직의 핵심 역할을 수행하게 될 것이다. 목회데이터연구소의 개신교인을 대상으로 한 조사에서 교회 소속감에 대해 조사한 결과, 현재 출석하고 있는 교회에 '소속감을 느낀다'(매우+어느 정도)는 비율은 84.2%인데 비해, 60세 이상 고령층 출석교회에 '소속감을 느낀다'(매우+어느 정도)는 비율은 91.9%로 가장 높았다. 특히 "매우 강한 소속감을 갖고 있다"는 응답이 46.2%로 다른 연령층에 비해 독보적으로 높았다. 시니어들이 교회에 대한 높은 소속감과 애착을 갖고 있다는 것은 이들이 결국 교회의 중심이 된다는 것이다. 교회가 시니어들을 중심 세력으로 인정하고 그들을 임파워링(empowering) 하게 된다면 성장 둔화와 침체를 경험하고 있는 교회의 다양한 사역 현장에서 액티브 시니어들이 주도적인 역할을 감당할 것을 기대할 수 있을 것이다.

기업들은 이미 시니어 산업이 향후 최고의 유망산업 중 하나임을 예견하고 가치지향적, 웰빙지향적, 탈연령지향적, 개성지향적 소비행태를 보이고 있는 액티브 시니어를 위한 시장을 준비하고 있다. 한국 교회도 고령화를 기회로 삼기 위해서는 액티브 시니어들을 교회의 주역으로 이끌어야 할 것이며, 초고령사회의 교회 성장과 부흥을 위해 액티브 시니어를 위한 한국 교회 시니어 시프트를 준비해야 할 것이다. 비록 늦은 감이 있지만 지금 한국 교회는 액티브 시니어에 대해 본격적으로 연구하고 사역을 준비해야 할 시점에 와 있다. 기업들이 초고령사회에서의 생존을 위해 액티브 시니어를 고객으로 확보하기 위한 다양한 연구개발(R&D)과 투자 및 액티브 시니어에 최적화된 마케팅 전략 개발 등의 노력을 기울이고 있는 것처럼, 이미 초고령사회에 진입한 한국 교회가 액티브 시니어를 위한 사역에 전력을 기울이지 못한다면 한국 교회의 고령화는 기회가 아닌 위기로 전락하게 될 것이다.

출석교회에 대한 소속감

구 분		사례수 (명)	매우 강한 소속감을 갖고 있다	어느 정도 소속감을 갖고 있다	별로 소속감이 없다	전혀 소속감이 없다	잘모르겠다	계	소속감 있음	소속감 없음	모름
전체		(1197)	34.2	50.0	12.3	1.6	1.9	100.0	84.2	13.9	1.9
연령	19~29세	(176)	24.4	55.3	13.3	3.6	3.4	100.0	79.8	16.9	3.4
	30~39세	(167)	27.1	52.6	17.0	3.3	0.0	100.0	79.7	20.3	0.0
	40~49세	(217)	29.0	45.1	22.6	0.3	3.1	100.0	74.1	22.9	3.1
	50~59세	(211)	29.5	57.1	10.1	1.3	2.0	100.0	86.5	11.4	2.0
	60세 이상	(425)	46.2	45.7	5.9	0.9	1.3	100.0	91.9	6.8	1.3

3. 시니어를 임파워링하는 교회

노인복지 영역에서 최근 크게 부각되는 실천모델이 '임파워먼트 모델'(Empowerment Model)이다. 과거에는 노인을 의존적이며 경제적인 도움을 필요로 하며, 건강과 인지 능력 저하 문제에 취약한 대상으로 간주하는 경향이 강했다. 하지만 성공적 노화나 활동적 노화 및 생산적 노화와 같은 적극적이고 긍정적인 노화 이론이 대두되면서 노인의 주도성과 자립성에 기반한 고령화 대책 마련을 위해 많은 연구가 이루어졌다. 그 과정에서 노인이 자신의 삶을 주체적으로 통제하며 약점이 아닌 강점의 관점에서 노인의 역량을 강화함으로써 자신의 문제를 해결하도록 돕는 능동적 개입 모델을 개발하게 된 것이다. 따라서 임파워먼트 이론은 현대 사회의 노인과 노화에 대한 편견 속에서 노인들이 경험하는 무력감과 무가치함 등의 내적 역량을 강화함으로써 자기주도성을 회복하고 활동적 노년의 주인공으로 살아가게 하는 것이다. 임파워먼트는 노인들이 자신의 힘을 통해 사회적 자원을 확

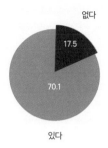

없다

17.5

70.1

있다

* 만65세 이상 고령 교인 대상

보하고 주도적이며 자립적인 삶을 살아가기 위한 실천 과정과 결과라고 할 수 있다. 이러한 역량강화 모델은 성공적 노화 및 활동적 노화와 같은 새로운 노화 패러다임과 결합하여 노인들의 활발한 사회 참여 활동을 이끌어낼 수 있는 역할을 할 수 있다.

교회가 은퇴한 액티브 시니어들을 임파워링 하게 되면, 교회 안팎의 다양한 사역자로 세울 수 있게 된다. 시니어들이 은퇴 후 소득을 위한 재취업 혹은 연장취업도 가능하겠지만 은퇴를 새로운 영적 사명이 시작되는 시기로 인식하고 교회의 다양한 사역에 주도적으로 참여할 수 있도록 할 수 있다. 은퇴 시기를 55-60세 정도로 예상할 때, 시니어들은 은퇴 후에도 최소한 10-20년은 왕성한 활동이 가능하다고 볼 수 있다. 또한 목회데이터연구소의 조사 결과에서 교회 고령자 중 70.1%가 교회의 시니어 프로그램에 참여할 의향이 있다고 응답하였다. 이미 높은 참여 의지를 가진 시니어들을 조금만 동기부여하고 임파워링 한다면 시니어들의 동력을 크게 끌어올릴 수 있을 것이다.

시니어 임파워링의 관점에서 교회의 액티브 시니어를 선교자원으로 활용할 수 있다. 많은 교회에서 실시하고 있는 단기선교의 상당수는 청년세대가 참여하고 있다. 하지만 청년세대는 가정과 일터에 집중해야 하는 시기이므로 단기선교가 말 그대로 단기적인 선교 경험으로 끝나는 것이 대부분이다. 선교사로 헌신하는 경우는 매우 드물다. 그러나 은퇴한 액티브 시니어들을 선교자원으로 임파워링 한다면 평신도 선교가 지속 가능할 수 있고 활성화될 수 있다. 그 외에도 교육 및 훈련, 사회봉사, 상담 및 코칭 등을 비롯하여 시니어의 전문성과 경력을 활용한 재능사역을 효과적으로 수행할 수 있도록 지원할 수 있다.

시니어를 임파워링 한다는 것은 시니어로 하여금 교회 사역에서 자신의 강점을 찾아내어 주도적으로 참여하게 한다는 것이다. 따라서 교회의 시니어들로 하여금 은퇴 후에라도 적극적으로 교회와 지역사회를 위한 다양한 사역에 참여할 수 있도록 기회를 제공해야 한다. 시니어들이 능동적으로 참여할 수 있도록 한다면 시니어들은 교회 속에서 액티브 시니어로서의 정체성을 형성하게 될 것이다. 교회는 시니어들이 노년기로 접어들고 은퇴를 하게 되더라도 더 이상 자신의 삶과 교회 사역에서 소외되거나 배제되지 않도록 배려해야 한다. 나아가 이들을 교회의 중심집단으로 이끌고 이들을 임파워링 함으로써 액티브 시니어가 교회 성장과 회복의 주역이 될 수 있도록 적극 지원해야 한다.

4. 시니어의 여가시간을 자원화하는 교회

"대책 없이 늘어난 여가시간은 재앙이다!"

김정운 명지대 교수가 《노는 만큼 성공한다》(21세기북스)에서 주장한 내용이다. 은퇴 후 갑자기 증가한 여가시간은 재앙이 될 수도 있고 중요한 자원이 될 수도 있다. 시니어들의 보유 자원 중 가장 풍부한 자원은 바로 여가시간이다. 여가시간을 잘 활용하여 노후의 자원으로 전환하게 된다면 놀라운 일이 일어날 것이다. 미래에셋 은퇴연구소(2015)에서는 60세를 기준으로 은퇴 후 재량껏 사용할 수 있는 가용시간을 11만 시간으로 추계하였다.[14]

이는 우리나라 근로자의 연간 근무시간을 기준으로 50년에 해당하는 긴 시간이다. 이 추계에서 가용시간은 은퇴 후 총시간에서 수면, 식사 등 일상생활에 꼭 필요한 필수시간과 질병 등으로 일상생활이 불가능한 와병시간을 뺀 것으로 정의한다. 이 조사에서 60세 이상 고령자들의 전체 여가활동시간 중에서 가장 큰 비중을 차지하는 것이 TV시청으로 총 33,200시간을 사용하고 있는 것으로 나타났다. 이 시간은 총 가용시간인 약 11만 시간의 약 1/3에 해당하고, 적극적 여가시간의 합계 30,633시간보다도 많다.[15]

결국 여가시간을 어떻게 활용하느냐가 노년의 삶의 질을 결정하게 되는 것이다. 액티브 시니어로 살아가기 위해서는 가능한 한 TV시청과 같은 소극적 여가를 줄이고 종교 및 문화활동이나 학습활동 및 봉사활동과 같은 적극적 여가를 좀 더 늘일 필요가 있다. 적극적 여가

시간을 늘리면 소득증가, 건강관리, 관계강화 등의 효과를 충분히 거둘 수 있다. 따라서 한국 교회가 시니어 사역을 함에 있어서 가용시간 활용에 대해 깊은 관심을 가져야 한다. 한국 교회가 엄청난 가용시간을 보유하고 있는 시니어들을 어떻게 임파워링 하느냐에 따라 교회의 시니어와 한국 교회의 동반성장 동력 기반 조성 여부가 결정된다고 보아도 무방하다. 한국 교회는 액티브 시니어들의 11만 시간의 가용시간의 활용 방안을 마련함으로써 한국 교회의 고령화 위기를 기회로 바꾸어 발판을 마련해야 할 것이다.

트렌드 전망 및 시사점

한국 교회는 이미 초고령사회에 진입하였다. 한국 사회가 이미 경험하고 있는 고령화의 충격을 한국 교회가 결코 피해갈 수 없을 것이다. 한국 사회를 비롯한 전 세계는 이미 실패자 모델에 기반한 전통적 노인상인 의존적이고 무기력하며 쇠약한 부정적 노인상을 떨쳐버리고 성공적 노화, 생산적 노화, 활동적 노화와 같은 긍정적 노화 패러다임으로 전환하고 있다. 따라서 이전의 전통적 노화 패러다임으로는 한국 교회가 '100세 시대'와 같은 고령사회 및 초고령사회의 사회적 변화와 그에 따른 한국 교회를 향한 고령화의 요구에 결코 효과적으로 대응할 수 없게 될 것이다. 왜냐하면 액티브 시니어와 같은 새로운 세대가 노년층으로 진입하고 있고, 그 영향으로 노년 세대 전체가 영향을 받아 실패자 모델이 아닌 성공적 모델로서 긍정적인 노화의 길을 걸어갈 것이기 때문이다.

교회가 취약노인 중심의 돌봄사역을 하는 것은 반드시 필요한 일이며, 의미 있는 일이다. 그리고 노인들에게 다양한 서비스와 프로그램을 통해 도움을 주는 것도 중요한 사역이다. 그러나 이러한 기존 노인사역의 틀을 넘어서 노인들을 교회의 중심에 두고 주도적으로 사역에 참여할 수 있는 장(場)을 마련하는 시니어 사역으로 구조를 바꾸어 나가야 할 것이다. 특히 활동적 노화를 지향하는 액티브 시니어와 같은 새로운 중고령자를 고려한 사역 기반을 마련하지 못하게 된다면 오래지 않아 초고령사회를 주도하게 될 핵심 시니어 집단을 교회 밖으로 밀어내게 될 것이다.

앞서 살펴본 새로운 노화 트렌드로 부상하게 된 액티브 시니어의 특징과 이들을 품기 위한 교회의 사역 방향 제시를 통해 한국 교회가 액티브 시니어를 중심으로 한 시니어 사역을 성공적으로 수행하기 위한 몇 가지 제언을 하고자 한다.

첫째, 교회가 시니어 사역을 시작함에 있어서 교회가 아닌 시니어들이 주인(주체)이 되게 하라. 기본적으로 액티브 시니어는 자기주도성을 가진 세대이므로 교회가 다 만들어진 것을 그냥 제공하기보다 스스로 참여하고 창조해가도록 기회를 부여할 필요가 있다.

둘째, 시니어들로 하여금 교회가 끊임없이 그들을 필요로 하고 있음을 인식시키며 그들을 격려하라. 이는 시니어들로 하여금 은퇴 후에라도 자신들이 여전히 사명과 목표를 가지고 살아가는 유용한 존재임을 인식하게 하기 위함이다. 아무리 나이가 들어도 자신에게서 사소한 것이라도 기대하는 것이 있다는 것은 시니어들로 하여금 힘을 내게 만든다.

셋째, 액티브 시니어의 모델이 되는 시니어 리더를 양성하라. 긍정적 노후 인식 위에 자신의 노후를 자신이 책임지려는 주도성을 갖고 적극적 참여적 삶을 살아가는 모습을 선도할 수 있는 시니어 리더를 발굴하고 양성하여 시니어 소그룹을 이끌게 하자. 성공적인 노후를 위한 삶의 최적화는 말이나 지식만으로 부족하며 직접 눈앞에서 삶의 모범을 보고 경험하며 함께 활동하게 될 때 최대의 모델링 학습 효과를 기대할 수 있다. 이를 위해서 교회는 액티브 시니어 양성 과정을 운영할 수 있을 것이다.

넷째, 시니어들의 관심사에 따라 어떤 시니어도 소외되지 않고 참여할 수 있는 다양한 프로그램을 제공하라. 전통적인 시니어 프로그램 몇 가지를 임의로 정해서 그 선택범위 내에서만 참여하도록 해서는 안 된다. 교회가 몇 가지 대표적인 시니어 프로그램만을 운영하기보다는 가능한 한 시니어들의 다양한 요구를 반영하여 자신들이 원하는 그 어떤 사역이나 프로그램을, 운영비용이 별로 들지 않는 작은 프로그램들을 다양하게 만들 수 있도록 지원하라. 몇 년이 경과하면 수십 가지가 넘는 많은 시니어 프로그램들이 시니어들 스스로에 의해 만들어지게 될 것이다. 이를 통해 교회의 다양한 시니어 활동에서 소외되는 이가 거의 없게 될 것이다.

목회데이터연구소의 교회 시니어 프로그램의 문제점을 물어본 질문에서 프로그램의 다양성 부족이라고 응답한 비율이 44.5%로 가장 높았으며, 나머지 시대에 뒤떨어진 낙후된 프로그램 7%, 재미없음이 6.9%, 유익하지 않음이 6.7%로 나타났고, 프로그램이 전혀 없다는 응답이 33.2%로 나타났다. 이것은 교회가 제공하는 시니어 프로그램이 갈수록 다양해지는 시니어들의 욕구에 부응하지 못하고 있음을 잘 보여주는 결과이다.

다섯째, 시니어 프로그램은 소속감을 느끼기 좋아하고 자신의 존재가 인정받기를 원하는 시니어들의 특성을 고려할 때 가능한 한 소그룹으로 참여하도록 배려할 필요가 있다. 목회데이터연구소의 "고령자의 소그룹 필요성에 대한 조사" 결과에서 전체 고령자의 38.1%가 교회의 소그룹이 필요하다고 응답했으며, 특히 고령자 중에서 60대가 소그룹의 필요성을 가장 크게 요구하는 것으로 나타났다. 따라서 사회적 은퇴를 시작하는 초기 노년기 시기부터 시니어들이 소외되지 않고 소속감을 갖고 신앙생활을 할 수 있도록 소그룹 구성에 대해 관심을 가질 필요가 있다.

여섯째, 교회는 시니어 사역을 통해 고령화 문제를 어떻게 대응해 나가야 하는지를 지역사회에 가르쳐줄 수 있어야 한다. 시니어 사역에 대한 큰 포부와 사명감을 가지고 사역하라는 것이다. 노년기가 수십 년이듯이 시니어 사역도 장기적인 계획을 가지고 계획성 있게 추진되어야 한다.

이때 교회가 지역사회에서 고령화 문제를 가장 효과적으로 대처하는 모델이 되겠다는 적극성을 가져야 한다. 교회의 시니어 사역은 교회만을 위한 사역에 그치지 않고 세상의 비추는 희망의 빛과 소금이 되어야 한다. 따라서 교회 내 시니어만을 고려하지 않고 지역사회 시니어들까지 사역에 참여시키며 이를 위해 지역사회 시니어 사역 관련 주체들과 연계하여 함께 협력해 나가야 할 것이다.

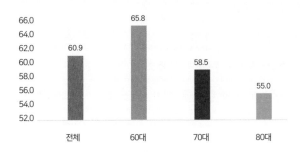

목회데이터연구소의 "교회 시니어 프로그램에 참여할 수 있는 대상 기준에 대한 조사" 결과에서, 응답자 전체 시니어의 60.9%가 본교인, 타교인를 비롯하여 지역사회 모든 시니어가 차별 없이 참여하는 것이 좋다는 응답이 대다수를 이루고 있음을 알 수 있다. 특히 60대의 경우 70대(58.3%)와 80대(52.5%)에 비해 훨씬 높은 비율로 대상 구분 없이 누구든지 시니어라면 교회 프로그램에 참여하는 것이 좋다는 입장을 갖고 있다. 따라서 시간이 지나고 고령화가 진행될수록 교회 내 시니어들만을 위한 사역이 아닌 사회 전체 시니어들에 대한 관심을 갖고 그에 대한 고령화의 대안을 마련할 필요가 있음을 알 수 있다.

마지막으로, 얼마 지나지 않아 소위 X세대를 포함한 2차 베이비붐 세대(1968-1974년생)가 한국 사회와 한국 교회에 부상할 것이다. 따라서 한국 교회가 1차 베이비붐 세대에 대한 시니어 사역을 성공적으로 잘 수행할 때, 그 경험을 통해 2차 베이비붐 세대(1968-1974년생)에 대

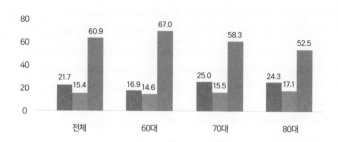

교회 시니어 프로그램 참여 대상 기준

■같은 교회 교인만 ■비신자 제외 타교회 교인 포함 ■비신자 포함 모든 시니어

한 대비를 효과적으로 할 수 있을 것이다.

06

MZ

쫓아가면 도망가는 세대, MZ

요즘 목회자들의 가장 큰 관심 중 하나는 교회를 멀리하는 MZ세대이다. 아날로그 세대의 어른들이 디지털 네이티브(Digital Native)라고 불리는 젊은 세대들을 교회로 끌어들이는 일이 만만치 않다. 달라도 너무 다른 MZ세대들을 어떻게 이해할 것인가? 교회도 직장에도 충성하지 않는 세대, 개인이 일보다 우선하는 세대, 하지만 자신이 좋아하는 일에 한 번 집중하면 돈이나 시간을 아끼지 않고 끝장을 보는 세대를 상대하는 일이 결코 쉬워 보이지 않는다. 젊은이들이 교회를 떠나는 현상이 안타까워 이제라도 그들을 이해해보려고 페이스북에 가입해보지만, MZ세대들은 이미 페이스북을 떠난 지 오래다. 페이스북은 너무 올드하다는 이유 때문이다. MZ세대들은 양보다 질을 더 중요하게 여긴다. 친구의 숫자보다 의미 있는 관계성에 집중한다. 그래서 어른들이 SNS 친구 신청을 하면 그 SNS를 탈퇴해버린다. 쫓아가면 도망가는 세대, 그들이 MZ세대이다.

예전에는 세대를 정의할 수 있었지만, 이제는 정의할 수 없는 시대가 되어버렸다. MZ세대를 정의하고 규정하는 그 순간에도 바로 진화해버리기 때문이다. MZ세대들은 자기중심적이고, 공정한 보상에 민감하며, 자기성장과 개발에 열정적인 젊은이들이다. 더욱 진실하고 깊고 의미있는 관계를 갈망하는 그들에게 교회만큼 그들의 필요를 채워줄 수 있는 곳도 없다. MZ세대들이 누구인지, 교회 밖에서의 그들의 행동 특성들을 살펴보자. 그리고 교회를 떠나는 이유(목회자에 대한 불만, 지나친 헌신 강요, 개인의 영성이 채워지지 않음. 공동체 문화)를 고민한 후, 그들의 영적인 필요와 안식(깊고 의미 있는 관계성, 열정과 긍휼, 영적인 깊이와 진정성 있는 복음과 가치)을 어떻게 채울 수 있는지 구체적으로 다루어본다.

"왜 떠나니? 이유를 좀 알 수 있을까? 어떻게 해야 돌아올 수 있니?"[1]

최근 MZ세대에 대한 TV 시사 프로그램을 접했다. 모 방송국 특집 방송으로 청년들의 취업과 관련해서 꽤 낯선 현상을 다루었는데, MZ세대를 대하는 교회가 같이 고민해볼 몇 가지 중요한 통찰이 있었다. 내용의 핵심은 20년 동안 취업시장에 나타난 엄청난 변화에 관한 것이다. 결론부터 말하면 과거에는 취업난 혹은 구직난이었는데, 지금은 구인난 시대라는 것이다. 1998년 방송된 '시사포커스'에서 "어떤 회사에 원서를 내볼 계획입니까?"라는 질문에 한 청년이 "지금 어떤 회사를 고를 때가 아니고요, 들어오는 대로 바로바로 내야 하는 상태입니다"라고 답했다. 그런데 2022년 여름 이런 현상이 달라졌다. A업체의 인사 담당자는 "최근 4-5개월 정도 공고를 냈는데도 지원서가 단 한 건도 들어오지 않고 있어요"라고 푸념한다. B업체의 인사 담당자도 동일한 고충을 말한다. "두 달 전부터 계속 구인을 하고 있는데, 그 뒤로 구인구직 사이트에서 지원조차 없기 때문에…." 이것은 단순히 코로나가 가져온 일시적인 사회변화일까? 도대체 지난 20년 동안 한국 사회에는 무슨 일이 벌어진 것일까?

MZ세대의 독특성

MZ세대는 누구이며 교회는 왜 MZ세대에 관심을 가져야 하는가?

"요즘 세대는 달라요. 회사에서 회식을 하는데도 집에 일이 있다고 그냥 가요. 우리 때는 무조건 회식 갔는데 말이에요."

2030청년세대들은 동서고금을 막론하고 정치 사회학적인 영역에서 기성세대보다 훨씬 더 진보적이다. 항상 그랬다. 요즘 기독교적인 관점에서 봐도 비슷하다. 예를 들면, 교회 안 MZ세대들은 동성애에 대해 이전 세대 어른들에 비해 훨씬 더 개방적이다. 젊은이들의 그러한 성향이 기성세대의 입장에서 보면 단순한 '다름'이 아니라 심각한 문제로 여겨지는 듯하다. 그럼에도 불구하고 그 청년들을 포기하지 않고 제대로 품기 위해서는 그들이 누구인지에 대한 배움이 선행되어야 한다.

청년들이 썰물처럼 빠져나간 기업의 인사 담당자들과 고용주들조차 청년들이 직장을 떠나는 이유를 알기 위해 공부한다. 일례로, 앞서 언급한 TV 시사 프로그램에서는 고용정보원과 함께 최근 2년 이내 자발적 퇴사 경험이 있는 2030들을 상대로 퇴사를 어떻게 생각하는지 알아봤다고 한다. 세상의 기업도 이렇게 한다. 그러므로 진리의 복음을 전하는 것을 최우선으로 삼는 교회는 반드시 학습자로서 청년들의 생각과 마음을 공부해야 한다.

목회자 중 일부는 사역의 대상인 청년들에 대하여 별다른 고민과 깊은 성찰 없이 자신은 청년들이 교회를 떠나는 이유를 너무 잘 알고 있고, 무엇보다 성경적인 해결책을 갖고 있다고 자부한다. 교회를 떠난 청년들은 믿음을 잃어버렸고, 세속화되어서 교회를 떠나는 것으로 치부해버린다. 그런데 정작 청년들에게 물어보면 "아닌데요"라는 답이 돌아온다. 오히려 그나마 불씨만큼이라도 남아 있는 믿음을 지키기 위해 교회를 떠날 수밖에 없었다고 볼멘소리를 한다. 한마디로 "청년들이 뭘 모르기 때문에 어른들이 가르쳐줘야 한다"는 소위 '꼰대적 태도' 때문에 교회의 리더십은 젊은이들에게 무시당하고 있는지 모른다. 지금이라도 상황을 변화시키지 못하면 이러한 청년들의 조용한 떠남은 지속될 것이다.

MZ세대는 1980년대 초에서 2000년대 초 출생한 밀레니얼(Millennials) 세대와 1990년대 중반부터 2000년대 초반 출생한 Z세대를 하나로 묶은 표현이다. 이들은 전체 인구의 37%나 차지하고 있다. 두 집단을 처음으로 묶어 표현한 것은 미국의 연구기관인 퓨리서치 센터(Pew Research Center)로 2018년 세대 분석 리포트에서 두 집단의 특징을 분석하고 유사성을 기본으로 두 집단을 하나로 묶어 표현했다.[2]

이전 세대는 회사가 우선이었다. 업무의 연장이라고 생각하여 먹기 싫어도 새벽까지 술을 마셨다. 하지만 MZ세대는 부서의 회식을 업무의 연장이라고 생각하면서 희생하는 세대가 아니다. MZ세대는 그 이전 세대들과 많은 점에서 다르다. 심지어 편의상 하나로 묶어서 표현되는 M세대와 Z세대 간의 '차이'도 너무 크다. Z세대를 '어린 밀레니얼'로 보려는 시도를 무색하게 만들 정도로 두 세대 간의 사고방식과 생활방식의 차이가

MZ세대
(MZ Generation)

MZ세대는 1980년대 초~2000년대 초 출생한 밀레니얼 세대와 1990년대 중반~2000년대 초반 출생한 Z세대를 통칭하는 말이다. 디지털 환경에 익숙한 MZ세대는 모바일을 우선적으로 사용하고, 최신 트렌드와 남과 다른 이색적인 경험을 추구하는 특징을 보이며 개인을 중시한다.

정의하고 규정하면 바로 진화해버리는 MZ세대들은 자기중심적이고, 공정한 보상에 민감하며, 자기 성장과 개발에 열정적인 젊은이들이다. 더욱 진실하고 깊고 의미있는 관계를 갈망한다.

크다. 디지털을 주로 접하지만 아날로그의 끝물을 잠시 경험해봤던 M세대와는 다르게 Z세대는 디지털 네이티브라고 불리는 세대다. 그들은 인터넷과 스마트폰 덕분에 그 이전 세대들과는 세상을 접하는 방식과 바라보는 관점이 완전히 다르다. 그들이 자라온 환경은 이전 세대들과 다름의 정도를 넘어 매우 독특하다.

대부분의 세대 분류 전문가들은 MZ세대의 특성 세 가지를 '디지털 네이티브', '개인주의적 성향', '현재지향적 성향'으로 꼽는다. 지금의 MZ세대들과 과거의 2030세대의 가장 큰 차이점은 전혀 다른 성장 배경이다. MZ세대는 단군 이래 가장 똑똑하고 스펙이 좋은 세대라고 한다. 따라서 문제해결 능력도 탁월하다. 하지만 역설적으로 MZ세대는 '단군 이래' 부모보다 가난한 첫 세대라고 한다. 미국 워싱턴포

스트지는 이 세대를 '미국 역사상 가장 불운한 세대'라고 명명하기까지 했다.[3]

일부 M세대는 최고의 경제 호황의 시대를 짧게라도 경험하며 자란 세대들이다. 물론 세계금융위기를 맞이하여 국제통화기금(IMF)에 구제금융을 신청해야 할 정도로 심각하게 어려웠던 시기를 겪기도 했지만, 보기 좋게 탈출하는 극적인 성장도 동시에 경험해본 자신감 넘치는 세대들이었다.

하지만 모든 것을 다 갖추고도 늘 불안해하는 Z세대는 한 번도 안정을 누려본 적이 없다. 그래서 그들을 '불안한 청춘' 혹은 '불행한 청춘'이라고 부르는 것이다. 그런데 그들은 직장을 너무 쉽게 떠난다. 기성세대는 청년들이 먹고살기 힘들다면서도 직장을 떠나는 이유를 도무지 이해할 수 없다고 하고, 청년들은 기성세대들의 꼰대적인 태도를 이해하기 싫다고 한다.

MZ세대의 신앙

MZ세대가 직장을 떠나는 이유와 교회를 떠나는 이유는 비슷한 부분이 많다. 하지만 직장을 다니는 이유와 교회를 다니는 이유는 다르다. 그렇다면 그들을 붙잡아두려고 할 때 방법과 목적도 달라야 한다.

탈종교화 : 믿음을 떠난 것이 아니라 제도를 떠난 것

　지금까지 진행된 한국과 미국의 주요 기독교연구소들의 연구 결과에 의하면 수많은 청년들이 기독교신앙을 버리고 교회를 떠나고 있다고 주장한다. 한국갤럽의 "한국인의 종교 1984~2021 리포트"에 의하면 비종교인의 비율은 젊은 층에서 더 높게 나타난다고 분석했다.[4] 리포트 분석에 의하면 60세 이상 중 무종교라고 밝힌 비율이 43%인 반면 30대는 74%, 19-29세는 78%였다. 청년들이 교회에서 사라지고 있다는 막연한 추정이 수치로 정확하게 나타난 것이다. 영적인 부흥과 수적인 성장은 한국 교회를 제도에 가둬버렸다. 화석화된 제도권 교회를 떠난 청년들은 어쩌면 믿음까지 버린 것은 아닐 수도 있다. 수많은 청년들이 스스로를 종교적이지 않지만, 여전히 영적인 존재로 여기는 것만 봐도 그렇다.

MZ가 교회를 떠나는 이유

"교회에서 너무 당연하게 헌신을 강요하는 게 힘들어요."

"우리 교회는 시대 흐름을 못 좇아가는 것 같아요."

　MZ세대들은 왜 교회를 떠나는 것일까? 2013년 실천신학대학원대학교의 정재영 교수가 실시한 "교회를 떠난 가나안 성도에 대한 연구"를 보면, 가나안 성도들이 교회를 떠나게 된 이유 중 '목회자에 대

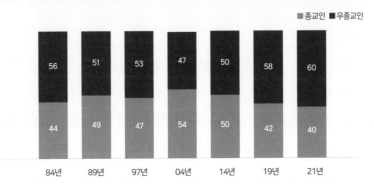

종교인 비율 변화

■종교인 ■무종교인

*1984-2021

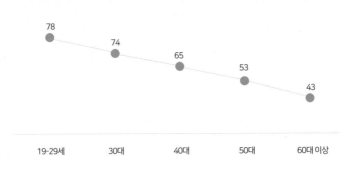

연령별 비종교인 비율

*2021년 기준

한 불만'이 24.3%를 차지했다. 2018년에 수행된 이경선 박사의 연구에서는 '목회자나 교회 시스템에 대한 불만'이 43.2%였다. 비교적 최근의 연구로는 한국교회탐구센터가 2021년 1월 27일 유튜브를 통해 발표한 "코로나 시대, 기독 청년들의 신앙생활 탐구 연구" 결과 자

■ 1+2순위

34.9
31.4
25.6
23.3
9.3
14.0
15.1

교회지도자들의 권위주의적인 태도
시대의 흐름을 좋아가지 못하고 고리타분함
교인 간에 사랑이 없는 형식적인 관계
교회지도자들의 언행 불일치의 삶
불투명한 재정 사용
교회성장 제일주의
교인들의 삶이 도덕적이지 않음

* 출석교회 불만족 청년, 상위 7위, 1+2위

신의 교회에 대해 불만족스럽다는 청년들에게 그 이유를 중복으로 물었더니 '교회 지도자들의 권위주의적인 태도'(34.9%)가 가장 높은 이유로 나타났고, '교회 지도자들의 언행불일치의 삶'(23.3%)이 네 번째로 높게 나타났다. 청년들이 교회에 만족하지 못하는 이유 중 목회자와 관련된 것이 무려 58.2%나 되는 셈이다. 대부분의 청년 사역자는 청년들의 시각에서 보면 이미 '기성세대'이고, 기성세대에 대한 불만이 목회리더십에 대한 불만으로 표출되고 있는 것이다.

실제로 교회를 출석하고 있는 청년 중 교회를 떠나고 싶은 사람은 얼마나 될까? 이에 대해서도 같은 조사에서 질문해보았다. 앞으로 10년 후 교회 출석에 대해 물었더니, "기독교 신앙을 유지하면서 계속 교회에 출석하겠다"는 청년은 64.0%로 3명 중 2명가량 되었다. 나머지 36.0%는 가나안 성도로 이동하거나 기독교 신앙을 아예 버릴 것이라고 응답했다. 현재의 교회 출석 청년 1/3 이상이 앞으로 교회 이

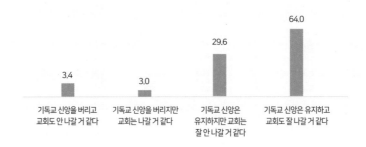

기독교 신앙을 버리고 교회도 안 나갈 거 같다 — 3.4

기독교 신앙을 버리지만 교회는 나갈 거 같다 — 3.0

기독교 신앙은 유지하지만 교회는 잘 안 나갈 거 같다 — 29.6

기독교 신앙은 유지하고 교회도 잘 나갈 거 같다 — 64.0

* 기독청년

탈을 염두하고 있는 것이다.

MZ세대 10명 중 6명은 조직문화가 불합리하면 "짐을 쌀 준비를 한다"고 한다5. 젊은이들은 불합리한 조직문화를 경험했을 때 직접적으로 불만을 표현하기보다 퇴직 결심을 한다. 제도교회의 불합리함을 견디다 못한 청년들이 조용히 교회를 떠나고 있는 이유일 수 있다. 직장을 그만두는 청년들을 붙잡기 위해 몸부림치는 기업들을 교회로 치환하면 청년들이 교회를 떠나는 상황을 이해하는 데 많은 도움을 받을 수 있다. 물론 기업과 교회는 본질적인 부분에서 궁극적으로 추구하는 것이 다르다.

많은 청년들이 교회가 본질을 잃어버리고 전통과 제도에 얽매어 있는 모습에 실망하고 교회를 떠난다는 연구가 있다. 2021년 아크연구소라는 기독교 씽크탱크에서 몇몇 신학대학교 교수들과 청년들이 교회를 떠나는 이유를 연구했다. 기독교 교육을 중심으로 하는 기독교

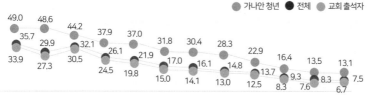

● 가나안 청년 ● 전체 ● 교회 출석자

목회자 와의관계 차원	헌신 강요 차원	공동체 관계차원	개인신앙 문제차원	교회 문화 차원	개인적 문제차원	사회적 인식 차원	관심의 문제차원	소그룹 훈련차원	이성 관계 차원	심리/진로 차원	경제적 문제차원
49.0	48.6	44.2	37.9	37.0	31.8	30.4	28.3	22.9	16.4	13.5	13.1
35.7	29.9	32.1	26.1	21.9	17.0	16.1	14.8	13.7	9.3	8.3	7.5
33.9	27.3	30.5	24.5	19.8	15.0	14.1	13.0	12.5	8.3	7.6	6.7

** 설문 방식 : 'OOO 때문에 교회를 떠나고자 고민했다'
** 5점 척도 질문으로 긍정률(매우+약간 그렇다 비율)

사회학자들로 구성된 연구팀은 927명의 청년들과 청년담당 사역자들을 대상으로 설문하고 인터뷰했다. 조사 결과 청년들이 교회를 떠나는 가장 큰 이유는 목회자, 헌신강요, 공동체관계 차원, 개인신앙 문제 차원, 교회문화 차원 순서로 나타났다.

MZ세대들이 교회를 떠나는 이유를 다시 정리해보면 크게 관계(Relationship), 정서적인 문제(Emotional), 영적인 문제(Spiritual), 그리고 변화를 경험하지 못해서(Transformational) 등으로 요약할 수 있다. 각각의 영어 이니셜을 합치면 R. E. S. T. 즉 '안식'이라는 영어 단어가 된다. 청년들은 교회에서 진정한 안식을 누리지 못해 떠나는 것이다. 그러한 안식을 누릴 수 있는 둥지는 괜찮지 않아도 괜찮은 곳, 즉 아무것도 감추지 않아도 되며(nothing to hide), 주일 하루만 안식을 맛보는 것이 아니라 매일의 일상에 영향을 주며(everyday spirituality), 세상의 풍파로부터 충분히 피할 수 있는 안전함이 보장

되며(safe & security), 홀로 있음이 아닌 함께(togetherness)할 수 있는 곳이어야 한다. 영적인 둥지로서의 교회는 다음세대들을 담아내고 읽어내며 세우고 길러내야 한다. 그래야 떠났던 청년들이 둥지로 돌아오게 될 것이다.

어느 MZ세대 사역자가 말했듯이, 교회는 "상처와 눌림으로부터 치유와 회복이 가능한 장소가 되어야 한다.[6] 교회는 그래서 다음세대들의 N.E.S.T. 즉 '둥지'다. 거친 비바람을 피해 몸을 누일 수 있는 둥지가 바로 '교회'다.

MZ세대를 위한 목회

"일하는 사람들의 마음을 알아야 좋은 일터를 만들고 좋은 일터를 만들어야 좋은 사람이 온다. 좋은 사람이 많이 오는 회사를 만들기 위해 우리는 그들의 마음을 알아야 한다."

1. 리더십이 먼저 학습하고 변화되면 조직이 변한다

MZ세대는 믿는 것을 넘어 행동하는 세대다. MZ세대들에게 중요한 것은 신념이 아니라 행동이다. 그런 까닭에 그들의 눈에 비친 기성세대 기독교인들은 자신들에 비해 위선적이다. 가치가 있고 그것이 신념이라고 말은 하지만, 행동으로 드러나지 않을 때가 많다. 청년들은 그런 기성세대에 질린다. 우리가 말하는 것을 청년들이 받아들이지 않는다고 해서 그들이 성장하지 않거나 수용하지 않는 것은 아니다.

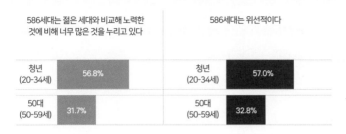

*KBS '시사기획' 창
*4점척도 질문, 긍정률 수치임(매우+약간)

청년들의 마음을 알아야 그들에게 필요하고, 그들이 원하는 공동체(둥지)를 만들고, 청년들이 다시 돌아올 수 있다. 요즘 기독교계가 가장 많이 사용하는 표현 중에 하나가 '다음세대'라는 표현이다. 다음세대를 발굴하고 가르치고 세우고 섬겨야 한다는 말이 틀리지 않지만, 세우고 섬기겠다는 다음세대에 대한 구체적인 지식이 없는 외침은 구호에 지나지 않는다. 지도자들이 먼저 변할 필요가 있다. 그래야 조직이 변할 수 있기 때문이다.

다음세대가 뭘 몰라서 교회를 떠나는 것이 아니다. 지도자들이 다음세대들에게 필요한 것이 무엇인지, 원하는 것이 무엇인지 모르기 때문에 놓치는 것이다. 그런 면에서 교회는 더 이상 "왜?"(Why?)라고 묻지만 말고 "그렇다면 우리는 이제 무엇을 해야 하는가?"(Then, what shall we do?)라고 질문을 바꿔야 한다.

2. MZ세대들이 바라는 목회리더십[7]

갤럽이 발표한 청년들이 자신이 속한 조직에 바라는 모습을 네 가지로 요약한 것에 교회 상황을 대입하면 다음과 같이 설명할 수 있다. 첫째, MZ세대는 교회가 자신들의 '웰빙'에 신경 써주기를 바란다. 하지만 교회는 청년들을 '소모품'으로 여긴다. 교회를 떠났거나 떠나고 싶어 하는 이유 중 하나가 지나친 헌신 강요였다. 청년들이 원하는 웰빙은 교회 시설의 개선이 아니다. 신체적, 영적인 건강과 일상과 신상의 균형을 통해 '삶'이 풍요롭게 되는 것이다. 그것이 그들이 세상 속에서 워라밸을 추구하는 이유다. 교회에서 헌신하는 시간이 많을수록 가족이나 친구와 보내는 시간이 부족할 수밖에 없다.

둘째, MZ세대는 자신이 속한 영적인 공동체가 윤리적이며, 사회에 좋은 영향을 끼치기를 바란다. 기성세대는 자신의 교회에 문제가 발생했을 때, 이를 밝히고 지적하기보다 감싸고 옹호해야 한다는 인식이 강하다. "맡은 자들에게 구할 것은 충성이니라"(고전 4:2)라고 말하며 교회에 대한 로열티를 강조한다. 하지만 청년들은 문제가 있을 때 이슈를 제기하고 쓴소리를 하는 것이 조직을 위하는 일이라고 생각한다. 어쩌면 그들은 교회의 구성원이기 전에 하나님나라의 구성원으로서 자신이 속한 교회를 객관적으로 바라보고 평가하는 경향이 강한지도 모른다. 그러한 까닭에 요즘 청년들은 교회에 이슈가 있을 때 외부 사람보다 더 강하게 교회를 비판하는 것처럼 보이기도 한다. 그러한 청년들에게 "무슨 일이 있어도 교회를 지키고 옹호해야 한다"는 기성세대의 태도는 소통을 막는 것으로 보인다. 청년들이 교회의 일원으로 자부심을 갖게 하기 위한 교회됨은 세상과 소통하며 세상을 섬기는 일을 하는 것이다.

셋째, MZ세대는 구성원에게 투명하게 정보를 공개하는 개방적인 교회 조직과 열린 리더십을 원한다. 청년들은 교회에 어떠한 사안이 있을 때 기성세대보다 더 많은 객관적인 사실과 데이터 그리고 근거를 요구한다. 하지만 기성세대는 그런 청년을 향해 교회를 불신하고 매사에 꼬치꼬치 따지는 '믿음 없는 모습'이라고 비난하기 일쑤다. 청년들은 교회를 신뢰하지 않기 때문에 객관적인 근거를 요구하는 것이 아니다. 요즘 청년들은 상대를 신뢰하더라도 검증하려는 성향이 있다. 객관적인 근거로 사실을 확인하고 싶은 것뿐이다. 의심은 그 자체로 '불신'이 아니다. 어쩌면 '확신'이라는 약속의 땅으로 가기 위해 반드시 거쳐야 하는 '광야' 같은 것일 수도 있다.

넷째, MZ세대는 다양성을 인정하고 구성원 모두를 존중하는 리더십을 원한다. 솔직히 말하면 교회에서 청년들은 가장 존중받지 못하는 그룹이다. 교회 내 청년들이 교회 중직자들로부터 가장 많이 듣는 소리가 "너희들이 뭘 안다고"일 것이다. 반면 MZ세대는 원하는 가치가 뚜렷한 세대다. 자기가 뭘 원하는지 분명하게 아는 세대다. 청년들은 의미발견을 가장 중요한 가치로 여기기 때문이다.

세대를 막론하고 존중을 중요하게 생각하지 않은 적이 없다고 말하겠지만, 개인주의라고 치부되는 '나'의 가치를 중시하는 MZ세대에게 존중은 매우 각별한 의미가 있다. 성경은 "대접받고 싶은 대로 남을 대접하라"고 가르친다(마 7:12). 개성과 경험, 지식 등이 존중되지 않는 조직을 존중할 사람은 아무도 없다. MZ세대들에게 '다양성의 포용'만큼 중요한 가치는 없다.

하지만 지금까지 한국 사회에서는 조직에 대한 다양성의 포용이 반드시 있어야 할 필수 요소라기보다는 '있으면 좋은 것' 때로는 '대(大)를 위해 소(小)를 기꺼이 희생할 수 있어야' 하는 것이기에 때때로 무시해도 좋은 것으로 보는 경향이 컸다. MZ세대가 다음세대를 이끌어갈 주역이며 교회의 미래가 그들에게 달려 있다고 믿는다면, 청년 개개인의 가치를 더욱 세밀하게 이해하고 존중하며, 그들이 기여하는 바에 대해 더 자주 감사와 인정을 전달해야 한다.

3. D.E.V.E.L.O.P. - MZ세대가 사역의 주역이 되도록 길러내라!

"나는 일주일에 단 하루만의 퍼포먼스를 하는 것이 아니라, 진정한 공동체의 일원이 되기를 원한다"(I want to be part of a Christian community that is more than a performance one day a week).[8]

교회론이 약해질 때마다 교회는 위기에 빠졌다. 교회가 위기에 빠질 때마다 항상 등장하는 구호가 "초대교회의 본질을 회복하자"이다. 교회의 본질을 가장 잘 표현한 것은 사도행전 2장이다. "그들이 사도의 가르침을 받아 서로 교제하고 떡을 떼며 오로지 기도하기를 힘쓰니라 … 날마다 마음을 같이하여 성전에 모이기를 힘쓰고 집에서 떡을 떼며 기쁨과 순전한 마음으로 음식을 먹고 하나님을 찬미하며 또 온 백성에게 칭송을 받으니 주께서 구원받는 사람을 날마다 더하게 하시니라"(행 2:42,46-47). 이 구절에서 교회됨의 세 가지 본질을 찾아낼 수 있다. 하나는 가르침과 배움의 공동체로서의 교회(敎會), 사권의 공동체로서의 교회(交會), 그리고 세상과 다리가 되는 선교하는 공동체로서의 교회(橋會)이다.

교회는 어떻게 본질을 추구하는 공동체로서 다음세대를 세울 수 있을까? "개발하다", "훈련하다", "구비하다"라는 의미를 가진 'DEVELOP' 영어 단어를 키워드로 MZ세대에 대해 몇 가지 대응 방안을 이야기하고자 한다.

3-1. Delegate (위임, 믿고 맡김)

MZ세대를 논할 때 꼭 따라다니는 표현이 있는데 그것은 ESG라는 개념이다. 최근 전 세계 주요 기업들이 ESG 이슈에 몰두하고 있다. ESG는 경영 의사결정 및 투자전략에 환경(E), 사회(S), 거버넌스(G) 등 비재무적 요소를 통합하는 흐름을 통칭하는 개념이다.[9] 기업들은 물론 심지어 정부조차 MZ세대와의 공감지수를 높여 사회 전반의 ESG를 개선하기 위해 노력하고 있다.[10]

대부분의 교회는 일부 리더 그룹이 권위를 갖고 의사결정을 하며 나머지 구성원들에게 영향을 미치는 구조다. 하지만 교회가 청년들을 진심으로 교회의 주요 그룹으로 여긴다면 교회의 중요한 의사결정을 내리는 핵심 구성원으로 여겨야 한다. 청년들을 교회에 붙잡아두기 위해 보여주기 식으로 행하는 일시적인 제스처가 아니라 그들을 진정한 리더로 세우기 위한 권한을 제공해야 한다.

한국교회탐구센터의 2021년 기독청년조사에 의하면[11] 청년들은 교회의 중요한 의사결정 과정에서 배제되는 것에 대한 불만이 크다. 그들은 교회 의사결정에 무려 53%가 참여하고 싶다고 응답했다. '지속

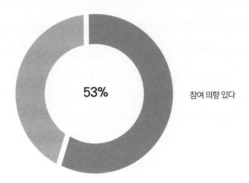

53%

참여 의향 있다

가능한' 사역을 위해서는 청년들이 당회의 잘못된 판단을 적극적으로 지적할 수 있어야 한다. 이것이 바로 MZ세대가 바라는 '공정하고 공존하는 리더십'이다. 교회 밖에서는 이미 MZ세대가 시대와 조직을 바꾸는 세력으로 자리잡았다. 하지만 교회는 여전히 MZ세대를 '뭘 모르는 아이들'로 취급하고 있다. 청년들에게 권한을 위임하고, 의사결정에 적극적으로 참여할 수 있는 환경을 제공하지 않는 한 청년들은 교회에 남아 있으려고 하지 않을 것이다.

3-2. Enthusiasm (열정)

MZ세대를 자기중심적인 세대, 열정 없는 세대라고 부르기도 한다. 딱히 틀린 말은 아니지만 그렇다고 맞는 말은 더더욱 아니다. MZ세대를 '자기중심적이지만 열정적인'(Me-Centered but Zealous)으로 표현하는 것이 더 맞을지도 모른다. 기성세대는 MZ세대들을 가리켜 자신의 삶을 소중히 여기기에 워라밸을 강조하는 세대가 열정을 가질 리 없다고 단정하기 쉽다. 하지만 MZ세대는 자신이 하는 일이 어떠한 기여를 하는지 알고 싶어 하고 확실한 비전이나 일에 대한 맥락을 잘 알고 있으면 열정을 아끼지 않는 세대이기도 하다. 회식에는 불참하지만 업무에는 열정적인 세대다.

이들의 불만을 넘어 열정을 이끌어내려면 자율성을 보장해야 한다. MZ세대는 업무를 할 때 이 일을 자신이 왜 해야 하는지 납득해야 한다. 그러나 교회는 '무조건적인 순종' 즉, 이해할 수 없을 때조차 순종해야 한다고 가르친다. MZ세대는 자신의 일을 통해 사회에 기여할 수 있고, 그 조직에 자신이 지향하는 가치가 충분히 있다고 판단하면 누구보다 열정적으로 달려든다. MZ세대들이 열정을 갖고 덤벼드는 업무의 공통점은 '개인업무 성취도'가 높고, '자신만의 공간'이 주어지고, 쓸데없는 '잡무'가 없다는 점이다. 자신의 의사결정권이 없는 일, 즉 누가 시켜서 하는 일을 꺼릴 뿐이지 '열정' 자체가 없는 것은 아니다. 교회는 이러한 세대들의 열정을 이끌어낼 만한 하나님나라의 비전을 제시해야 한다. 원래 'enthusiasm'(열정)이라는 단어는 'en'(안)+'theo'(하나님)가 합쳐진 것이다. 즉, 열정이란 "그 안에 하나님이 계신다"는 뜻이다. 내면을 하나님의 말씀으로 채워주면 열정은 저절로 뿜어져 나올 것이다. 그것이 바로 우리가 추구해야 할 영성훈련이다.

3-3. Values to Embrace (하나님나라의 가치를 심어주라)

MZ세대 10명 중 8명은 '가치소비자'라고 한다.[12] 이것은 MZ세대들 사이에서 큰 이슈가 되고 있는 ESG경영 중 환경에 대한 관심을 잘 나타내는 현상이다. MZ세대는 가치를 증명하는 표현의 수단으로서 소비를 한다. 이른바 '가치소비'를 지향하는 것이다. 이러한 성향은 소비를 통해 자신의 신념을 적극적으로 드러내는 것을 뜻하는 신조어 '미닝아웃'(meaning out)이라는 단어를 만들어냈다. MZ세대는 특히 환경에 대한 관심이 많고, 환경보호라는 가치를 구현하기 위한 구매를 한다. 예를 들면, 기후변화와 환경오염의 심각성을 깨닫고 제로웨이스트(zero waste) 소비를 하는 것이다.[13]

이 세대들에게 실천 없는 교리교육(가치, 신념)은 공허한 메아리에 불과하다. 소비를 통해서 가치를 구현하는 세대들에게 교회는 어떠한 성경적 가치를 심어주고 있는가? 하나님나라의 가치를 가르치는 데 그치지 않고 실제 삶 속에서 그 가치를 추구하고 구현하도록 도와야 한다.

3-4. Experience (지식이 아닌 체험을 제공하라)

믿음은 지식이 아니라 체험, 즉 경험이다. 디지털 시대에 지식과 정보는 이제 누구에게나 열려 있다. 학교교육이 온라인 플랫폼으로 옮겨가고 있다. 메타버스 세계 속에서 얼마든지 공부는 할 수 있다. 하지만 교육은 단순한 지식과 정보를 제공하는 일이 아니다. 미래 사회는 지식과 정보를 제공하는 서비스보다 경험을 제공하는 일이 더욱 각광받게 될 것이다. 디지털 네이티브인 MZ세대들에게도 오프라인 경험은 여전히 중요하다. 모바일에 익숙하다고 해서 모든 것을 온라인에서 해결하려는 세대라는 의미는 아니다.

IBM 가치연구소에 따르면 MZ세대들이 선호하는 구매 방식으로 매장을 주로 이용한다는 답변이 67%나 나왔다.[14] 구매하고자 하는 제품의 정보를 온라인을 통해 얻지만, 정작 해당 제품을 직접 보고 만진 후 구매한다는 것이다. 또한 쇼핑 자체를 하나의 경험으로 즐긴다. MZ세대와 더불어 다음세대인 알파세대 사역에 대해 앞서가는 교회들이 메타버스로 사역의 축을 옮겨야 한다고 주장하기도 한다. 하지만 MZ세대는 모든 것을 온라인에서만 해결하려고 하지 않는다는 사실을 잊지 말아야 한다.

3-5. Learning Environment (배움의 환경을 만들라)

MZ세대가 단기 퇴직하는 이유 세 가지 중 하나가 "학습 및 개발 기회 부족"(28%)이라고 한다.[15] MZ세대들의 중요한 특성들 중 하나가 학습능력이다. 교회는 가르침과 배움의 공동체이다. 무엇보다 하나님의 말씀을 학습하는 환경을 제공해야 한다. 2018년에 실시한 바나 그룹(Barna Group)의 연구조사에 의하면 베이비 부머세대의 10%, X세대의 7%, 밀레니얼 세대로 분류되는 Y세대의 6%, Z세대의 겨우 4%만 성경적 세계관을 갖고 있다고 한다.[16]

학습능력이 탁월한 세대가 성경적 세계관을 갖추지 못한 것은 전적으로 교회의 책임이다. 수많은 교육 프로그램들이 있지만, 정작 성경을 가르치는 일에 소홀했다는 말이다. 교회는 청년들이 성경공부를 통해 복음을 명확히 경험할 수 있도록 가르쳐야 한다. 말씀을 통해 세상 속에서 그리스도인으로서 살아가는 방법을 가르쳐야 한다. 그리하여 성경적 관점에서 모든 일상의 경험들을 해석하고 이해할 수 있도록 훈련시켜야 한다.

3-6. Opportunity to grow (성장의 기회를 제공하라)

MZ세대는 자신과 회사를 분리해서 생각하며, 회사의 이익보다 개인의 행복이 더 중요하다고 생각한다. "단순히 돈을 벌기 위해서가 아니라 내적 동기를 바탕으로 성취를 얻는 직장생활을 하고 싶어 '일잘러'(일 잘하는 사람을 일컫는 말)를 희망한다. 개인의 성장이 조직에도 기여한다면 서로 윈-윈(win-win)할 수 있다고 본다."(9년차 직장인 OOO).[17] MZ세대들의 특성 중 하나가 성장욕구이다. MZ세대들에게 조직은 같이 성장해가는 파트너이지, 자신을 희생하면서까지 함께해야 할 대상은 아니라고 여긴다. 또한 이들은 자신을 하나의 브랜드로 인식하고 가치를 높이려는 경향이 뚜렷하다. 자아성취와 주체적인 사회생활을 위해 시간을 쪼개 개인의 성장을 모색하는 세대다. 그런 까닭에 직무역량 학습을 위해 스스로 멘토를 찾아 나서기도 한다. 기성세대와 비교해 조직에 대한 충성심과 주인의식은 다소 약할 수 있지만, 성장에 대한 열망은 뚜렷한 집단이다. 이것 또한 MZ세대가 갖는 '문제'이기보다는 그냥 '현상'으로 봐야 한다. 그러므로 교회는 그들의 영적성장에 대한 욕망을 자극하고 구현할 수 있도록 도와야 한다.

3-7. Positive Relationships with Others (다른 사람들과의 긍정적인 관계성을 맺게 하라)

앞서 언급했듯이, 교회가 '둥지'로서 MZ세대들에게 '안식'을 누릴 수 있도록 도우려면, 타인과의 관계에 안식이 있어야 한다. MZ세대들의 특징 중 하나가 자기중심적인 것이다. 하지만 이들은 동시에 소속감을 갈망한다. 서울신문이 창간기념으로 2022년 7월 여론조사기관인 서던포스트와 공공의창과 함께 20-39세 청년 500명을 대상으로 온라인 설문조사를 한 결과에 따르면, 설문에 응한 전체 500명 중 50%는 "물리적 고립을 경험한 적이 있다"고 답했다. 2명 중 1명은 자신을 스스로 가두는 고립 상태를 경험했다는 것이다. 정서적으로 의지할 사람이 없거나 혼자뿐이라는 심리적 고립감을 느낀 적이 있느냐는 질문에, 81.1%가 "그렇다"고 답했다고 한다. 또한 "가끔 고립감을 느낀다"는 비율이 56.6%로 가장 많았고, "종종 느낀다" 21.1%, "매일 느낀다" 3.4% 순으로 고립감을 호소했다.

청년들은 기성세대가 자신들에게 관심이 없다고 생각한다. 그리고 자기들의 부모가 은퇴했을 때보다 자신이 은퇴했을 때가 더 힘들 것으로 생각한다. 어찌 보면 공정세대 이전에 상실세대인지 모른다. 교회는 이들의 고립감을 이해하고 소그룹 등을 통해 다른 사람들과 긍정적인 연결점을 만들어주어야 할 것이다.

트렌드 전망 및 시사점

1. 아드폰테스(Ad Fontes), 본질로 돌아가라

급변하는 세상에서 살아남는 방법은 눈앞의 변화에 얼마나 빨리 적응하느냐에 달려 있지 않다. 변화의 파도 속에서 살아남는 방법은 본질로 돌아가는 것이다. 세계경기가 가장 어려웠을 때 살아남은 몇 안 되는 기업 가운데 '레고'라는 회사가 있는데, 이 회사는 빠르게 변화하는 세상 속에서 본질을 붙잡았기에 불황 속에서도 승승장구했다. 아드폰테스의 좋은 사례.[18]

레고는 우리도 잘 아는 작은 블록 장난감을 만드는 회사다. 레고의 작은 블록은 이미 1980년대에 특허가 만료되었다. 누구든지 마음만 먹으면 똑같이 만들어 팔 수 있게 되어버린 것이다. 회사의 중역들과 주주들은 새로운 아이템을 개발하지 않으면 살아남을 수 없다며 빠른 변화에 적응할 새 아이템을 개발할 연구를 독촉했다. 그때 새로 CEO가 된 외르겐 비 크누드스토르프(Jorgen Vig Knudstorp)는 단순하면서 핵심적인 질문을 통해 직원들의 상상력을 자극했고 레고다움(Back to the Bricks)이라는 결론을 내렸다고 한다. 그리고 본질적인 문제를 연구하기 위한 과감한 투자를 감행했다. 상황이 어려울수록 현실적인 문제가 아닌 본질을 연구하는 것은 결코 쉽지 않다. 오히려 많은 오해와 비난을 받을 수도 있다. 그러나 결국 본질이 이긴다.

교회의 본질은 무엇인가? 새로운 프로그램을 개발해서 사람들의 관심을 끄는 것일까? 전통적인 생각으로는 사람들이 많이 모이는 것을 '부흥'으로 여긴다. 하지만 성경이 말하는 부흥은 말씀의 회복이다. 교회의 본질은 결국 '복음'이다. 복음의 핵심은 말씀으로 돌아가는 것이다. 믿음을 회복시키는 일은 새로운 프로그램이 아니다.

미국 바나 그룹(Barna Group)의 대표인 데이비드 키네먼(David Kinnaman)은 4년이 넘는 기간 동안 진행한 방대한 연구를 통해 18-29세까지의 젊은이들이 교회를 떠나는 여섯 가지 이유를 정리했는데 그중 하나가 바로 청년들의 '깊이 없는 믿음'이었다. 즉 젊은이 대부분이 신앙과 성경에 대한 깊은 이해가 없으며, 역사적으로 내려온 정통 기독교 신앙보다는 도덕적이고 심리치료적인 이신론에 가까운 신앙을 갖고 있다는 것이다. 특히 키네먼은 약 4분의 1 정도의 청년이 "신앙이 직업이나 자신의 관심사와 별 연관성이 없다"(24%)고 생각했으며, "성경을 제대로 배우지 못했다"고 응답한 청년은 23%, 그리고 "교회에서 하나님을 경험하지 못했다"고 응답한 청년도 20% 정도 된다고 지적했다.

또한 라이프웨이 리서치(Lifeway Research)의 에드 스태처와 연구팀은[19] 일대일 설문 조사를 통해서 500명 이상의 청년과 대화를 나눴는데, 이 연구를 통해 청년 사역에서 중요한 네 가지 요소를 발견했다. 그 중 하나로 청년들이 갈망하는 것은 '깊이'(depth)였다. 기성세대가 단정하는 것과는 달리 청년들은 좀 더 의미 있는 사람이 되고 싶어 했고, 그렇게 되기 위해서는 얄팍한 몇 가지 개념으로는 부족하다고 느끼고 있다. 연구에 참여한 청년 중 71%는 성경을 삶에 적용하기 위한 소그룹에 참여하기 원했고, 교회에 다니는 청년 중 67%는 기독교의 기본진리에 대한 성경공부를 중요, 혹은 매우 중요하게 여기는 것으로 나타났다.[20]

2. MZ가 찾아오는 교회, MZ가 떠나는 교회

우리가 살아가고 있는 시대는 디지털 미디어 시대이다. MZ세대는 디지털 네이티브이다. 문화는 스토리(내러티브, 혹은 이야기)를 구성하고 또한 그것을 통해 전수된다. 조직문화도 마찬가지다. MZ세대가 교회를 떠나는 이유는 교회가 스토리를 잃어버렸기 때문이다. 교회는 스토리를 버리고 교리를 붙잡았다. 딱딱한 교리에 지루함을 느낀 젊은 세대들이 스토리를 찾아 교회 밖으로 뛰쳐나가고 있다. 교회는 더 이상 '어플형'이 아니라 '플랫폼형'으로 변화해야 한다. 앱 개발자들이 잠재적 사용자를 미리 연구하듯, 교회는 복음의 스토리를 들려주고, 그 속으로 끌어들이기 위해 청년들이 어떤 생각을 갖고 있는지, 어떤 가치관을 갖고 있는지 연구하고 그들에게 다가가는 방법을 연구해야 한다. 세상에서는 이것을 마케팅이라고 부른다. 진짜 마케팅 전문가들은 누군가를 충족시키기 위해 광고를 만드는 것이 아니라 그들이 대상으로 잡고 있는 사람들이 무엇을 고민하는지 그들의 생각을 듣는 사람들이다. 교회는 청년의 소리를 듣는 전문가가 필요하다.

교회가 MZ세대들에게 관심을 가져야 하는 이유는 그들이 복음으로 세상을 변화시킬 변화의 중심이기 때문이다. 구원받은 사람들의 모임인 교회는 세상을 변화시키는 에이전트의 기능도 가지고 있다. 그런 까닭에 변화의 가장 큰 원동력인 MZ세대를 소중히 여기고 키워서 세상 한 모퉁이에 우뚝 솟은 소나무처럼 서 있을 수 있게 해주어야 한다. 교회사는 항상 청년들에 의해 혁신이 일어났고, 개혁되어 왔다는 사실을 일깨워준다. 앞으로도 이들에 의한 변화는 계속될 것이다.

앞으로 우리 사회는 코로나를 기점으로 전 영역에서 디지털 전환이 급속도로 빨라질 것이다. 교회 역시 이 시대 트렌드의 중심에 서 있는 MZ세대가 주도하는 변화의 흐름 속에 서 있게 될 것이다. 2023년 한국 교회는 MZ가 찾아오는 교회, MZ가 떠나는 교회로 나눠질 것이며 그 격차는 점점 벌어지게 될 것이다.

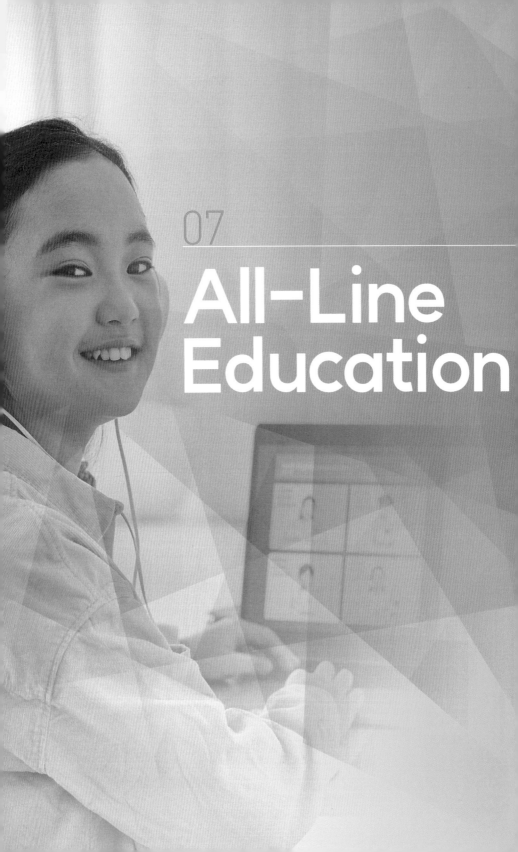

07

All-Line
Education

올라인 교육

다음세대가 중요하지 않았던 시기는 없었다. 하지만 코로나19 이후 다음세대 교육은 한국 교회의 화두다. 특히 코로나 이전부터 줄어들던 교회학교의 학생 수는 코로나를 거쳐 가며 가속페달을 밟는 것처럼 급속히 줄었다. 거리두기를 해제한 이후에도 잘 회복되지 않고 있다.

교회 교육에 있어서 코로나19로 인해 교육 방법이 달라졌다. 코로나19 이전에는 오프라인을 중심으로 한 대면교육이 강조되었지만 코로나19 기간을 거쳐 가며 일반교육과 같이 교회 교육도 온라인 교육을 병행하게 되었다. 오프라인과 온라인 교육을 함께 시행한다고 해서 이러한 트렌드를 '올라인'(All-line) 교육이라 한다.

교회 교육의 중요한 변화는 신앙교육의 주체이다. 코로나19가 장기화되면서 신앙교육에서 부모의 역할이 부각되었다. 코로나 이전 자녀의 신앙교육은 교회학교에 위임되었다. 하지만 코로나 기간을 지나며 신앙교육은 가정에서 부모를 통해 이루어졌다. 자녀 신앙교육의 주체가 부모라는 인식이 확산되기 시작했고 가정과 교회가 연계해야 함을 알게 되었다.

올라인 교육은 코로나19 이후 교회 교육에서 강력한 트렌드로 자리 잡을 것이다. 이 책에서는 코로나19 이후 큰 변화를 겪고 있는 교회 교육을 다룬다. 다음세대 교육에서 부각된 온오프라인 교육과 교회학교와 가정의 연합에 대한 부분을 다루어본다.

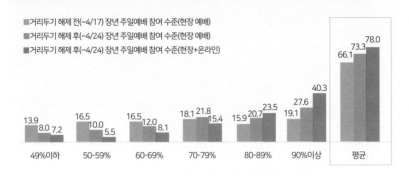

코로나19 이전 대비 장년 주일예배 참석 정도

■ 거리두기 해제 전(~4/17) 장년 주일예배 참여 수준(현장 예배)
■ 거리두기 해제 후(~4/24) 장년 주일예배 참여 수준(현장 예배)
■ 거리두기 해제 후(~4/24) 장년 주일예배 참여 수준(현장+온라인)

	49%이하	50-59%	60-69%	70-79%	80-89%	90%이상	평균
현장(해제 전)	13.9	16.5	16.5	18.1	15.9	19.1	66.1
현장(해제 후)	8.0	10.0	12.0	21.8	20.7	27.6	73.3
현장+온라인	7.2	5.5	8.1	15.4	23.5	40.3	78.0

* 예장통합 담임목사 981명, 2022년 4월

"코로나19로 인해 교회학교 대면 예배가 없습니다. 모두 동영상을 시청해 주세요."

교회학교 동영상 예배가 이렇게 시작되었다. 2020년 코로나19의 확산으로 인해 정부는 교회의 대면 예배를 금지시켰다. 예배가 비대면으로 대체되었다. 코로나19 상황이 조금 나아졌을 때 일시적으로 완화되었으나 다시 대면 예배를 금지했다. 정부는 대면 예배 허용과 금지를 반복했고 따라서 교회학교도 대면 예배와 동영상 예배를 반복해서 드렸다. 그러는 사이 교회학교 어린이들은 점점 더 사라져갔다. 첫 번째 금지 때보다 두 번째 금지 때, 두 번째 금지 때보다 세 번째 금지 때 교회에 오는 아이들이 더 적어졌다. 교회학교에 오라고 할 수도 없었다.

어른들은 순차적으로 백신을 접종했지만 아이들은 안전상의 문제

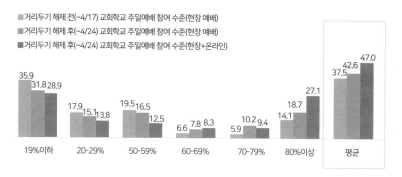

■ 거리두기 해제 전(~4/17) 교회학교 주일예배 참여 수준(현장 예배)
■ 거리두기 해제 후(~4/24) 교회학교 주일예배 참여 수준(현장 예배)
■ 거리두기 해제 후(~4/24) 교회학교 주일예배 참여 수준(현장+온라인)

	19%이하	20-29%	50-59%	60-69%	70-79%	80%이상	평균
거리두기 해제 전	35.9	17.9	19.5	6.6	5.9	14.1	37.5
거리두기 해제 후(현장)	31.8	15.1	16.5	7.8	10.2	18.7	42.6
거리두기 해제 후(현장+온라인)	28.9	13.8	12.5	8.3	9.4	27.1	47.0

* 예장통합 담임목사 981명, 2022년 4월

로 백신 접종이 연기되었다. 2년 반이 지난 지금까지도 안전상의 문제로 접종을 하지 않은 어린이도 많다. 교회학교 출석을 강요할 수 없게 되었다. 이런 이유로 교회학교는 장년보다 회복률이 더 더디다. "코로나19 추적조사 목회자 보고서"에 의하면, 2022년 4월 24일 기준으로 장년 주일예배 현장 참석률은 지속적으로 회복되었으며 현재 73.3%까지 회복되었다. 반면 같은 달 기준, 교회학교 주일예배 현장 참석률은 42.6%였다. 장년보다 30.7%가 회복되지 않은 것이다.

"한국 교회, 다음세대 문제가 제일 걱정이에요!"

최근 교회에서 자주 듣는 이야기이다. 대면 예배 금지 규제가 풀린 후에도 교회학교가 쉽게 회복되지 않고 있기 때문이다. 교회의 걱정은 코로나19 이후에도 교회학교가 회복되지 않으면 어쩌나 하는 염려이

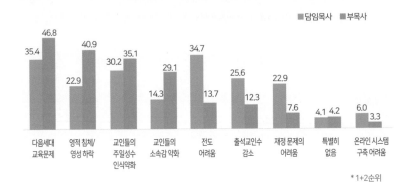

■담임목사 ■부목사

다음세대
교육문제: 35.4 / 46.8

영적 침체/
영성 하락: 22.9 / 40.9

교인들의
주일성수
인식약화: 30.2 / 35.1

교인들의
소속감 약화: 14.3 / 29.1

전도
어려움: 34.7 / 13.7

출석교인수
감소: 25.6 / 12.3

재정 문제의
어려움: 22.9 / 7.6

특별히
없음: 4.1 / 4.2

온라인 시스템
구축 어려움: 6.0 / 3.3

* 1+2순위

다. 교회학교가 회복되지 않으면 앞으로 10년, 20년 후 한국 교회는 심각한 성도 수 감소를 감당해야 할 것이다. 이것이 코로나19를 거쳐 오면서 모든 교회가 다음세대 신앙교육에 많은 관심을 갖는 이유이다.

실제로 2022년 4월 15일부터 25일까지 예장 통합 소속 담임 목회자를 대상으로 한 설문조사도 이를 반영하고 있다. 목회자들에게 현재 교회 사역에서 가장 어려운 점(6개)에 대한 질문을 했다. 가장 높게 나온 것이 "다음세대 교육문제"(35.4%)였다. [1] 올해 초 예장 고신 소속 담임 목회자를 대상으로 설문조사한 결과에서도 이와 비슷했다. 교회사역 우선순위(15개)를 묻는 질문에 1위가 "교회학교 신앙양육 프로그램"이었다. [2] 2022년 6월 16일-21일까지 진행된 한국 교회 부목사 조사에서도 "다음세대 교육문제"(46.8%)가 가장 심각한 문제로 선택되었다. 코로나19를 지나가면서 한국 교회의 가장 큰 문제로 부각되는 것이 교회학교인 것이다.

교회학교는 빠르게 온오프라인 교육체제로 변화되었다. 아이들이 교회학교에 나오지 못하면서 가정의 중요성도 부각되고 있다. 이 책에서는 이러한 교회 교육의 변화를 '올라인' 교회학교 교육이라고 한다. 올라인 교회학교 교육이란 오프라인과 온라인이 연결된 교회 교육, 교회와 가정이 연결된 교회 교육을 의미한다. 지금 한국 교회는 중요한 갈림길에 서 있다. 그 갈림길에서 온오프라인 교회 교육과 가정과 교회가 연계된 교회 교육에 주목하고자 한다. 이미 '올라인' 교육목회를 시도하고 있는 교회가 있지만, 2023년에는 올라인 교육목회의 중요성이 더 부각될 것이다.

온라인 교회교육

"저희 부부만 교회에서 예배드려요. 요즘 우리 애들은 온라인 예배를 드리고 있어요. 큰 애가 그래도 동생들 잘 돌봐서 아이들이 집에서 예배드려요. 코로나 때문에 애들을 교회에 데려가기가 그래서…."

코로나19를 거치며 온라인 예배는 하나의 트렌드로 자리매김했다. "코로나19 이후 한국 교회 변화추적 결과 보고서" 결과에서도 나타나듯이 절반 정도의 교회(54.1%)가 온라인과 오프라인 예배를 함께 시행하고 있다. 교회학교도 동일한 예배형식을 취했다. 대면 예배 금지 시기 동안에는 교회학교도 동영상 예배를 드리기 시작했다.

청소년 선교단체인 SFC는 전국 중고등학생을 대상으로 2020년과 2021년 교회학교 가운데 온라인 예배에 관한 인식을 조사했다. 2020년의 조사 결과에 따르면 온라인 예배를 드리는 것에 대해 "어쩔 수 없는 경우에는 할 수 있다고 생각한다"(67.0%)가 가장 많았고, 다음으로 "평상시에도 할 수 있다고 생각한다"(16.2%), "절대로 해서는 안 된다"(5.6%)로 나타났다.[3] 2021년 조사에서도 이와 비슷한 양상으로 나타났다.[4]

온라인 교회 모임의 참여 의향을 묻는 질문에는 "청소년부 온라인 예배"(86.0%)가 가장 많았고, 다음으로 "청소년부 온라인 성경공부"(86.%), "청소년부 온라인 소모임"(69.9%), "청소년부 온라인 제자훈련"(63.1%) 순으로 나타났다.[5] 2021년 조사 역시 전반적으로 청소년들은 온라인 교회 모임 참여를 긍정적으로 보았지만 온라인 예배와 성경공부의 경우는 시간이 지날수록 참여율이 떨어지는 것으로 나타났다.

교회학교의 온라인 예배와 교육에서의 한계가 드러났다. 다양한 이유가 있겠지만 단순히 현장 예배를 송출하는 수준으로 예배가 제공된 것이 가장 큰 이유였다. 또한 온라인 교육도 다양하고 지속적인 콘텐츠 개발에 한계가 있었다. 중대형교회의 경우 여러 장비와 인력을 동원해 그나마 유지할 수 있거나 효과를 보기도 했다. 하지만 중소형교회의 경우 어려움을 겪었다. 온라인 교육은 교회 교육에서 분명한 한계점을 가졌다.

올라인 교육
(All-Line Education)

올라인 교육이란 오프라인 교육과 온라인 교육 그리고 가정에서의 신앙교육 전반을 아우르는 말이다. 코로나19 이후 온오프라인 병행 교육과 함께 부모로부터 신앙교육 필요성이 요구되는 등 교육 패러다임이 바뀌고 있다.

오프라인과 온라인 교육이 함께 시행되는 올라인 교육(All-line)과 함께 가정과 교회가 연대하여 교육하는 교회학교의 중요성은 점점 높아지고 있다.

코로나19 이전 교회학교의 가장 중요한 슬로건은 '주일성수'였다. 일주일 중 가장 중요한 날은 주일(主日)이었고, 주일 가운데서 가장 중요한 시간은 예배 시간이라고 강조하였다. 그 결과 부모가 교회를 다니는 아이의 경우 대부분 교회학교에 출석했다. 하지만 코로나19로 인해 거리두기가 시행되고 예배 참석이 불가능해지자 주일성수의 개념이 무너지기 시작했다. 주일성수 개념이 무너지니 그 위에 쌓았던 교회학교 역시 동시에 무너졌다.

코로나19 상황으로 온라인 예배가 시작되었다. 온오프라인 교육을 위해 다양한 시도가 일어났다. 대표적인 시도를 한 교회는 한성교회와 한주교회이다. 한성교회의 경우 하키우키 TV라는 방송채널을 통해 방콕묵상, 하키우키송, 성경이야기, 라라활동, 랜선캠프, 주일

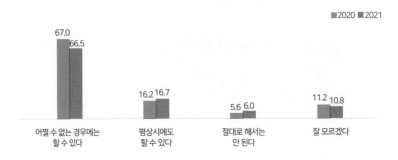

온라인 예배에 대한 인식

■2020 ■2021

- 어쩔 수 없는 경우에는 할 수 있다: 67.0 / 66.5
- 평상시에도 할 수 있다: 16.2 / 16.7
- 절대로 해서는 안 된다: 5.6 / 6.0
- 잘 모르겠다: 11.2 / 10.8

* SFC 전국 중고생 대상

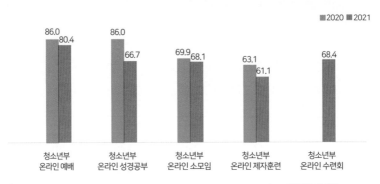

온라인 교회 모임 참여의향

■2020 ■2021

- 청소년부 온라인 예배: 86.0 / 80.4
- 청소년부 온라인 성경공부: 86.0 / 66.7
- 청소년부 온라인 소모임: 69.9 / 68.1
- 청소년부 온라인 제자훈련: 63.1 / 61.1
- 청소년부 온라인 수련회: 68.4

* SFC 전국 중고생 대상

ON예배 등 다양한 온라인 컨텐츠를 제공하고 있을 뿐만 아니라 이를 주일예배와 연계해서 활용하고 있다. 한주교회의 경우에는 중형 교회로 온라인 교회를 표방하는 대표적인 한국 교회로 온라인을 통한 다양한 교육을 시도하고 있다. 유튜브를 활용한 다양한 활동과 메타버스를 활용한 제자훈련도 시
도하였다. 이외에도 여러 교회가 온
라인과 오프라인을 활용한 올라인
(All-line) 교육을 시도하고 있다. 또
한 각 교단의 교육부를 중심으로 온라인 예배와 교육이 이루어지지
않는 교회를 위해 매주 영상예배와 교육자료를 제공하고 있다.

현장 예배가 재개된 뒤에도 온라인과 오프라인 예배가 동시에 병행
되고 있다. 코로나 기간을 거치는 동안 여러 한계에도 불구하고 교회
학교에는 온라인과 오프라인이 병행된 올라인(All-Line) 교육이 교회
교육의 트렌드로 자리를 잡았다. 이 트렌드는 엔데믹(Endemic) 이후
잠깐 있다가 사라지는 것이 아니라 계속될 것으로 예측된다.

오렌지 교육목회

교회 교육에 있어 온라인 교육 외에 또 다른 변화도 주목할 만하
다. 바로 교육 주체의 변화다. 부모의 인식이 바뀐 것이다. 코로나19
이전 자녀의 신앙교육은 교회 교육에 전적으로 위임되었다. 하지만
코로나19가 장기화되면서 자녀의 신앙교육의 주요 거점이 교회가 아
니라 가정이 되었다. 교회에 가지 못하니 자녀를 양육하는 가정에서
신앙교육도 오롯이 담당하게 되었기 때문이다. 교회와 가정의 연계가
더 중요해졌다.

사실 교회와 가정의 연계는 이미 오래전부터 북미 교회를 중심으로
강조되어 왔다. 미국의 노스포인트교회를 중심으로 진행한 교육을
오렌지(Orange) 목회라고 부른다. 오렌지색은 빨강과 노랑이 합쳐져

만들어지는 색이다. 신앙교육에 있어 빨강은 가정이 품고 있는 뜨거운 사랑을 나타낸다. 노랑은 교회가 발하는 밝은 빛을 상징한다. 교회학교의 오렌지화는 교회와 가정이 한마음을 품고 다음세대를 세워가는 것이다. 코로나19 이후 이런 분위기가 확산되기 시작한 것이다.

"이제는 개신교가 가족 종교화가 되고 있잖아요. 그래서 신앙교육은 교회가 아닌 가정에서부터 시작하는 게 맞는 것 같아요."

2021년에 실천신학대학원대학교(21세기교회연구소)와 한국교회탐구센터, 목회데이터연구소가 공동으로 실시한 "기독교청년의 사회 및 신앙의식에 대한 조사" 결과를 보면 기독 청년들의 77.4%는 '가족(부모)의 영향/전도'로 신앙생활을 하게 되었다고 응답하였다. 또한 기독 청년들 가운데 모태신앙이 절반이 넘었고, 유치원 이전에 교회를 다니기 시작한 비율이 65% 정도 되어서 기독교가 가족 종교화되는 경향을 보였다. 이러한 경향은 2021년에 안산제일교회와 목회데이터연구소가 조사한 기독 청소년 조사에서도 나타났다. 이 조사에서도 기독 청소년들은 모태신앙 60.4%를 포함하여, 초등학교 이전에 교회에 출석하는 비율이 80%에 이르는 것으로 나타났다.[6] 가정에서 부모로부터 받는 신앙교육이 매우 중요해졌다.

신앙교육에 있어 가정과 교회의 연합은 이미 20여 년 전부터 주목받고 강조되어온 다음세대 교육목회의 패러다임이었다. 하지만 코로나19를 겪으면서 가정에서의 부모교육의 필요성이 더 강조되고 있다. 코로나19 이전까지 가정의 신앙교육의 중요성은 그다지 주목받지 못했지만, 코로나19 기간 많은 가정과 교회가 달라졌다.

코로나19를 지나면서 부모교육을 더욱 강화시킨 한국 교회의 대표적인 예는 충신교회이다. 충신교회는 코로나19 이전에도 아기학교, 굿 페어런팅(Good Parenting)을 비롯한 다양한 부모교육 시스템을 갖추고 있었다. 충신교회는 코로나19 기간 부모교육을 멈추지 않고 오히려 온라인을 활용한 부모교육을 강화하였다. 그 결과 거리두기가 해지된 이후 충신교회 교회학교 출석률은 90%로 현장 예배 참석률이 다른 교회보다 높았다. 이는 한국 교회 교회학교 평균 출석률보다 훨씬 높은 수치였다. 부모교육이 교회학교 출석률과 상관이 있는 것이다. 다른 측면에서 보면 자녀가 어릴수록 부모교육이 더 중요해질 수 있다는 말도 된다.

"교회학교요? 엄마랑 이야기해볼게요. 엄마가 허락해야지 예배에 갈 수 있어요."

교회학교 어린이인 경우, 부모의 동의는 교회학교 출석에 필수적이다. 저학년이나 유치부이면 더 중요해진다. 코로나19 기간 동안 부모가 기독교인인 어린이들이 교회학교에 더 많이 온 주요 이유는 부모의 신앙 여부와 관련되어 있다. 부모가 허락해야지 아이들이 교회에 올 수 있기 때문이다. 일부 어린이들은 부모가 차를 태워주지 않으면 교회에 올 수 없는 경우도 있다. 부모의 적극성이 더 중요해진다. 어린아이들일수록 부모의 동의가 교회 출석에 중요해지는 것이다. 취학 전 어린이와 초등학교 어린이를 위한 교회학교 목회는 부모를 배제할 수 없다. 교회학교 목회는 학생과 부모교육이 동시에 진행될 수밖에 없는 것이다.

이런 인식 때문에 각 교단 교육부에서 새로운 교재집필을 할 때에도 가정과 교회의 연결을 고려한다. 예장 통합의 공과인 〈GPLS〉의 경우 매주 가정통신문과 함께 가정예배 자료를 제공하고 있다. 또한 예장 고신의 〈킹덤 스토리〉의 경우 가정에서 모든 세대가 한 본문으로 말씀을 배울 수 있고 부모와 신앙적인 대화를 나눌 수 있도록 구성되어 있다. 앞으로 가정과 교회가 연결된 올라인 교육목회는 일시적인 유행이 아닌 한국 교회 교회학교가 나아갈 방향으로 자리매김할 것으로 전망된다.

올라인 교육목회의 등장배경

교회 교육의 변화는 일반교육과 연동되어 있다. 교회는 사회와 함께 공존하며 교회 교육 역시 일정 부분 일반교육의 영향을 받기 때문이다. 2023년 한국 교회가 가장 크게 영향받는 것 중 중요하게 고려해야 하는 것이 온라인 교육 확대이다.

일반교육에서의 온라인 교육 강화

"이제 전 학교, 전 학년, 전 학급에서 온라인 수업이 가능해졌어요!"

코로나19 이후 일반교육에 있어 일어난 가장 큰 변화는 '온라인 교육'의 강화이다. 코로나19 이전 온라인 교육은 2000년대 초반 대학수학능력 시험을 대비한 EBS 강의로 본격화되었다. 2010년 후반에는 초중등학생들을 대상으로 한 온라인 스마트 학습에 대한 수요가 사교육 시장을 중심으로 증가하기 시작했다.

온라인 학습은 코로나19를 계기로 획기적으로 확대되었다. 2020년 3월 코로나19가 확산될 때 정부는 한 달간 개학을 늦추면서 온라인 수업을 순차적으로 진행했다. 익숙하지 않고, 현장 수업에 비해 집중도와 효율성이 떨어지는 점 등 초기 운영 때는 여러 문제점들이 노출되기도 했다. 하지만 지금은 대부분 학교에서 온라인, 오프라인 수업 모두 활용하고 있다.

교육부는 코로나19 기간 동안 이뤄질 전면 원격수업에 대비해 전국의 초중고 학생이 모두 참여할 수 있는 공공학습관리시스템을 구축하였다. 그리고 다양한 원격수업 콘텐츠를 확보했다. 또한 교사들이 원격수업 진행에 필요한 정보를 획득하고 양질의 수업 사례들이 공유될 수 있도록 자발적인 교사 커뮤니티를 활성화했다.[7]

온라인 교육에 필요한 교육 콘텐츠와 인프라가 확보되면서 현장의 원격수업 적응도가 높아졌고 원격수업이 점차 안정되어 갔다. 교육부는 2020년 8-9월 기간 '모든 학생들을 위한 교육안전망 강화방안', '원격수업 질 제고 및 교육안전망 안착 지원방안'을 발표하여 원격수업의 내실화를 도모했다. 초중등학교 교과수업에서 활용되는 원격수업의 형태 중 '실시간 쌍방향 수업'의 비중은 2020년 1학기 14.8%에 그쳤으나 2학기에는 55.7%, 2021년 1학기에는 77.6%까지 확대되었다.

원격수업에 교사가 직접 제작한 콘텐츠를 활용하는 비율도 2020년 1학기 20.3%에 불과했지만 2021년 1학기에는 49.1%가 되었다. 그리고 이러한 코로나19의 대응 경험을 활용해 교육의 디지털 전환을 촉진하기 위해 2021년 9월 디지털 기반의 원격교육 활성화 기본법(원격교육법)이 제정되었다. 2022년 3월 법률 시행에 맞춰 원격교육법 시행령도 마련되어, 원격교육 참여를 지원해야 하는 취약계층 학생의 범위와 원격교육 운영 기준 등이 구체적으로 규정되었다.

그럼에도 불구하고, 한국리서치가 2021년 2월 전국 성인 남녀 1,000명을 대상으로 실시한 조사에서 전체 응답자의 80%, 초·중·고 학부모의 90%가 2020년 한 해 동안 온라인 수업으로 인해 학습 격차가 확대되었다고 답했다. 연령별로는 초등 저학년(36%), 고등학생(27%), 중학생(16%) 순으로 온라인 수업으로 인한 학습 격차가 클 것으로 예상했으며, 응답자의 다수(77%)가 교실에서 실시하는 대면 수업이 온라인 수업에 비해 학습 효과가 높다고 응답했다. 학습 격차 외에도 온라인 수업이 친구와의 관계성 및 공동체성 약화(83%), 사회 경제적 취약계층 학생의 소외(83%) 등의 문제를 야기한다고 응답하였다.[8] 즉 코로나19로 인해 온라인 수업이 강화되었지만 제한된 소통으로 인해 문제도 많이 발생했음을 알 수 있다.

교육부는 2020-2021년 원격수업과 등교수업을 병행하다가 2021년 하반기부터 단계적 일상회복을 추진하기 시작하였다. 그리고 2022년 상반기부터 그동안 시행에 오던 온라인 수업을 줄였고, 거리두기가 해지된 지금은 전면 오프라인 수업으로 전환하였다. 하지만

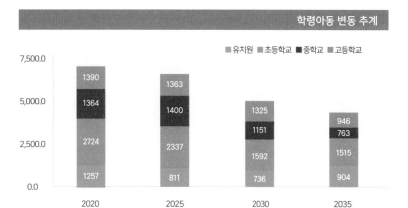

■유치원 ■초등학교 ■중학교 ■고등학교

	2020	2025	2030	2035
고등학교	1390	1363	1325	946
중학교	1364	1400	1151	763
초등학교	2724	2337	1592	1515
유치원	1257	811	736	904

이미 시작된 온라인 교육은 이제부터 오프라인과 온라인 수업이 병행되는 새로운 시대가 시작될 것이다. 이것은 교회 교육에도 확대될 것이다. 이미 교회 예배에서 사용되었지만 교회 교육도 이제 오프라인과 온라인을 병행한 교육이 진행될 것이다.

트렌드 전망 및 시사점

1. 교회학교의 지속적인 하락과 가정 신앙교육의 확대

앞으로 10년 후인 2035년에는 현재 학생인구 30% 이상이 사라진다. 학령인구란 교육인구 규모를 가늠할 수 있는 일차적인 요소이다. 교육부 산하 2021년 교육 통계 자료에 의하면 2020년부터 2035년까지 큰 폭의 감소가 예상된다. 유치원 학령인구의 경우 2020년 126

만 명에서 2035년 90만 명으로 2020년 대비 약 28.1%가 감소될 것으로 예측된다. 중학교 학령인구는 2020년 136만 명에서 2035년 76만 명으로 2020년 대비 약 44.1%가 감소할 것으로 예상된다. 또 고등학생 학령인구는 2020년 139만 명에서 2035년 95만 명으로 2020년 대비 31.9%가 감소할 것으로 예상된다. 절대 수인 학령인구의감소는 한국 교회 교회학교에 치명적이다.

"교회학교 학생 수 10년 후 지금의 30%, 20년 후 50%가 사라진다."

교회학교도 학령인구 감소를 피해갈 수 없다. 코로나19가 오기 전부터 교회학교의 학생 수는 꾸준히 줄어들고 있었으나 코로나 이후에 그 속도가 더욱 빨라졌다. 예장 통합 교단의 발표 자료에 따르면 2000년부터 2020년까지의 증감률을 비교하였을 때 학령인구가 32.6% 감소하였을 때 통합 교단의 교회학교는 42.3%로 10.3%p가 더 감소하였다. 비슷한 기간 고신 교단의 경우 초등부 학생의 52%가 감소하여 학령인구가 2배의 속도로 줄어들었다.

통계청 장래인구 추계(2020-2050년)에 맞추어 통합 교단의 감소율 기울기를 그대로 적용하여 교회학교 인구 변화증감률을 예상해볼 때 2030년에는 33.5% 감소, 2040년 25% 감소할 것으로 예상된다. 향후 20년간 현재 교회학교 학생 수의 50%가 사라질 것이라는 뜻이다. 교회학교 학생 수는 일반 학령인구보다 더 큰 폭으로 줄어들 것으로 예상된다. 교회학교는 새로운 변화가 절실해졌다.

교회학교가 없어지는 교회가 많아지고 급격하게 축소될 것이다.

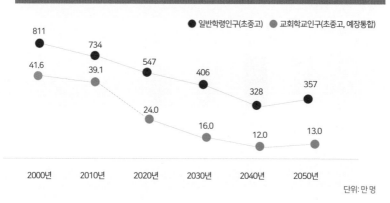

교회학교 학생 감소 속도, 일반학생보다 1.3배 빨라

● 일반학령인구(초중고)　● 교회학교인구(초중고, 예장통합)

811
734
547
406
328
357

41.6
39.1
24.0
16.0
12.0
13.0

2000년　2010년　2020년　2030년　2040년　2050년

단위: 만 명

교회가 담당하던 신앙교육이 가정으로 옮겨질 가능성도 생기게 되었다. 소형교회나 교회학교 여건이 좋지 않은 교회는 교회학교 운영이 여의치 않게 되기 때문이다. 그렇다보니 자녀의 신앙교육을 위해 교회를 옮기거나 부모가 직접 가정에서 신앙교육을 해야 하는 것이다.

"코로나19 이후 아이들이 신앙생활을 하는데 부모가 중요한 역할을 한다는 것을 알게 되었어요!"

코로나19를 거치면서 신앙을 가지는 과정에서 부모의 신앙이 중요하다는 것을 인식하게 되었다. 코로나19 기간 중에도 교회학교 어린이부에 나오는 아이들은 대부분 부모가 교회에 나오는 아이들이었다. 부모가 어른 예배를 드리는 동안 아이들은 교회학교에 왔다. 나이가 어린 자녀를 교회에 오게 하는 사람이 부모라는 뜻이다. 교회가

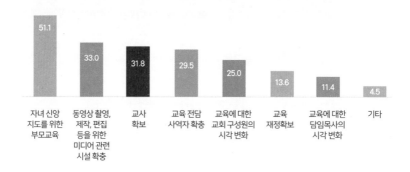

포스트코로나 시대를 위한 교회학교 준비 사항(1+2순위)

| 51.1 | 33.0 | 31.8 | 29.5 | 25.0 | 13.6 | 11.4 | 4.5 |

자녀 신앙 지도를 위한 부모교육 / 동영상 촬영, 제작, 편집 등을 위한 미디어 관련 시설 확충 / 교사 확보 / 교육 전담 사역자 확충 / 교육에 대한 교회 구성원의 시각 변화 / 교육 재정확보 / 교육에 대한 담임목사의 시각 변화 / 기타

* 예장통합 서울서북노회 목회자 조사, 2022년 3-4월

부모교육에 관심을 가져야 하는 이유가 이것이다.

실제로 지앤컴리서치에서 예장 통합 목회자를 대상으로 2022년 3-4월에 진행한 서울서북노회 교회학교 실태 조사 보고서에 의하면, 포스트 코로나 시대에 교회학교가 준비해야 하는 것으로 가장 중요한 것이 "자녀 신앙 지도를 위한 부모교육"(51.1%)이라고 답했다. 현장에 있는 목회자들이 부모교육의 중요성을 인식하고 있는 것이다.

이러한 인식의 변화는 2021년 고등학생 이하의 자녀가 있는 교회 출석 학부모 1,500명을 대상으로 한 '한국IFCJ 가정의힘'의 통계조사에서도 유사하게 나타났다. 이 조사에서 신앙교육에 있어 가장 큰 걸림돌은 "부모가 너무 바쁘다"와 "부모의 얕은 신앙"이 가장 큰 원인으로 분석되었다. 부모의 절반가량은 자녀의 신앙교육 방법을 알지 못했다. 다행스러운 것은 부모의 81.5%가 신앙교육 방법을 배울 필요성을 느끼고 있다는 것이다. 그리고 자녀들 역시 63.3%가 부모로부

자녀 신앙 교육 배울 필요성
(교회출석 부모 대상)

필요성 느끼지 않음
(전혀+별로)
18.5

81.5

필요성 느낌
(매우+약간)

부모로부터 신앙교육 "필요하다"
(부모중 1명 이상 개신교인인 교회출석 학생대상)

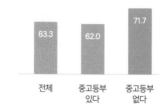

63.3 전체

62.0 중고등부 있다

71.7 중고등부 없다

터 배울 의향이 있다고 말했다. 또한 가족의 신앙을 위해 교회로부터 받고 싶은 자료는 자녀와 대화법, 부모의 역할에 관한 것으로 자녀와 함께 가정에서 신앙적인 대화를 나누고 싶어했다. 신앙교육에서 부모의 역할이 중요한 것이다. 앞으로 교회 교육에서 가정에 대한 중요성이 더 강조될 것으로 보인다.

2. 사이버공간의 활용과 교회학교

코로나19 이후 한국 교회 변화 추적조사 결과 보고서에서 코로나19 이후 다음세대 교회 교육이 어떤 방향이어야 되는지 묻는 질문에 대해 개신교인들은 58.8%가 "오프라인과 온라인 모임을 병행하는 방식으로 나아가야 한다"고 대답했다. AI와 메타버스가 교회학교에 아직 구체적으로 적용되지는 않았지만 그것을 사용하는 새로운 형태의 모습으로 나아가야 된다고 생각한 사람도 18.8%였다. "기

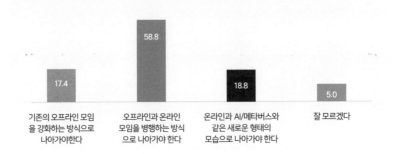

코로나 19 이후 다음세대 교육방식

58.8

17.4

18.8

5.0

기존의 오프라인 모임
을 강화하는 방식으로
나아가야한다

오프라인과 온라인
모임을 병행하는 방식
으로 나아가야 한다

온라인과 AI/메타버스와
같은 새로운 형태의
모습으로 나아가야 한다

잘 모르겠다

존의 오프라인 모임을 강화하는 방식으로 나아가야 한다"는 사람은 17.4%로 나타났다. 일반 교인들도 올라인 교육의 중요성을 인식하고 있다는 말이다.

하지만 이런 인식의 변화에도 불구하고 여전히 교회에 남은 과제가 있다. 온라인이나 AI, 메타버스를 사용하는 전문적인 장비와 인력의 부족이다. 교회는 장기적으로 한국 교회에 사이버 문화가 들어올 것이라고 예측한다. 하지만 많은 경우 그에 대한 대비나 준비는 빈약한 편이다. 서울서북노회 교회학교 조사 보고서의 예장 통합 목회자 84.1%는 "사이버 교육에 대한 노회의 지원이 현재 또는 장래에 필요할 것"이라고 대답했다. 하지만 아직 현장에서 사용할 수가 없다. 노회가 지원하기를 바라는 영역으로 "도구지원"(70.5%)이 압도적으로 높았고, 다음으로 "교육지원"(19.3%), "인력지원"(10.2%) 등의 순으로 나타났다. 개교회가 장비를 사는 것이 부담스럽기 때문일 것이다. 장기적으로 봤을 때 교회 교육도 올라인 교육으로 진행될 것이다. 문제는 시기일 뿐이다. 일찍 도입을 하느냐 늦게 도입을 하느냐이다.

코로나19는 한국 사회의 일반교육과 교회 교육에 더 빠른 변화를 일으키고 있다. 올라인 교육이 서서히 진행될 것이다. 그리고 한국 학령인구의 감소로 인해 다음세대는 지속적으로 줄어들 것이다. 외부적 내부적 요인으로 한국 교회 교회학교는 급속하게 축소될 것이다. 이런 교회학교의 위기 상황 가운데서도, 앞서 언급한 부모교육, 온오프라인 교육의 두 가지 축을 적극적으로 추진하는 교회가 있다면 그런 교회는 충격을 적게 받을 수 있을 것이다. 그래서 2023년 한국 교회 교회 교육의 키워드를 올라인으로 설정하고자 한다. 2023년 한국 교회에서는 교회 교육에 있어 가정과 교회가 연결되고 오프라인과 온라인을 연결시키려는 노력이 계속될 것이다.

08

Public
Church

퍼블릭 처치

지금 전 세계는 코로나 이후를 준비하고 있다. 2019년 12월 중국에서 처음 발생한 것으로 알려진 뒤 전 세계로 확산되고 있는 이 호흡기 감염질환은 전 세계에서 약 6억 명의 확진자와 6백만 명이 넘는 사망자를 발생시키고 있으며 여전히 종식되지 않고 있다. 우리나라에서는 초기 1차 대유행 때 신천지라는 이단이 주목을 받았고 정통 교회들은 그것을 잘못된 신앙관에 기초한 탓이라고 여겼지만, 그 후로 정통 교회들을 중심으로 확진자가 증가하면서 매우 곤혹스러운 상황을 맞았다.

18세기 리스본 대지진 이후에 종교가 몰락한 것은 오늘날 종교에 큰 교훈이 된다. 사회적 재난에 대해서 종교가 올바른 의미를 부여하고 위기 극복을 위해 종교가 역할을 하지 못한다면 사람들은 종교에 등을 돌리게 될 것이다.

그런데 코로나 시기 동안 교회의 모습은 낙관적인 전망을 어렵게 하고 있다. 코로나 사태에 대한 교회의 대응 방식에 사람들은 큰 실망을 느꼈고, 오히려 교회로부터 멀어지게 하는 결과를 낳고 있다. 코로나 시기 동안 교회도 매우 어려운 시간을 보냈고 교회의 존립마저도 흔들릴 만큼 위협을 느꼈지만 그럼에도 교회는 여전히 사회에 대한 공적인 책임의식을 가져야 한다. 그것이 이 땅에 교회가 존재하는 이유이기 때문이다.

코로나19를 거치면서 교회가 사회에 대한 공적인 책임 의식을 가져야 한다는 목소리가 높아졌다. 이 책에서는 한국 교회의 공공성을 되짚어본다. 한국 교회의 공적인 역할은 한국 사회 내에서 기독교의 선교, 나아가서는 존립과 밀접한 관계가 있다. 한국 교회의 공적인 이미지를 개선하지 못한다면 기독교의 쇠퇴는 더 가속화될 것이다. 그러므로 2023년 한국 교회가 관심을 가질 수밖에 없는 교회의 공공성에 대한 이야기를 해보려고 한다.

퍼블릭 처치 등장배경

"꼭 이런 시기에 예배를 드려야 하나요? 하나님은 어디든 계신다면서요. 동영상으로 예배드리면 되지요."

"성경에는 모이기를 힘쓰라고 했습니다. 상황 때문에 예배를 포기할 수는 없습니다. 정부가 예배를 금지하는 것은 종교적 자유를 침해하는 겁니다."

1. 예배의 공공성

전염병이 확산되면서 종교 집회가 제한되었고, 이에 따라 현장 예배를 '강행'할 것이냐, 온라인 예배나 가정 예배로 대체할 것이냐가 코로나 사태 동안 가장 첨예한 이슈가 되었다. 현장 예배를 고수하는 것은 기독교 전통과 관련된 것이지만, 이것은 또한 우리 사회의 공익성과 관련이 된다. 한국 교회 역사에서 예배는 중단된 적이 없었고, 일제 강점기나 한국 전쟁 중에도 예배는 지속되었다. 그만큼 기독교인들에게 예배는 생명과도 같이 소중한 것이며 여기에 이의를 제기할 기독교인은 없을 것이다. 전염병이 확산되는 상황에서 기독교인들끼리 예배를 잘 드리면 문제가 없다고 생각하지만 그러다가 확진자가 예배에 참석하여 주변 사람에게 감염을 시키면 의도와는 다르게 사람들에게 큰 피해를 입히게 되기 때문이다. 사실상 방역을 완벽하게 할 수는 없기 때문에 실제로 이런 일이 여러 교회에서 발생하였다.

코로나 사태에서는 초기 신천지에서 확진자가 대거 발생한 이후에 어느 정도 안정기에 접어드는 듯했으나 개척 교회 등 작은 교회들에서 연이어 확진자가 발생하며 사회 문제가 되기도 하였다. 특히 일부 교회에서는 매우 비상식적인 행태를 보여서 일반 시민들뿐만 아니라 같은 기독교인들에게서 비난을 사기도 하였다. 그리고 8·15 광화문 집회 이후에 교회에서 코로나 확진자가 다수 발생하면서 사회적으로 큰 문제가 되었다.

따라서 기독교인들의 신앙생활은 공적인 기준에 의해 점검할 필요가 있다. 전염병이 창궐한 상황에서 현장 예배를 고수하는 것은 신앙고백의 한 표현일 수 있지만, 그것이 비기독교인들에게 어떻게 비칠 것인지도 고려해야 한다. 교회 밖에서는 우리의 의도와는 다르게 보일 수 있다는 점을 유념해야 하는 것이다. 우리는 신앙인으로서 기본적인 의무를 다하고자 하는 것이지만, 교회 밖에서는 자신의 신앙을 위해서 이웃의 건강은 신경 쓰지 않는 이기적인 집단으로 오해받을 수 있다는 점이다. 따라서 우리는 기독교인 자신의 기준만이 아니라 공공의 차원에서 신앙생활을 들여다볼 필요가 있다. 그리고 공익적 차원에서 문제가 될 수 있다면 그것은 재고될 필요가 있다.

일반 국민들을 대상으로 한 조사에서 국가가 종교의 자유를 침해할 수 있는지에 대하여 코로나 초기에도 절반이 넘는 58.9%가 공익을 위해 제한할 수 있다는 의견을 보였는데, 코로나 사태 발생 후 1년이 지난 시점에서는 이 응답이 85.5%로 대부분을 차지하는 것으로 나타났다. 이것은 국민들이 볼 때, 종교 단체의 모습이 우리 사회 공동의 이익과는 다른 방향으로 가고 있다고 판단했기 때문이다. 따라서 법으로 보장되어 있고 우리의 마땅한 권리라고 하더라도 그것을 누리는 것이 오히려 부정적인 결과를 가져올 수 있다는 점을 생각해야 한다. 필요에 따라서는 우리의 권리마저도 내려놓을 수 있는 자세가 필요하다.

2. 여론의 중심에 선 교회

"신천지랑 똑같은 사람들이다. 신천지만 이단이냐? 종교생활도 제대로 해야 종교인이지 한심하다."

"앞으로 종교가 뭐냐고 물어보고 기독교라면 식사나 차를 마시지도 말고, 승용차도 함께 타면 안 되겠다. 그래야 내 가족 내 이웃, 나 자신의 안전을 지킬 수 있을 것 같다."

한국 교회탐구센터가 제공한 2020년 한국 교회 관련 빅데이터 분석을 보면, 상반기는 '신천지', 하반기는 'A 목사' 이슈가 주도했다. 2020년 신천지의 집단 감염을 시작으로 12개월 동안 지역 교회를 통한 코로나 확산이 계속해서 이슈가 되었다. 특히 A 목사의 교회는 방역 지침을 어기고 현장 예배를 강행하고 광복절, 개천절 집회를 진행하여 코로나 확산의 주범이라는 비난을 받았다. 그러나 일부 채널에서는 집단적으로 A 목사를 옹호하는 댓글이 확산되기도 하였다. 한국 교회탐구센터는 데이터량의 상승과 하락의 진폭은 있어도 전반적으로 코로나

퍼블릭 처치
(Public Church)

퍼블릭 처치는 교회의 공공성을 강조하는 의미로 코로나19 기간 중 교회의 대응에 대한 사회적 비난을 돌아보며 긍정적인 사회적 연대, 마을목회 등을 통해 낮아진 신뢰를 다시 세우는 것을 말한다.

코로나19를 거치면서 의도하지는 않았지만, 몇몇 교회로 인해 다른 사람들이 피해를 입게 되었다. 그로 인해 교회가 사회에 대한 공적인 책임 의식을 가져야 한다는 목소리가 높아졌다.

19로 인해 기독교, 교회, 목사에 대한 이미지가 상당한 영향을 받았 다고 분석했다.

8·15 광화문 집회 이후에 교회에서 코로나 확진자가 다수 발생하 면서 여러 지자체에서 교회의 비대면 예배를 권고하여 주일예배조차 예배당에서 드릴 수 없는 상황이 되었다. 이러한 상황에서 일부 교회 가 현장 예배를 고수하면서 사회 문제로 부각되었다. 현장 예배를 드 린 교회에서 확진자가 나오자 한편에서는 이러한 사태에 대해 책임을 느끼고 자성의 목소리를 내는가 하면, 또 다른 편에서는 예배를 드리 는 것은 생명과도 같은 일이라며 절대 포기할 수 없다고 주장하였다.

코로나 대유행 초기에 실시한 조사에서는 주일 현장 예배를 중단 한 교회의 교인들을 대상으로 주일 현장 예배를 중단한 것에 대해 평

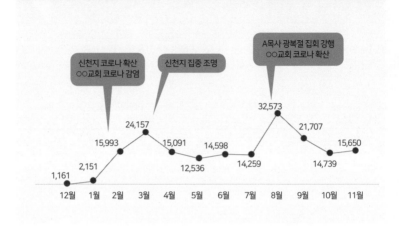

코로나19관련 본문 월별 추이(빅데이터 분석)

신천지 코로나 확산
○○교회 코로나 감염

신천지 집중 조명

A목사 광복절 집회 강행
○○교회 코로나 확산

32,573

24,157

21,707

15,993   15,091   14,598   15,650

2,151   12,536   14,259   14,739

1,161

12월 1월 2월 3월 4월 5월 6월 7월 8월 9월 10월 11월

* 2020.12-2021.11, 총 댓글 수+총 본문 수, 건

가하게 한 결과, "잘한 일이다" 87.8%, "잘못한 일이다" 4.0%로 대부분의 교인들이 찬성하고 있어, 현장 예배 중단에 대해서 절대적인 지지를 받고 있는 것으로 나타났다. 그리고 교회 출석자 전체를 대상으로 일부 교회의 현장 예배 지속에 대해 의견을 물어보았는데, "사회적 공익을 위해서 중단해야 한다" 69.4%, "하나님께 드리는 예배를 지키기 위한 불가피한 행동이다" 18.5%로 10명 중 7명이 공익을 위해 현장 예배 중단에 찬성하는 것으로 조사됐다. 이와 같은 교회에 대한 사회적 인식 변화로 인해 기독교 신앙의 공공성과 교회의 공적 책임이 코로나 상황 속에서 중요한 이슈로 떠오르게 된 것이다.

		사례수 (명)	전혀 대응 못함	별로 잘 대응못함	어느정도 잘 대응함	매우 잘 대응함	부정평가	긍정평가	잘 모르겠다	계
전체		(1000)	42.7	27.1	18.2	3.5	69.9	21.8	8.4	100.0
성별	남자	(508)	45.7	25.4	16.1	3.9	71.1	20.0	8.8	100.0
	여자	(492)	39.6	28.9	20.4	3.1	68.5	23.5	7.9	100.0
연령	19~29세	(187)	40.8	22.6	18.9	4.9	63.4	23.8	12.8	100.0
	30~39세	(174)	48.4	22.8	14.7	1.8	71.2	16.5	12.3	100.0
	40~49세	(218)	49.8	28.7	12.4	1.6	78.5	14.0	7.5	100.0
	50~59세	(230)	42.0	29.2	21.9	3.1	71.3	25.0	3.7	100.0
	60세 이상	(190)	32.1	31.3	22.9	6.6	63.4	29.5	7.1	100.0
종교	개신교	(206)	16.7	28.7	36.8	11.7	45.3	48.4	6.2	100.0
	비개신교	(793)	49.5	26.7	13.4	1.4	76.2	14.9	9.0	100.0

코로나19 기간 중 한국 교회의 대응 평가

* 2022.04, 일반국민 대상

3. 한국 교회의 코로나19 대응력에 대한 부정적 평가

코로나19 기간 중 한국 교회는 일반 사회로부터 많은 공격을 받았다. 코로나19에 대해 대응을 잘못했다는 이유이다. 2022년 4월의 국민일보 조사에서 일반 국민들의 79.3%가 "개신교는 국민의 안전은 관심이 없고 오로지 자기들 종교활동만 관심이 있다"고 응답했다. 이를 종교인별로 살펴보면 개신교인은 그래도 51.7%만 "그렇다"고 응답했는데, 비개신교인들은 무려 85.0%가 "그렇다"고 응답했다. 또 같은 시기에 기아대책과 목회데이터연구소가 일반 국민들을 대상으로 코로나19 기간 동안 한국 교회의 대응에 대해 물어본 결과, 긍정 21.8%, 부정 69.9%로 역시 부정평가가 압도적으로 높았다. 비개신교인 4명 중 3명 정도(76.2%)가 한국 교회가 코로나19에 대응을 잘못했다고 인식하고 있었다.

그럼 개신교인들은 교회의 코로나19 대응에 대해 어떻게 생각할까? 코로나19 발생 직후 2020년 4월에 실시한 개신교인을 대상으로 한 조사(전국 1000명)에서 코로나 사태에 대한 한국 교회의 대응에 대해서 전체적으로 동의율이 59% 수준으로 개신교인들조차 긍정적인 평가를 하지 않았다. 그리고 20대와 30대 등 젊은 층은 더 나이가 많은 연령층에 비해 전반적으로 부정적으로 평가하였다. 또한 교회에 출석하지 않는 가나안 성도들은 교회 출석하는 성도들에 비해 전반적으로 부정적으로 평가하였다. 모든 항목에서 가나안 성도들은 교회 출석 신자들의 절반을 약간 웃도는 정도로 낮게 평가했고, 전체적인 대응에 대해서도 37.6%로 매우 부정적인 평가를 하고 있다.

비상식적인 신앙 모습은 같은 기독교인들마저도 교회에 대하여 큰 실망을 갖게 함으로써 탈교회 현상을 부추길 우려가 있다. 가나안 성도들이 교회의 대처 방식에 대해 더 부정적인 평가를 하고 있다는 점을 감안하면 현재 교회 출석자들 중에서 교회에 대해서 부정적인 인식을 하고 있는 사람들이 교회를 떠날 가능성이 더 클 것이다. 이렇게 교회 안에서조차 신뢰를 얻지 못한다면 교회 밖에서 신뢰를 얻기는 더욱 어려울 것이다.

앞에서 언급한 바와 같이, 특히 기독 청년들의 평가가 매우 좋지 않았다. 기독 청년 조사(2021년 1월, 전국 700명)에서 교회에 대한 평가 9개 항목에 대부분 50-60% 정도만 동의했는데, "코로나19 확산에 있어 기독교의 책임이 크다"에 대체로 동의(70.6%)하는 것으로 조사되었다. 기독 청년들은 교회의 코로나19 상황 대처에 대해서 매우 부정적으로 평가한 것이다. 또한 코로나19에 대한 한국 교회의 대응에 대한 평가를 별도로 질문했는데, "적절하게 대응을 잘했다고 생각한다"는 의견은 20.0%에 불과하였고, "감염확산을 막기에 미흡했다고 생각한다"는 의견이 66.1%로 매우 부정적인 평가를 하였다. 교회의 미래를 책임질 젊은 세대에서 교회에 대한 평가가 이렇게 좋지 않은 것은 교회의 미래에 대한 전망을 더욱 어둡게 하는 것이다.

한국 교회에 대한 대국민 이미지

1. 한국 교회의 낮은 신뢰도

"기독교인에게 목걸이를 걸게 하자. 피해갈 수 있게!"

"목사의 꾸준한 범죄, 이 정도면 성경에 나와 있는 거 아닌지 합리적 의심이 든다!"

앞에서 살펴보았듯이 코로나 사태 발생 이후 1년 동안 한국 교회는 전염병 확산에 대해 제대로 대응하지 못한 것으로 평가되고 있다. 이것을 단적으로 보여주는 지표가 한국 교회의 신뢰도 조사 결과이다. 이 조사는 〈기독교윤리실천운동〉이 10년 넘게 조사하는 동안 거의 변화 없이 매우 낮게 평가되었다. 그리고 신뢰도는 코로나 사태 동안 더 하락하였다. 2020년 조사에서는 한국 교회를 신뢰한다는 응

한국 교회 신뢰도 변화

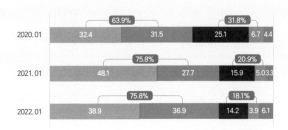

■ 전혀 신뢰하지 않는다　■ 별로 신뢰하지 않는다　■ 약간 신뢰한다　■ 매우 신뢰한다　■ 모르겠다

2020.01	32.4 / 31.5 (63.9%)	25.1 / 6.7 / 4.4 (31.8%)
2021.01	48.1 / 27.7 (75.8%)	15.9 / 5.0 / 3.3 (20.9%)
2022.01	38.9 / 36.9 (75.8%)	14.2 / 3.9 / 6.1 (18.1%)

총 댓글 수+총 본문 수

답이 32%였는데(코로나19 발생 시점인 1월에 조사함), 〈목회데이터연구소〉가 제공한 자료에 따르면 2021년에 이 비율이 21%로 더 감소하였고, 신뢰하지 않는다는 응답은 64%에서 76%로 크게 증가하였다. 그리고 2022년 국민일보 조사에서는 이 비율이 18.1%로 더 하락하였다. 그리고 코로나 전후 한국 교회에 대한 이미지가 더 나빠졌다는 응답이 52.6%로 절반을 넘었다. 이것은 미국 교회에 대한 미국인들의 평가와 상반되는 결과이다.

　일부에서는 신앙생활의 목적이 신뢰를 얻기 위한 것이 아니라고 말하지만, 공신력이 떨어지면 교회의 선교와 대사회 활동도 위축될 수밖에 없다. 기독교의 진리를 전하려고 해도 사람들은 자신이 신뢰하지 않는 종교 집단의 말에 귀를 기울이지 않을 것이고, 교회가 봉사와 구제 활동을 열심히 해도 그 진정성이 의심받을 수밖에 없다. 그렇다면 교회는 본연의 사명을 감당하지 못하고 자기들끼리의 폐쇄적인 집단으로 전락하게 될 것이다. 따라서 사회를 위해서나 교회 자체를 위해서도 공신력을 회복하는 것은 코로나 이후 교회의 역할을 감당하는 데 매우 중요한 과제이다.

2. 의도하지 않은 결과

"교회 밖 사람들에게 기독교는 오로지 자기들 종교활동만 관심이 있는 것처럼 보여요."

"대선 때 목사들이 특정 후보를 공개적으로 지지하는 거 보고 실망이 컸어요."

국민일보 조사에서 보면, 개신교인들은 비종교인들뿐만 아니라 다른 종교인들에 비해서도 종교에 대한 관심이 가장 높았고(88.3%), 종교의 필요성에 대해서도 가장 높았다(94.3%). 이전에 갤럽에서 한 조사에서는 개신교인들이 의례(예배) 참여나 경전 읽기, 기도 횟수 등 신앙생활에서도 다른 종교인들을 훨씬 앞서고 있어서 종교성이 매우 강한 것으로 나타나기도 했다. 그런데 신앙생활을 열심히 하면 할수록 배타성이 더 강해지고 사회에서 인정도 받지 못하는 결과를 낳고 있다.

이것은 매우 심각한 문제이다. 일부 목회자와 개신교인들의 비윤리적 행위가 간혹 문제가 되기도 하는데 이는 반드시 개선해야 할 문제이다. 대부분의 성도들이 나름대로 충실하게 신앙생활을 하고 있는

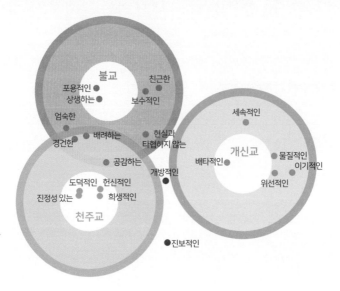

* 국민일보/사귐과 섬김, 일반 국민 1000명, 2022.04

데 하면 할수록 더 사회로부터 멀어지고 있는 결과를 낳고 있기 때문이다. 그래서 전국에 7만 개가 넘는 교회가 있는 개신교는 오히려 배타적이고 이기적인 이미지가 강하고 그보다 훨씬 적고 대부분 산속에 사찰이 있는 불교가 포용적이고 친근한 이미지를 갖는 모순된 결과를 낳고 있다.

이것은 사회학에서 말하는 일종의 '의도하지 않은 결과'이다. 사회 현상은 의도한 것과 의도하지 않은 것이 복합적으로 작용한 결과인데 때로는 의도하지 않은 결과가 중요한 사회 현상이나 사회 문제가 되기도 한다. 사회의식이 낮아지고 공신력이 약화되는 것은 전혀 기독교인들이 의도하지 않은 것이고 단지 열심히 신앙생활을 했을 뿐이다. 하지만 전도하는 것이 배타적으로 보이고, 예배를 잘 드리려고 하는 것이 이기적으로 보이는 것은 우리의 신앙생활에 근본적인 문제가 있다는 것을 보여준다.

국민일보 조사에서 사람들이 종교를 필요로 하는 이유는 '도덕성'(26.1%)과 '공동선'(20.2%) 때문으로 나타났는데 개신교는 이 부분에서 매우 미흡하다고 여겨지고 있다. 앞서 살펴본 것처럼, 코로나19 확산이 문제가 되었을 때 일부 교회에서 대면 예배를 고수하는 가운데 전염자가 다수 발생하였다. 예배는 신앙생활에서 가장 중요하고 어떤 경우에도 중단될 수 없는 것이다. 그리고 대부분의 신자들은 공동체성을 위해서나 온전한 예배를 위해서라도 가능하다면 대면 예배를 드리는 것이 좋다고 생각한다. 그러나 전염병이 확산되는 상황에서 대면 예배를 고수하는 것이 다른 사람들의 건강과 안전을 해칠 수 있기 때문에 사람들은 이러한 개신교 신자들의 행동이 공동선에 위배되고 교회 밖에서 보면 매우 이기적인 행위라고 여겨지는 것이다.

이 역시 의도하지 않은 결과이다. 따라서 우리는 순수한 의도와 상관없이 이것이 가져올 결과와 그 여파에 대해서도 생각해야 한다. 순수한 의도가 좋은 결과를 보장하지 않기 때문이다. 이것이 잘못된 신앙관에 기초하고 있다면 더욱 그렇다. 따라서 코로나 이후를 준비하면서 한국 교회의 신앙관 및 교회관을 바로 세워야 할 뿐만 아니라 교회의 공공성에 대해서도 인식을 높여야 한다. 그리고 사회적인 행동이나 발언을 할 때 이것이 미칠 파장에 대해서도 충분히 고려하는 것이 사회와 더 폭넓게 소통하는 길이 될 것이다.

교회의 공적 책임

"교회에서 사회 봉사할 때 과시하지 않고 노골적으로 전도하지 않았으면 좋겠어요."

"인구문제, 환경문제 같은 우리나라의 어려운 문제들을 교회가 앞장서서 노력해주세요."

기독교 신앙은 개인의 사적인 영역에 머무르지 않고 공적인 영역에서 표출되어야 한다. 지금은 교회의 존립 자체가 위협받는 어려운 상황이지만 여전히 이웃 사랑을 실천해야 하고 우리 사회에 대한 막중한 책임 의식을 가져야 한다. 성경에 바탕한 공동체는 자신들만을 위한 것이 아니라 스스로 공동체를 이룸으로써 공동체 밖의 사람들에게도 나누고 베풀 수 있는 여력을 가지게 된다. 따라서 공동체는 타인을 위한 삶을 지향해야 하며 지역사회와 함께하는 삶이다.[1]

기독교 공동체는 단지 공동체 구성원들의 필요를 충족시키기 위해 세워진 것이 아니라 철저하게 하나님의 뜻을 이루기 위해 세워진 공동체이다. 여기서 하나님의 뜻이란 기독교인들이 공동체를 이루어 유기체로 하나 된 지체임을 인식하고 이웃과 사회를 위하여 사랑의 나눔을 실현하는 것이다.[2] 이러한 공동체들이 모여 시민사회를 이루게 되는데 시민사회의 원리가 약자를 보호하는 공동체 원리가 되게 하는 것이 교회 공동체가 해야 할 역할이다.

이렇게 교회는 공공성을 바탕으로 세워진 종교 기관이고 사회에 대한 공적인 책임을 지고 있다. 예배당에 모이기를 힘쓰는 것만큼이나 세상에 보냄을 받은 자로서 신앙을 실천하고 하나님을 사랑하듯 이 웃을 사랑하는 것이 성경의 기본 가르침이다. 코로나19는 교회에 큰 위협이 되고 있지만, 이제는 이것을 변화의 기회로 삼아야 한다. 신앙 의 본질이라기보다는 전통적인 신앙생활이나 관행에 따라 신앙생활 하던 것으로부터 신앙의 본질을 이해하고 본질에 충실한 신앙생활을 할 수 있도록 전환할 필요가 있다. 예배당에 많은 사람들을 모아놓 고 교세를 자랑한다면 그것은 교회의 참모습과는 거리가 멀다. 이러 한 교회는 세상에는 아무런 영향을 미치지 못하면서 자기들끼리만 만 족해하는 폐쇄적인 동질집단 이상의 의미를 갖지 못할 것이다.

이것은 교회 역사에서도 나타난다. 코로나 사태 동안 많이 언급되 었던 책 중에 하나가 《기독교의 발흥》(좋은씨앗)이다. 사회학자 로드 니 스타크(Rodney Stark)는 이 책에서 신흥종교였던 초기 기독교가 어 떻게 신자들을 끌어들이면서 주요 종교로 성장하게 되었는지를 잘 보 여주고 있다. 전염병이 돌던 당시에 이교도들은 전염병에 대한 지식 이 없었고 자신의 신앙에 따라 의미를 부여하지 못했기 때문에 전염병 으로부터 도피했고 환자들도 배제할 수밖에 없었다. 그러나 기독교 인들은 하나님의 섭리 안에서 전염병을 이해했고, 이웃 사랑의 규범을 가지고 있었기 때문에 전염병 환자들을 적극적으로 돌보았다. 당시 에는 의학 기술이 발달하지 않았지만 최소한의 돌봄만으로도 전염병 의 확산을 막는 데 도움이 되었고 이것이 사람들에게 긍정적인 영향을 끼치면서 위대한 종교로 성장하는 데 주요 요인이 된 것이다.[3]

그러나 중세 기독교는 달랐다. 거대 왕국을 이룬 중세 기독교는 전염병에도 사람들을 교회당에 모았다가 오히려 전염병이 급속하게 확산되는 결과를 낳았다.[4] 사람들은 전염병의 위협 속에서 하나님의 도우심을 구하기 위해 교회로 모인 것이지만, 의도와는 다른 결과를 낳은 것이다. 초기 기독교인들이 자신을 돌보기보다 자기보다 더 어려운 상황에 처한 사람들을 돌보고 헌신한 것과는 매우 다른 모습이다. 그 결과 수많은 사람들이 전염병으로 사망에 이르게 되었다. 이번 코로나 사태에서도 이와 유사한 현상이 나타났다.[5]

오늘날 한국 교회의 모습은 전염병 때문에 고통받고 생계를 유지하기조차 어려운 이웃들을 보고 마음 아파하고 그들을 돕는 데 미흡했다. 개인의 신앙생활을 충실히 하는 것은 신앙의 기본이고 매우 중요한 것이지만, 신앙은 결국 이웃 사랑으로 나타나야 한다.

2022년 4월에 실시한 개신교인 대상 코로나 추적조사에서 교인들은 코로나 이후 교회가 중점적으로 강화해야 할 것으로 1위가 '주일현장 예배'였지만, 큰 차이 없이 '교회의 공공성, 지역사회 섬김'이 2위로 나타났다. 교인들이 교회의 공공성에 대한 중요성을 높이 인식하고 있다는 것이다. 목회자들 역시 코로나 사태를 겪으며 한국 교회가 가장 관심을 가져야 할 주제로 '예배의 본질에 대한 정립' 다음으로 '교회 중심의 신앙에서 생활신앙 강화'와 '교회의 공적인 사회적 역할'을 꼽았다.

그런데 목회자(62.6%)와 신자(75.7%) 중 다수가 교회가 지역사회 발전에 기여하고 있다고 생각하지만, 사회에서는 인정받고 있지 못하고 있다. 목회데이터연구소가 2022년 4월에 일반국민 1,000명을 대상으로 동일한 질문을 했는데, 그 결과 일반 국민의 22.4%만이 교회

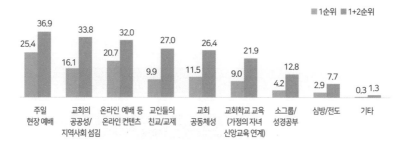

* 2022.04.15.~25, 개신교인 대상, N=1500

가 지역사회 발전에 기여한다고 응답했다. 두 그룹 간의 인식 차이가 매우 컸다.

앞의 국민일보 조사 결과에서도, 일반 국민들은 종교의 가장 중요한 역할로 '이웃 사랑을 실천하는 것'(82.1%)이라고 생각했지만, 교회의 신뢰도를 높이기 위한 활동으로는 이웃 사랑 실천이 6위로 하위로 나타났다. 그것은 교회의 이웃 사랑을 위한 활동이 인정을 받지 못하고 있기 때문이다. 사회봉사를 활발하게 하는 종교로는 개신교가 천주교와 큰 차이 없는 2위였지만, 사회봉사를 진정성 있게 종교나 전문성 있게 하는 종교에서는 천주교의 절반 정도밖에 응답을 받지 못했다. 그래서 사람들은 교회가 사회봉사 활동을 하면 전도 목적으로 한다(75.0%)거나 형식적으로 한다(57.4%)는 생각이 들 것 같다고 응답한 것이다.

개신교인들은 절반 이상(56.7%)이 전도 목적이 아닌 봉사 활동이

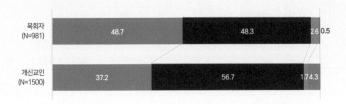

교회의 전도 목적 없는 봉사활동에 대한 의견

- ■ 교회의 봉사활동은 어느 정도 전도 목적이 있는 것이 좋다
- ■ 전도 목적이 아닌 봉사활동이 필요하다
- ■ 전도 목적이 아니라면 봉사활동이 필요하지 않다
- ■ 잘 모르겠다

목회자 (N=981): 48.7 / 48.3 / 2.6 / 0.5

개신교인 (N=1500): 37.2 / 56.7 / 1.7 / 4.3

필요하다고 생각한다. 그런데 목회자들은 교회의 봉사 활동은 어느 정도 전도 목적이 있는 것이 좋다는 생각과 전도 목적이 아닌 봉사 활동이 필요하다고 생각이 비슷하게 갈렸다. 교회의 사회봉사 활동은 천주교와 비교할 수 없을 정도로 많지만, 전도 목적으로 하는 경우가 적지 않다. 교회 입장에서는 하나님 사랑과 이웃 사랑은 떼려야 뗄 수 없는 관계이고 이웃을 사랑하기 때문에 교회에 인도하려고 하는 것이지만, 교회 밖 사람들은 이러한 봉사나 섬김 활동도 결국 교세를 확장하기 위해 하는 것으로 생각하는 것이다. 따라서 전도는 그리스도인의 사명이지만 봉사 활동을 할 때는 전도 목적을 드러내지 않는 것이 좋다. 그리스도인의 선한 행동에 감동을 받아 교회에 나오게 되면 감사한 일이지만, 입으로 전도하기보다 삶의 모습으로 전도하는 것이 바람직한 자세이다. 이러한 점에서 전염병이 창궐하는 상황에서 직접 전도하는 것이 아니라도 이타심에 기초한 교회의 역할은 매우 중요하다.

트렌드 전망 및 시사점

1. 교회와 마을공동체 활동

현대 사회에서 사람들이 누구를 신뢰할 수 있는지 확신하지 못하는 위험한 환경 속에서도 자신은 절대로 혼자가 아니며 협력과 연대를 통해서 극복할 수 있을 것이라는 확신을 심어주는 것은 매우 중요하다. 이를 통해서 불안감을 해소하고 공동의 노력을 기울임으로써 문제 해결에 다가갈 수 있다. 이렇게 신뢰 회복을 위해 중요한 역할을 감당할 수 있는 것이 바로 교회 공동체이다. 로버트 퍼트넘(Robert Putnam) 역시 사회 자본이 잘 형성될 수 있는 곳으로 교회를 주목하였다.[6] 교회는 빈번한 모임과 교제를 통해 친숙성을 높임으로써 서로에 대한 신뢰감을 쌓을 수 있는 여건을 갖추고 있다. 그런 공동체의 일원인 기독교인들은 서로에 대해 깊은 신뢰를 할 수 있고, 공동체 활동은 이런 식으로 기독교인들이 시민으로서 연대하며 참여할 수 있도록 북돋을 수 있다. 특히 자기희생의 규범을 가지고 있는 기독교인들은 사회가 혼란하고 어려울수록 사회 곳곳에서 공적인 책임과 역할을 감당할 수 있다.

이러한 점에서 중요한 것이 마을공동체 활동이다. 사람은 혼자서 살 수 없고 공동체를 필요로 한다. 그러나 전통적인 촌락 공동체는 거의 사라졌고, 젊은 세대는 그런 공동체를 원하지도 않는다. 그래서 최근 우리 사회에서 시민공동체에 대한 관심이 높아지고 있다. 시민공동체는 가족이나 혈연, 민족 등 타고난 지위에 기초한 전통 공동체와 달리, 시민의 덕성에 초점을 둔 현대 사회의 새로운 공동체를 뜻한다. 이 시민공동체를 다시 지역 차원의 실천 영역에서 구체화할 필요가 있다. 시민사회가 민주주의를 실질적으로 이루기 위한 작동원리이고, 그것이 구현되는 것이 시민공동체라면 이것을 지역사회라는 구체적인 영역에서 실현하고자 하는 것이다.[7]

요즘에 말하는 공동체는 지역이나 공간에 한정된 것으로 생각하지 않지만, 마을공동체는 일정한 지역을 공유하는 공동체이다. 현대 사회에서 추구해야 할 마을공동체는 의도적으로 새로운 맥락에서 공동의 목적과 이념, 가치를 추구하는 공동체이다. 이러한 일들은 마을 단위로 쉽게 시도될 수 있다. 그래서 요즘에는 '마을 만들기'라는 말을 사용하는데, 마을 만들기 운동은 일종의 '주민자치운동'이다. 여기서 '마을'이란 시민 전체가 공유하는 것임을 자각할 수 있고 공동으로 이용하며 활용할 수 있는 장을 통틀어 말한다. 그리고 '마을 만들기'란 그 공동의 장을 시민이 공동으로 만들어내는 작업을 말한다.

이러한 '마을 만들기' 운동에 교회가 참여하는 것은 매우 의미가 크다. 시민의식은 기독교 정신과도 통하는 것이며, 특히 눈에 보이지 않는 사람들의 의식을 형성하는 데 기독교의 가치를 지향할 수 있도록 협력할 수 있기 때문이다. 현대 사회는 산업화의 결과로 전통의 공동체들이 와해되고 정신적 규준이 무너진데다가 코로나 사태로 인해 근본으로부터 변화를 요구하고 있다. 따라서 삶의 기반을 공유하는 지역사회에서 공동 의식에 의한 공동체를 세우는 것은 매우 중요한 일이다. 최근에는 마을 학교, 마을 돌봄 등을 통해 마을 단위로 새로운 생태계를 만들고자 하는 활동들이 많아지고 있다. 그리고 마을공동체를 통해서 안전한 마을을 만들기 위한 활동도 이루어지고 있다. 지역 주민이 마을의 안전 문제를 스스로 해결하기 위해 자발적인 참여와 협력을 통해 지속적으로 노력하는 것을 '안전마을'이라고 하고 여러 가지 재난 상황에 대비한다.[8]

특히 지금의 코로나 사태가 생태계 파괴와 기후 위기로 인해 일어났다는 점에서 마을공동체 활동은 매우 중요하다. 전문가들은 지금의 생태계 문제와 기후 위기가 해결되지 않으면 코로나 사태와 같은 사회적 재난은 언제든지 다시 발생할 수 있다고 경고하고 있다. 그래서 많이 사용하는 말이 지속 가능한 개발이다. 지금과 같은 방식으로는 무한정 개발이 이루어질 수 없고 생태계 파괴로 인해 지구가 멸망할 수도 있기 때문에 지속 가능한 방식으로 개발이 이루어져야 한다. 무분별한 개발과 생태계 파괴가 아니라 친환경적인 방식과 환경오염을 최소화하는 자원 순환형 사회를 만들어야 한다. 이를 위해 생태 공원, 생태 도시, 생태 마을 등 자연 친화적인 마을 만들기에 노력해야 한다.

2. 교회 공신력을 높이는 마을목회

"마을목회는 교회가 속한 지역에 하나님나라를 구현하는 작업이다!"
"마을목회는 한국 교회의 위기에 유일한 돌파구이다!"

앞에서 살펴본 것처럼, 마을공동체는 지역을 기반으로 형성됨으로써 가까운 지역에 사는 사람들에게 불확실성을 줄이고 안전한 생활 환경을 제공해줄 수 있다. 그리고 지역교회인 개교회들이 지역사회에 대하여 책임을 다해야 한다. 마을공동체 활동을 통해서 교회와 지역 사회 구성원들이 서로 돕고 위험요소를 줄이는 것이 코로나19 상황에서 매우 중요한 과제가 되고 있다. 신앙의 전통과 그 정수를 지키면서도 이 시대와 사회의 요청에 응답하는 것이 무엇인지 한국 교회 안에 있는 신앙공동체들은 깊이 고민해야 한다. 많은 사람들이 불안과 염려에 낙심하고 있는 이 시기에 신뢰와 연대를 통해서 난국을 이겨낼 수 있도록 모든 신앙공동체가 힘을 모아야 할 것이다.

이러한 상황에서 최근 교계에서 '마을목회'에 대한 관심이 높아지고 있는 것은 환영할 일이다. 전통적으로 목회는 교회 안에 있는 성도들을 대상으로 하는 목회자의 활동으로 여겨져 왔지만, 그것을 지역사회로 확장한 것이다. 이것은 현대 사회에서 공동체가 해체되고 있고 주민들의 지역 애착심이 매우 약하며 이동이 빈번하기 때문에 지역사회를 활성화하는 것이 교회의 존립과 무관하지 않다는 현실 인식과 관련된다. 교회의 구성원인 성도들이 곧 지역 주민이기 때문이다. 그래서 마을목회는 교인들의 돌봄을 넘어 지역 주민들의 전인적 삶에 관심을 갖고 지역사회 발전에 참여하면서 지역과 함께 성장하는 교회를 목표로 한다.[9]

실천신학대학원대학교 21세기교회연구소에서 목회자를 대상으로 실시한 '마을목회 인식조사'에서는 한국 교회 절반 이상이 적어도 하나 이상의 마을목회 활동을 하는 것으로 나타났다. 마을목회와 관련된 다양한 활동을 제시하고 질문했는데 52.7%가 하나 이상 하고 있다고 응답한 것이다. 그런데 다양한 마을목회 관련 활동을 제시하였는데 이에 해당하는 것이 하나도 없는 교회가 절반 가까이 된다는 것

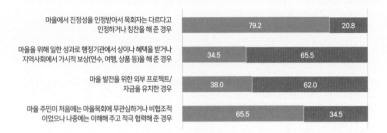

■ 경험 있다 ■ 경험 없다

마을에서 진정성을 인정받아서 목회자는 다르다고
인정하거나 칭찬을 해 준 경우 : 79.2 / 20.8

마을을 위해 일한 성과로 행정기관에서 상이나 혜택을 받거나
지역사회에서 가시적 보상(연수, 여행, 상품 등)을 해 준 경우 : 34.5 / 65.5

마을 발전을 위한 외부 프로젝트/
자금을 유치한 경우 : 38.0 / 62.0

마을 주민이 처음에는 마을목회에 무관심하거나 비협조적
이었으나 나중에는 이해해 주고 적극 협력해 준 경우 : 65.5 / 34.5

은 그만큼 지역사회와 거의 교류가 없는 교회가 많다는 뜻이 되기도
한다. 지금처럼 교회의 신뢰도가 하락하고 있는 현실에서 마을목회
는 중요한 대안이 될 수 있다.

마을목회는 이웃 사랑을 실천할 수 있는 좋은 수단이기 때문이다.
실제로 마을목회에 참여하고 있는 목회자 중 79.2%는 "마을에서 진
정성을 인정받아 목회자는 다르다고 인정하거나 칭찬을 해준 경험이
있다"고 답했다. 최근 교회와 목회자에 대한 부정적인 사회 인식과는
상반되는 모습이다. 응답자의 65.5%는 "처음에는 마을주민이 마을
목회에 무관심하거나 비협조적이었으나 나중에는 이해해주고 적극적
으로 협력했다"고 답한 것도 마을목회가 교회의 이미지 개선에 결정
적 역할을 하고 있음을 알 수 있다.

앞으로 마을목회는 선택이 아닌 필수가 될 것이다. 마을목회에 참
여하고 있는 목회자들의 79.2%는 마을목회 사역을 확대할 의향이 있

다고 답했고, 축소할 생각이라는 목회자는 1.3%에 그쳤다. 마을목회의 중요성은 아직 마을목회를 시도해보지 않은 목회자들도 충분히 인식하고 있었다. 마을목회에 참여하지 않고 있는 목회자들도 절대다수인 98.5%가 필요성을 느낀다고 생각했고, 여건이 갖춰지면 마을목회를 할 의향이 있다는 목회자도 96.4%나 됐다.

일반 신자들도 교회가 지역사회에 참여하는 것에 대해서 긍정적으로 생각하고 있다. '지역사회를 위한 강좌나 프로그램 운영', '지역사회를 위한 주차장이나 교회 공간 대여', '지역사회를 위한 작은도서관, 카페, 재활용 가게 등 운영', '기독교인의 동대표, 통반장, 이장, 주민자치위원 활동' 이렇게 네 가지에 대한 찬반을 조사했는데, 개신교인이 개인적으로 동대표 등의 주민 위원으로 활동하는 것(찬성 57.2%)을 제외하고 교회가 지역사회를 위해 공간을 대여하거나 프로그램을 운영하는 것에 대한 찬성률은 모두 80% 후반대로 매우 높게 나타났다. 그러나 기독교인이 동대표나 통반장, 주민자치위원으로 활동하는 것에 대해서는 찬성 의견이 높지 않았다. 개별적 활동에 대한 부담감이나 필요성 인식 부족으로 해석된다. 목회자들은 이에 대해서 다른 항목들과 큰 차이 없이 90%에 가까운 찬성률을 보였다. 교회 차원의 지역사회 연계 활동뿐만 아니라 지역사회에서 시민으로서 참여하는 것도 매우 중요하므로 이에 대한 교육과 관심이 필요하다.

이러한 마을공동체 활동을 효과 있게 하려면 교회 소그룹을 'TF팀'으로 활용하는 것이 좋은 방법이 될 것이다. 교회 전체가 지역사회 활동을 하기는 어려우나 각종 소그룹들이 지역사회 활동에 참여하게 되면 더욱 자발성이 있고, 적극적인 참여가 가능하게 되어 많은 효과

교회의 지역사회 관련 활동에 대한 의견

■찬성 ■반대 ■모르겠다

		찬성	반대	모르겠다
지역사회를 위해 강좌나 프로그램 운영	목회자	92.8	4.0	3.2
	개신교인	86.6	5.4	7.9
지역사회를 위해 주차장이나 교회 공간을 빌려주는 것	목회자	97.6	1.3	1.2
	개신교인	88.2	5.3	6.5
지역사회를 위해 작은도서관이나 카페, 재활용 가게 등을 운영	목회자	93.8	3.7	2.5
	개신교인	89.7	4.9	5.4
기독교인이 동대표나 동반장, 이장, 주민자치위원으로 활동하는 것	목회자	87.3	7.8	4.9
	개신교인	57.2	20.3	22.5

* 2022.04.15.~30, 목회자 vs 개신교인

를 나타낼 수 있다. 이 소그룹 TF팀을 중심으로 지역사회를 조사하고 직접 실천 주제를 작성하도록 하는 것이 좋다. 그리고 교회 재정의 일정 부분(대략 10% 정도)을 지역사회 활동비로 정하고 소그룹을 지원 대상자와 연결하여 이들의 필요를 도울 수 있는 책임 봉사제를 실시하는 것도 중요한 원칙이 될 것이다.

그리고 코로나 상황 이후에 공적 책임을 다하기 위해서는 우리 사회의 공동선을 위한 공론의 장에 교회도 시민사회의 일원으로 참여해야 한다. 여기서 문제는 우리 사회에서 기독교인들이 비기독교인들과 공공의 의제에 대해 토론한 경험이 거의 없다는 점이다. 전래 초기의 기독교는 다양한 사회적 실천을 하였으나 오늘날의 제도화된 기독교는 대부분 교회 울타리 안에서 교인들끼리만 의미 있는 관계를 맺고 있을 뿐이다. 이런 방식으로는 사회적 연대가 가능하지 않다. 따라서 단순히 선언적 차원의 연대가 아니라 구체적인 협력의 기술을 개발해야 하며 목회자를 비롯한 많은 신앙인들이 교회 울타리를 넘어서 사회 참여 활동을 할 수 있는 공적 연대와 다양한 네트워크를 형성하기 위해 노력해야 할 것이다.

2023년 한국 교회는 교회의 공공성에 대해 끊임없이 고민하고 돌파구를 찾으려고 노력할 것이다. 교회의 신뢰도가 바닥인 상태에서 마을목회가 거의 유일한 돌파구가 될 수 있다. 2023년 한국 교회의 이미지가 개선되는 새로운 시작점이 되기를 기대한다.

09

Polarization of Church, Survival Ministry

격차 교회 서바이벌 목회

코로나19가 가져온 변화 중 하나가 사회적 양극화의 확대이다. 코로나19 이전보다 소득 격차가 심해졌다. 부유한 사람들은 더 많은 돈을 벌거나 부를 유지할 수 있었지만 가난한 사람들은 빈곤층이 되기도 했다. 중산층 이상의 학생들은 온라인으로 교육을 받을 수 있었지만, 빈곤층 학생들은 교육을 받는 데 제한이 있었다. 이로 인해 세계 곳곳에서 코로나19로 인한 다양한 양극화가 나타났다.

한국 교회도 예외는 아니었다. 대형 교회와 소형 교회의 격차가 심해졌다. 코로나19로 인해 한국 교회 전체가 타격을 받았지만, 소형 교회는 더 심각한 타격을 받았다. 일부 대형 교회는 온라인 예배 조회수가 코로나 이전보다 몇 배 늘었지만, 소형 교회는 동영상을 찍을 수도 없었고 교인만 줄었다. 또 교인이 줄면서 재정이 힘들어졌고 그로 인해 부교역자 사례비를 줄 여력이 사라졌다. 그뿐만 아니라 담임목사가 주중에 생계비를 벌기 위해 다른 일을 하는 경우도 발생했다.

이 책에서는 이러한 교회의 양극화를 '격차 교회'라 부르며 코로나19 기간 동안 교회의 양극화가 두드러지게 나타난 현상을 조명한다. 그리고 코로나19 기간 중 한국 교회가 어떤 일을 겪었고, 어떤 문제가 생겼는지, 그리고 어떤 노력을 하고 있는지를 다루어본다.

"코로나 때문에 경제적으로 더 어려워졌어요."

미국의 여론조사기관인 퓨리서치센터(Pew Research Center)의 조사에 의하면 코로나19로 인해 계층의 양극화가 더 심해졌다. 2020년 각 소득 계층의 인구수 변동에 대한 보고에 의하면, 코로나19 전보다 중산층은 5,400만 명 감소했지만, 빈곤층은 1억 3,100만 명 증가했다고 한다.

미국뿐만 아니라 한국도 코로나19가 장기화되면서 코로나19로 인한 사회적 양극화, 코로나 디바이드(Corona Divide)를 경험하고 있다. 코로나19 동안 수도권과 지역 간, 디지털 플랫폼 기업과 전통 산업 간, 부유계층과 취약계층 간 양극화가 심해졌다. 코로나19가 한창이던 2021년에 KBS에서 조사한 결과에 따르면, 코로나19 이후 우리 국민 중 대다수(86%)가 코로나19 확산 이후 우리 사회에 경제적 불평등이 "심해졌다"(매우+약간)라고 인식했다. 코로나19가 장기화될 경우 다른 어떤 것보다 경제적 불평등 문제가 가장 심각한 문제가 될 것이라고 내다봤다.[1]

실제로 통계청의 2021년 4/4분기 가계동향조사에 따르면, 가구 소득 하위 20%는 월평균 소득이 106만 원인 반면, 상위 20%는 월 1,013만 원으로 두 그룹 간의 차이가 무려 9.6배였다. 코로나19 직전인 2019년 4/4분기의 경우 월 가구 소득은 하위 20% 132만 원, 상위 20%는 946만 원으로 코로나를 겪으면서 하위 20%는 -19.8% 감소, 상위 20%는 7.0% 증가한 것으로 나타났다. 결국 두 그룹 간의 격차는 2019년 7.2배에서 2021년 9.6배로 벌어지면서 코로나19 이

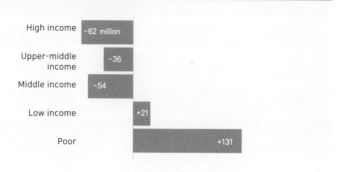

후 한국 사회의 경제적 양극화가 더 심화된 것이다.[2] 교회도 예외는
아니었다.

"예배 금지 방역 지침이 있었을 때, 저희 교회는 그냥 예배를 안 드렸어요.
큰 교회는 장비도 있고 만들 사람도 있는데 저희처럼 작은 교회는 장비도
없고 사람도 없었어요. 그래서 정부의 예배 금지 방역 지침이 있었을 때, 엄
밀히 말하면 예배를 못 드렸어요."

코로나19의 급속한 확산에 정부가 모든 모임을 금지시키고, 대면
예배도 금지시켰을 때부터 교회의 양극화가 두드러지기 시작했다. 동
영상 예배를 드릴 수 있는 교회와 그렇지 못한 교회가 나뉘었다. 자원
들을 운용할 수 있는 대형 교회들은 정부의 방역 지침에 따를 수 있었
다. 코로나19 전에도 설교 동영상을 만들어 송출하고 있었기 때문에

큰일은 아니었다. 장비가 더 필요했고 시간이 더 많이 걸릴 뿐 큰 문제가 아니었다.

하지만 소형 교회의 상황은 달랐다. 상대적으로 디지털 장비를 갖추기 어려운 소형 교회는 그렇게 하기 어려운 교회가 많았다. 소형 교회 재정으로 장비를 사는 것도 부담스러웠지만 만들 수 있는 인력도 없었다. 담임목사가 동영상을 직접 만들어야 했다. 하지만 그조차도 여의치 않으면 예배 동영상을 못 올렸다. 올렸더라도 동영상으로 드리는 예배에 익숙하지 않고 그것을 좋아하지 않는 노인층이 많은 교회는 의미가 없었다. 결과적으로 대면 예배 금지 기간 동안 예배를 드리지 못하는 경우가 발생했다.

교회 격차

"대형 교회는 온라인 동영상 조회수가 많이 늘어났대요. 어떤 교회는 헌금도 늘었대요. 그런데 어떤 소형 교회는 임대료가 없어서 곤욕을 치르고 있다고 하네요."

격차 교회
(Polarization of Church)

격차 교회는 코로나19로 인해 대형교회와 소형교회의 격차가 심하게 벌어진 양극화를 가리키는 말이다. 코로나19 이전에도 대형교회와 소형교회는 격차가 존재했지만, 코로나19로 인해 그 격차가 심해졌다. 코로나19로 인한 교회별 손해도 대형교회보다 소형교회가 훨씬 더 크다.

코로나19를 거치면서 대형 교회는 온라인 동영상 조회수가 많이 증가했다. 유튜브 통계 제공 사이트 플레이보드와 소셜블레이드의 통계를 기반으로 〈뉴스앤조이〉가 분석한 내용에 의하면, 코로나19 이전 우리나라 10대 대형 교회의 유튜브 조회

코로나19가 교회에 가져온 변화 중 하나는 교회 간 양극화이다. 코로나19 전에도 대형교회와 소형교회 간 격차는 존재했지만, 그 차이가 심하게 벌어지기 시작한 것이다.

수는 1000-2000명대였다.[3] 하지만 자발적 비대면 예배를 드리고 있었던 2020년 3월 8일에는 실시간 온라인 예배 참석자 수가 최대 10배 이상 늘었다고 한다. 대형 교회의 온라인 예배 참석자 수가 급격하게 늘어난 것이다.

대형 교회와 소형 교회는 예산에서도 차이가 났다. 목회데이터연구소에서 실시한 "코로나19 이후 한국 교회 변화 추적조사 결과 보고서(목회자 대상)"에 작년 대비 교회 예산 정도에서 '줄었다' 28.2%, '비슷하다' 54.6%, '증가했다' 17.3%로 전체적으로는 줄었다는 비율이 좀 높았다. 그러나 교회 규모(대학생 이상 장년 출석교인수)별로 보면 그 결과가 상이하다. 99명 이하의 소형 교회의 경우 예산이 작년보다 줄었다는 응답이 늘었다는 응답보다 훨씬 높았으며, 500명 이상 대형 교

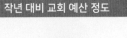

작년 대비 교회 예산 정도

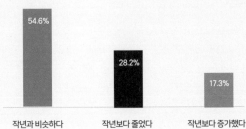

54.6% 작년과 비슷하다
28.2% 작년보다 줄었다
17.3% 작년보다 증가했다

* 예장통합 전국 교회 담임목사 981명, 2022.04

작년 대비 교회 예산 변화 정도

교인수 (장년)	작년보다 증가	작년과 비슷	작년보다 감소	계
29명 이하	8.7%	52.2%	39.1%	100.0%
30-99명	17.6%	56.5%	25.8%	100.0%
100-499명	19.7%	58.9%	21.4%	100.0%
500명 이상	39.0%	44.8%	16.2%	100.0%

* 예장통합 전국 교회 담임목사 981명, 2022.04(교회 규모별, 장년교인 기준)

회의 경우는 반대로 늘었다는 응답이 줄었다는 응답보다 2배 이상 높았다. 이 결과는 대형 교회보다 소형 교회의 예산 규모가 더 많이 줄고 있음을 보여준다. 교인수나 예산 규모에 있어서 부익부 빈익빈 현상이 관찰되기 시작한 것이다.

교회학교도 마찬가지였다. 대형 교회는 교회가 멈추었을 때도 각 부서에 교역자들이 있어 계속해서 영상을 송출할 수 있었지만, 소형 교회는 불가능했다. 장년예배 동영상도 송출할 수 없는 소형 교회가 교회학교 동영상을 송출할 리는 만무했다. 예장통합교단 다음세대중장기대책위원회가 실시한 설문조사 연구(2021년 3월)에서 교역자 507명이 복수 응답한 바에 따르면, 주일에 교회학교 예배를 어떻게 드렸는지에 대한 질문에 42.8%가 '실시간 온라인 예배를 드렸다'고 응답을 했고, '현장 예배'는 29.8%가 드렸다고 응답했으나 '예배를 드리지 않았다'고 응답한 교회도 25.6%였던 것으로 조사됐다.

지난해 교회학교가 운영된 교회 4곳 중 1곳은 사실상 교회 교육이 실시되지 못했던 것으로 나타났다. 또한 코로나19 상황 속에서 교회학교 예배를 제대로 드리지 못했다고 대답한 교회의 소재지는 읍면 지역 교회가 38.8%로 가장 많았고, 중소도시는 21.9%, 대도시는 19.7%로 나타났다. 장년 500명 이상 교회에서는 교회학교 예배를 드리지 못한 경우가 없었으며, 100-499명 규모는 12.8%, 100명 미만 교회에서는 77.5%가 교회학교 예배를 드리지 못한 것으로 나타났다. 코로나19 기간 동안 교회가 읍면 단위 지역에 소재하고 규모가 100명 미만일 경우 교회 교육이 더 어려웠다는 증거이다.[4]

교회 간 격차를 피부로 느끼는 부분은 목회자의 사례 부분에서도 나타났다. 예장통합교단 목회자를 대상으로 한 "코로나19 이후 한국 교회 추적조사(목회자 3차)"에서 담임목사 월 사례비를 조사한 결과, 월 평균 사례비는 239만 원으로 집계되었다. 전체 목회자의 70.5%가 299만 원 이하의 사례를 받는 것으로 나타났다. 전체적으로 보면 45%의 목회자가 최저임금 수준 이하의 월 사례비를 받는 것으로 나타났다. 구간별로 살펴보면, 사례비를 아예 받지 않는 비율

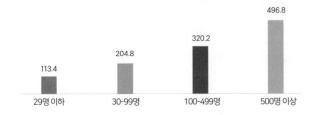

사례비 / 교회 규모별, 받지 않음 제외

113.4 — 29명 이하
204.8 — 30-99명
320.2 — 100-499명
496.8 — 500명 이상

* base=969, 만원

이 7%였고, 500만 원 이상 되는 목회자는 6%였다. 교회 규모별로 살펴보면 29명 이하 소형 교회는 월 평균 113만 원, 30-99명은 205만 원, 100-499명은 320만 원, 500명 이상 대형 교회는 497만 원으로 집계됐다.[5]

예장통합교단이 한국 교회 목회자의 경제 상황을 대변한다고 할 수는 없다. 그러나 연금을 비롯하여 교역자 사례와 목회자들의 처우가 안정되어 있다고 평가되는 예장통합교단의 목회자 사례의 정도가 이러한 정도로 파악된다고 할 때, 한국 교회 상당수 목회자들의 경제적 형편은 대동소이할 것으로 추정된다. 대형 교회 목회자들의 사례비와 소형 교회 목회자들의 사례비는 심각하게 양극화되어 있다고 보아야 한다.

리오프닝 이후의 격차

대형 교회와 소형 교회들 사이의 격차 양상은 쉽게 해소되지 않을 것으로 전망된다. 목회데이터연구소의 2022년 4월 "코로나19 이후 한국 교회 추적조사(목회자 3차)"에 따르면, '현재(2022년) 재정적 상태'에 대해 99명 이하 교회는 '어렵다'는 응답이 높았고, 100명 이상 교회는 '여유 있다'는 응답 비중이 컸다. 구체적으로 보면 교인수 29명 이하의 교회 78.8%, 30-99명 사이의 교인을 가진 교회의 43%가 '어렵다'고 응답한 반면, 100-499명은 24.0%, 500명 이상은 4.3%가 재정적으로 어렵다고 말했다. 현재 재정 상태에 있어서도 격차가 발생하고 있다는 것을 확인할 수 있었다.[6]

내년(2023년) 재정 상태 예상에서도 올해보다 어려워질 것으로 예측하는 비율이 29명 이하 교회 16.5%, 30-99명은 15.8%로 나타난 반면, 100-499명은 8.9%, 500명 이상은 0.0%로 나타나 재정에 대한 압박도도 차이가 났다. '헌금 수준'을 조사한 결과 500명 이상의 교회는 92%, 100-499명 86%, 30-99명 85%, 29명 이하는 75%로 나타나 교회 규모가 클수록 헌금 수준 회복력도 빠른 것으로 조사됐다.[7]

사역 회복면에서도 양극화가 나타났다. 코로나 이전 대비 사역별 현황을 비교해본 결과, '전도/선교 수준', '새신자 등록 수준' 등에서도 교회 규모가 클수록 코로나 이전 대비 회복률이 높았다. 특히 '새신자 등록 수준'은 500명 이상 대형 교회가 37%에 달한 것에 반해 29명 이하 교회는 13%에 불과해 3분의 1수준이었다.[8] 특히 50명 이하의 소형 교회의 '교인 감소추세'와 '지원금 감소추세'는 심각한 것으로 나타나고 있다.

2021년 6월 목회데이터연구소가 실시한 "이중직 목회자에 대한 인

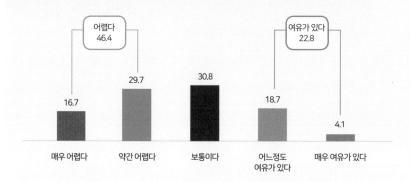

교인수별	어렵다 (매우+약간)	보통	여유가 있다 (매우+약간)	계
29명 이하	78.8	17.3	3.9	100.0
30-99명	43.0	40.5	16.5	100.0
100-499명	24.0	35.2	40.8	100.0
500명 이상	4.3	31.0	64.7	100.0

* 교회규모별, 대학생 이상 장년 출석교인수

식과 실태조사"에 따르면 교인수 증감에 있어서 출석교인 20명 이하의 경우는 증가추세 9.1%, 감소추세 31.2%, 정체는 59.9%, 출석교인 21-50명의 경우는 증가추세 21.6%, 감소추세 27.8%, 정체 50.6%로 나타났다.[9] 외부 재정지원 증감에 있어서도 20명 이하 교회에선 "증가하고 있다"는 1.7%에 불과하고, "감소하고 있다" 58.8%,

"비슷하다"가 39.6%, 출석교인 21-50명의 경우는 "증가하고 있다" 1.6%, "감소하고 있다" 59.0%, "비슷하다" 39.5%로 나타나 작은 교회들이 재정지원 또한 제대로 받지 못하고 있는 것으로 나타났다.[10]

이로 인해 소형 교회 4곳 중 3곳은 '존립 위기'를 걱정해야 하는 상황이다. '현 상태로 가면 교회가 유지될 수 있을까'를 걱정한 경험이 있는가를 묻는 질문에 있어서도 교인수 50명 이하 교회의 목회자 74.6%가 경험한 바 있다고 응답했다.[11]

이러한 격차 심화는 소형 교회 목회자들에게 신체적 정신적 고통을 심화시키고 있다고 볼 수 있다. 재정적인 어려움과 함께 온라인 서비스와 오프라인 서비스를 병행해야 하는 상황에서 상대적으로 인력 자원이 적은 소형 교회 교역자들은 더 큰 어려움에 직면하고 있다. 앞의 조사에 따르면 목회자 10명 중 3명은 '번아웃 상태'(지나치게 일에 몰두한 나머지 극도의 신체적 정신적 피로감을 느끼며 무기력해지는 상태)에 있는 것으로 나타났다.[12]

번아웃의 가장 큰 이유로는 "재정적으로 회복이 어려워서/교인들이 계속 줄어들어서"가 37.9%로 가장 높은 응답률을 보였다. 교인수에 따른 응답 정도를 볼 때, 29명 이하 55,5%, 30-99명은 50.2%, 100-499명은 20.9%로 나타난 반면, 500명 이상은 0.0%로 나타나 소형 교회 목회자일수록 교인수와 재정 감소에 따른 스트레스 상황에 더욱 민감한 것으로 나타났다.

소형 교회의 상당수 목회자들은 부족한 재정으로 인해 정상적으로 가정을 꾸릴 수 없는 상황에 놓여 있다. 그들에게는 노후를 대비하는 것도 이상적인 일이 되어버렸다. 경제적 문제를 해결하기 위해 이중직

없다 25.4% 74.6% 있다

*전국 출석교인 50명 이하 담임목사

을 수행하는 목회자들도 늘어나고 있으며 앞으로도 이러한 격차 문제는 해결책이 없는 이상 계속해서 심화될 것으로 보인다.

교회 간 '격차'의 증가 배경

교회 관련 양극화 문제는 한국 교회 안에서 매우 오래된 문제였다. 코로나19로 인해 교회 간 격차가 드러나고 있지만 사실 이러한 격차는 이전에 이미 나타난 현상이었다. 대한예수교장로회 통합교단의 경우, 2020년까지의 10년간 교세 통계에서 교회의 규모가 변화되고 있음을 보고하고 있다. 첫 번째는 교회의 규모가 전반적으로 작아지고 있는 것으로 1개 교회당 평균 교인수는 51명으로 10년 전(2010년) 72명에 비하여 -29.2%를 보여주고 있다. 평균 교인수가 줄어든다는 것

10년간 감소율 -29.2%

72 70 65 63 61 59 56 53 51 51

2010년 2011년 2012년 2013년 2014년 2015년 2016년 2017년 2018년 2019년

* 예장통합교단 각 년도별 교세통계자료

은 72명 이상인 교회가 증가한 것보다 72명 이하의 교회가 더 많이 증가했다는 의미일 것이다.[13]

10년간 30명 이하의 초소형 교회 비중이 2010년 23.8%에서 2019년 33.8%로 무려 10.0% 증가하였다. 이와 동시에 초대형 교회(교인수 10,000명 이상)의 비중은 더 작아진 것으로 나타나고 있다. 2010년에는 초대형 교회가 25개로 0.3%를 차지했는데 2019년에는 4개 감소하여 0.2%로 낮아졌다. 2010년 초대형 교회의 교인수는 59만 명으로 전체 교인수의 20.6%였다. 2019년에 53만 명으로 줄었으나 차지하는 비중은 21.0%로 오히려 0.4%p 증가하였다. 초대형 교회 교인수가 6만 명 줄어드는 동안 중소형 교회의 교인수는 더 줄었다는 의미이다. 그렇다면 대형 교회와 소형 교회, 혹은 목회자 간 격차가 심화되는 이유는 무엇일까? 다양한 원인들이 있겠지만 몇 가지 이유를 추측해볼 수 있다.

1. 대형 교회 쏠림현상

소형 교회보다는 규모 있는 교회에서 신앙생활을 하고자 하는 경향이 교회의 격차를 만든다. 소형 교회에서 신앙생활을 하는 성도들이 줄어들고 있다. 상대적으로 규모 있는 교회들은 교인들에게 제공할 수 있는 좋은 프로그램과 다양한 자원이 있다. 대형 교회들은 소형 교회에 비교할 수 없을 만큼 다양한 측면에서 여유를 누리고 있다.

대형 교회로 성도들이 쏠리는 이유는 여러 가지가 있다. 큰 교회가 주는 익명성(교회 정식 구성원으로 등록하고 싶지 않거나, 봉사에 대한 부담 없이 교회를 다니는 것)도 있고, 대형 교회의 일원이 됨으로써 교회(혹은 목회자)가 지닌 명성과 자신의 사회적 지위를 동일시하고자 하는 심리적인 이유도 있을 수 있다. 무엇보다 큰 교회가 제공하는 프로그램과 인적·물적·공간적 자원의 서비스는 작은 교회가 교인들에게 줄 수 없는 것들이다. 예배의 시스템과 퍼포먼스, 다양한 교회 교육 프로그램, 디지털 서비스, 안전 자원 등 현대의 개신교인들이 바라는 것 일부를 대형 교회는 제공할 수 있지만, 소형 교회는 제공할 수 없다. 또한 소형 교회 같은 경우, 부족한 헌금으로 인해 헌금을 모아 목회자 사례비를 감당해야 한다. 부채가 있는 경우, 소수의 교인들이 부채를 갚아야 하는 부담도 있다. 하지만 대형 교회는 그런 부담이 상대적으로 약하다.

2. 교회 성장동력 약화

소형 교회들이 어려운 이유는 개신교의 성장 자체가 둔화되었다는 근원적인 이유 때문이다. 한국 교회는 개신교의 전래 이후 꾸준한 성장을 이루어왔다. 특히 1970년대와 1980년대 한국 교회는 폭발적인 성장을 이루었고, 이후에도 꾸준히 성장했다. 한국 개신교는 1970년대 500% 이상, 1980년대에는 200% 이상의 증가율을 보이다가 1990년대에는 100% 미만으로 줄었다. 인구센서스 통계에서는 2005년 개신교인 증가률이 -0.7%로 확연히 감소되었다.

2015년 개신교 인구가 14.5% 증가한 것으로 조사되었지만, 이단의 증가를 가늠할 수 없고 그들이 얼마만큼의 비중을 차지하고 있는지 파악하지 못하고 있다. 인구센서스의 경우 정통 개신교뿐만 아니라 신천지 등 이단으로 규정한 신자들도 포함되어 있기 때문에 정확한 개신교인 숫자라고 보기 어렵다. 물론 2015년 통계청 발표에서도 개신교 인구 비율이 1.5% 증가한 것으로 나타났지만 이 숫자에는 이단과 가나안 성도가 포함되어 있다는 점에서 정확한 개신교인수를 파악하기 어렵다는 한계를 가지고 있다.

중요한 것은 개신교가 하락국면에 접어들었다는 것이다. 특별히 개신교에 대한 부정적인 이미지는 미래의 성장동력을 심각하게 저해하고 있다. 한국 교회에 대한 부정적인 평가들이 교회 이미지를 악화시키고 교인수 하락에 결정적인 요소가 되고 있다. 이에 더해 전통 종교 자체에 관심이 없어지고 있는 것도 하락의 원인이다. 2015년 종교 센서스에서 한국은 무종교인 비율이 56.1%로 '종교가 있다'고 답한 43.9% 비율보다 10% 이상 많았다. 무종교인은 특히 20대와 30대에서 많았는데, 2021년 갤럽조사에도 확인된 것처럼, 종교가 개인 생활에 별로 중요하지 않다는 인식이 확산된 것도 한 원인일 수 있다(개인 생활에 종교 중요성 1984년 68% → 2014년 52% → 2021년 38%).[14]

이러한 사회적 상황들은 앞으로도 상당 기간 교회의 교인수가 증가하는 것보다는 감소로 이어질 가능성을 암시한다. 그리고 이는 교회 간 격차 문제가 더 불거질 가능성이 높다는 말이기도 하다.

개신교의 하락국면에도 불구하고 목회자 수급은 증가하고 있는 것도 한 요인이다. 한국개신교계의 신학교는 1990년대 이후 꾸준히 늘어 현재 400여 개에 이르는 것으로 추정된다. 이 중 57개가 인가를 받았으며 나머지는 비인가 신학교이다. 한국학중앙연구원이 문화체육관광부 연구 용역을 받아서 발표한 "2018 한국의 종교 현황"에 따르면 개신교 교단은 374개로 집계되었다. 이들 신학교에서 재정적으로 안정된 신학교는 대략 10%에 불과하다. 인가와 비인가 신학교를 포함하여 신학교에서 매년 7천여 명 정도의 졸업생들이 배출되고 있는데 1년 동안 설립되는 교회수가 2-3천 개 정도라는 것을 감안하면 2-3배가 더 많다. 목회자 과잉 배출은 무리한 교회 개척으로 이어지게 된다. 전체 개신교인수는 줄고 있는데 교회가 늘어나고 있는 것이다. 즉 소형 교회들이 늘어난다는 뜻이다. 목회자 수급 불균형이 해소되지 않는 이상 이런 구조는 계속될 것이다.

3. 개교회주의

한국 교회는 개교회주의가 매우 강하다. 개교회주의는 각 교회가 모든 행정을 독자적으로 수행하는 것이다. 가톨릭교회가 보여준 절대 권력화를 방지하고자 하는 뜻에서 개교회주의가 시작되기는 했지만 현대에 와서는 개교회 재량권이 부정적으로 나타나는 경우도 많다. 그중 하나가 양극화다. 개교회주의가 많은 경우 교회 성장을 위한 역할을 하기도 했다. 교회를 성장시키기 위해서 목회자는 최선을 다했다.

개교회주의는 '내 교회만'이라는 생각을 바탕으로 한다. 내 교회의 성장이 우선이다. 내 교회의 부유함이 우선이다. 한국의 교회는 기독교가 처음 정착할 때부터 이런 원칙을 가지고 있었던 것이 사실이다. 한국 교회 초기에는 이런 선교정책을 독려했다. 가장 대표적인 것이 네비우스 정책(Nevius Methods)이었다. 네비우스 정책은 선교사나 선교 후원 국가를 의지하는 것이 아니라 한국 교회의 자립에 중점을 두는 것으로 '자급자치교회'를 지향했다. 이로 인한 전통이 오늘날에도 이어져 교회 자립을 위해 성장하지 않으면 안 되는 분위기가 만들어졌다.[15]

이 외에도 국가라는 환경요소가 개교회주의를 강화시키기도 한다. 한국은 정교분리를 원칙으로 하며 영국의 성공회나 독일의 루터교 같은 준국교 형태를 가진 종교가 없다. 이는 교회가 국가로부터 아무런 도움을 받을 수 없으며 전적으로 각 교회가 각자도생해야 하는 상황에 직면하도록 한다.[16]

여러 이유에 근거한 한국의 개교회주의는 교회 연합을 어렵게 만든다. 하나인 교회로서의 공교회성에 반하는 모습으로 나타나기 쉽다. 이 땅의 모든 교회는 예수님의 몸 된 교회임을 인식하고 지체의식을 가지고 서로 도와야 하지만 개교회주의에 함몰된 교회는 그런 공동체 의식을 갖기 어렵기 때문이다. 이웃 교회는 하나님나라를 위해 함께 협력해야 할 공동체라기보다는 한정된 성도들을 놓고 경쟁해야 하는 대상이 된다. 이러한 인식하에서는 교회 격차의 해소라는 과제가 피부에 와 닿는 교회 이슈가 되기 어렵다.

트렌드 전망 및 시사점

1. 이중직의 증가

코로나19 사태는 결과적으로 교회 간 격차를 더 가속화시켰고 이러한 양상은 지속될 것이다. 코로나19를 거치면서 한국 사회의 양극화가 빠른 속도로 진행되고 있는데, 교회 역시 그 속도가 빠르다. 격차 교회는 한국 교회의 거대한 트렌드의 한 축을 담당한다. 전체 교회의 약 50%를 차지하고 있는 교인수 50명 이하 소형 교회 교인들과 목회자들은 격차에 따른 어려움을 맞이할 수밖에 없다. 특히 코로나19 이후 교회가 회복동력을 온전히 찾지 못하고 있고, 개신교에 대한 이미지가 부정적으로 형성된 상황에서, 인적·물적 자원마저 부족한 작은 교회들은 더욱 어려움에 직면할 것이다.

2023년 소형 교회는 코로나19 전보다 더 위축될 것이다. 교인수가 줄고 재정이 어려워질 것이다. 교회 건물이 없다면 교회가 자립적으로 임대를 하든 교회 건물을 갖는 것이 힘들어질 것이다. 대형 교회도 교인 감소에 대해 고민하겠지만 소형 교회는 대형 교회보다 더 타격을 입을 가능성이 많다. 소형 교회 목회자는 생계를 위해 다른 일을 해야 할 상황에 맞닥뜨리고 있다. 소위 말하는 목회자의 이중직이 현실이 될 것이다. '이중직 목사'(bivocational pastor)라는 말은 목회직과 함께 세상의 다른 직을 수입의 근원으로 삼고 있는 목회자를 말한다.[17] 교

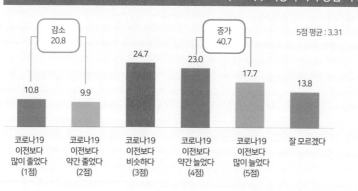

감소
20.8

증가
40.7

5점 평균 : 3.31

10.8

9.9

24.7

23.0

17.7

13.8

코로나19
이전보다
많이 줄었다
(1점)

코로나19
이전보다
약간 줄었다
(2점)

코로나19
이전보다
비슷하다
(3점)

코로나19
이전보다
약간 늘었다
(4점)

코로나19
이전보다
많이 늘었다
(5점)

잘 모르겠다

* 교인수 50명 이하 전국의 담임목사 400명

회에서 생계비를 충분히 벌지 못한다면 목회자는 생계나 교회 임대료 때문에 이중직을 가질 수밖에 없게 된다.

실제로 코로나19 이후 이중직이 증가했다. 코로나19 기간 중 대한예수교장로회총회(합동/통합)와 목회데이터연구소가 실시한 이중직 실태 조사에 따르면, 50명 이하 교인을 목회하는 목회자들의 31.7%가 현재 이중직을 수행하고 있는 것으로 조사되었다. 또 16.9%는 과거에 수행하다 '현재는 중단했다'라고 응답했다. 이중직 경험이 있는 목사 비율이 48.6%로 소형 교회 목회자 2명 가운데 1명이 이중직 경험이 있는 것으로 나타났다.[18] 또한 "목사님이 아시는 목사님 가운데 이중직 목사님의 숫자가 코로나19 이전과 비교하면 어떻습니까?"라는 질문에 40.7%가 '증가했다'(많이+약간)고 응답했으며, '감소했다'(많이+약간)는 응답은 20.8%로 '증가했다'는 비율이 두 배 이상 높았다. '증가했다'는 의견은 40대 이하 목회자의 47.8%, 50대는

41.9%, 60대는 35.1%가 응답했다. 코로나19 기간 동안 젊은 목회자 가운데서 이중직 목사가 더 증가했다는 뜻이다.[19]

이중직 목회에 대한 견해를 묻는 질문에서 "바람직하지 않지만, 현실적으로 어쩔 수 없는 측면이 있다"와 "목회가 어려워도 절대 해서는 안 된다"를 합친 결과가 59.8%였다. 59.8%가 바람직하지 않다고 생각하지만, 49.4%는 현실적으로 어쩔 수 없는 것으로 인식하고 있는 것이다.[20]

이중직에 대한 관심이 높아진 데에는 '어려운 경제 문제 해결을 위한 것'이 가장 우선적(45.2%)으로 1순위였다. 그러나 동시에 '교회에 의존하지 않으므로 소신껏 목회할 수 있어서'도 23.2%, '믿지 않는 사람들 속으로 들어가는 선교적 교회가 되는 것이기 때문'이라는 이유도 12.4%를 차지했다.[21] 이중직을 가진 상당수의 목회자들은 경제적인 문제를 가지고 있다는 증거이다.

목회자 이중직에 대한 입장은 교단마다 차이가 있다. 여전히 이중직을 금지하는 교단도 있고, 적극적으로 권장하지는 못해도 이중직을 막거나 정죄해서는 안 된다는 교단도 있으며, 부분적으로 허용하는 교단도 있다. 사실상 이중직을 허용하거나 이중직 허용 쪽으로 제도 자체를 바꾸려는 교단도 있다. 하지만 코로나19는 이런 교단의 논의와 상관없이 경제적으로 힘들어진 목회자들이 이중직을 하게 만들었다. 코로나19로 인해 교인들이 예배에 참석하지 않고 헌금도 줄어서 소형 교회들은 목회자 사례비를 줄 수 없게 된 것이다. 2023년 소형 교회는 대형 교회보다 회복이 더 더딜 것이고 이중직 목회자는 더 증가할 것으로 전망된다.

교단	이중직 허용 현황
예장 합동	* 이중직 전격 허용 청원→부분 허용(2019년 총회). 생계·자비량 목회 등의 사유로 소속 노회의 특별한 허락을 받은 경우 허용
예장 통합	* 이중직이 성경적, 역사적으로 타당하다는 '목사 이중직 연구위원회'의 보고 채택(2016년 총회)→아직 헌법 반영 안 됨 * 이중직 목회자에 대한 명시적인 조항 없음
감리교	* 미래자립교회(연말 경상비 결산액 3500만원 미만 교회)에 한하여 이중직 허용(2019년 총회)
성결-기성	불허
기하성	불허
예장 합신	불허
예장 고신	* 이중직 허락 연구를 신학교 교수회에 수임(2019년 총회) * 연구 결과: 한시적 부분 허용('원칙적으로 이중직은 불가하나 단기적 생계형 이중직은 허용해야 한다', 2020년 총회)

2. 소형 교회의 생존전략 : 다양한 처치 플랜팅

코로나19 이후 한국의 소형 교회들은 양극화 속에서 각자도생이라는 1차원적 고민에서 벗어나 교회됨을 실천하는 일에 집중하고 새로운 전략을 모색하기도 한다. 소형 교회들은 선교형 이중직 모델을 비롯하여 시대에 호흡하는 다양한 목회모델 실천을 통해 소형 교회만의 유연성과 강점을 발휘하려고 하고 있다.

대표적인 시도들이 주중에는 교회를 카페 공간으로 활용하는 카페 교회이다. 카페는 마을의 제3 공간으로 지역과 교회를 매개하는 중간 지대이다. 마을의 작은도서관이나, 동네책방, 친환경 제품들을 파는 제로웨이스트샵을 운영하는 것도 소형 교회의 생존전략이다. 인디

음악이나 CCM 등을 공연하는 소규모 공연장을 운영하는 교회, 미술 작품들을 전시하거나 클래식 공연장으로 교회 공간을 활용하는 교회들도 있다. 교회는 다양한 방법으로 선교와 생존을 동시에 고민하고 있다.

또한 교회 공간 운영비 절감을 위해 기존 공간을 활용하는 경우도 있다. 규모가 작은 개척 교회의 경우 주일에 사용하지 않는 관공서나 복지관을 사용하기도 한다. 일반 사무실을 주일만 사용하기도 하고, 극장이나 라이브 공연장을 빌려 목회를 하기도 하며, 공유 오피스에 딸린 소규모 컨퍼런스룸 등을 빌려 목회를 하기도 한다. 최근에는 공유 교회(co-worship station)도 등장하였는데, 공유 교회란 한 공간을 여러 교회들이 시간대를 달리하여 사용하는 교회 형태를 말한다. 공유 교회는 코로나19 이후 교회 개척이 매우 어려워진 상황 가운데 주목받고 있는 트렌드로 현재 서울, 수원, 김포 등 수도권을 중심으로 조금씩 확산되고 있다.

또한 강남의 한 교회는 새 예배당을 건축하면서 구 예배당을 교단과 상관없이 공유하고 있다. 개척교회나 자립대상교회들이 예배당을 사용하게 한다. 성경공부나 친교를 위한 소그룹 모임 등은 줌(zoom)과 같은 온라인 소그룹 플랫폼을 이용하고 공유 공간에서는 예배를 드리는 것이다.

2023년 소형 교회들은 생존을 위해 다양한 방법으로 현재의 어려움을 돌파해 나갈 것이다. 앞서 언급한 여러 형태의 교회 운영이 격차 문제를 해소시키는 근본적 방안이 될 수는 없겠지만 지역 사회와 함께하고자 하는 교회, 또 다양한 목회적 상상력을 통한 새로운 패러다임의 목회를 실천하는 교회들이 나타날 것이다. 반면 문을 닫는 교회도 조금씩 늘어날 것이다. 한국 사회가 심각한 양극화 현상 속에 각자도생의 사회가 되어가고 있는 것처럼, 교회도 동일한 양극화 속에 각자도생의 시대로 가고 있다.

10

Climate Church

기후 교회

우리는 지금 기후위기 비상상황에 놓여 있다. 지구 기온이 올라가고 있고 곳곳에 이상기후 현상이 나타나고 있다. 넉넉하다고 생각했던 식량 안보도 위협받고 있다. 이 같은 위기 가운데 교회는 점점 더 속도가 빨라지고 있는 기후위기의 원인을 어떻게 바라보며 어떤 선택을 하고 있을까?

이 책에서는 교회가 '기후불안'과 '녹색교회', '탄소중립 기후 교회'를 고민하며 문제해결을 위해 노력하고 있는 것을 살펴본다. 인류는 코로나19로 격리와 단절을 경험하면서 숲과 자연이 필요하다는 사실을 깨달았다. 동시에 기후위기에 대한 불안함과 두려움이 생겼다.

교회에서 태초의 참 좋았던 모습을 떠올리며, '지키고 돌보는' 일을 잘 감당하고자 하는 움직임이 일어나고 있다. 교회들은 하나님의 자녀들을 기다리는 피조물의 신음소리를 듣고, '깊은 탄식 가운데' 이 땅을 치유하고 계신 성령님의 사역을 깨달아 가고 있다. 창조의 빛(녹색)을 품고 창조 질서를 회복해온 녹색교회들의 발걸음을 지지하면서, 시대적 사명인 '탄소중립'의 목표를 이루고자 하는 교회들의 용기 있는 발걸음이 시작되었다.

탄소중립이라는 주제는, 몇몇 개인의 개별적 실천을 넘어 사회 전반에 거대한 변화의 흐름을 만들어내야만 성취될 수 있는 전 지구적 목표이다. '탄소중립 기후 교회'는 성도들은 물론 지역주민들과 더불어 계속적으로 함께 공부하며 각 교회 공동체를 단단히 세워나가야만 성취될 수 있다. '탄소중립 기후 교회'를 향한 변화와 실천은, 기후위기를 인정하고, 탄소중립의 목표를 세워 하나님이 모두에게 제공하신 풍성함을 골고루 나누는 일상과 사회를 만들어 나갈 것이다

"어제는 세계적 환경기념일인 지구의 날 50주년이 되는 날이었습니다. 코로나19가 전 세계적으로 확산하면서 지구촌 경제는 유례없는 어려움을 겪고 있지만, 그 대신 전 세계인들은 어느 때보다 맑은 하늘을 볼 수 있었습니다. 대기오염으로 악명높은 인도의 북부 펀자브 지역에서는 160km 이상 떨어진 히말라야산맥의 정상이 수십 년 만에 육안으로 보일 정도였습니다. 미국 항공우주국 나사는 미국 보스턴에서 워싱턴에 이르는 지역의 이산화질소가 2005년 관측 시작 이래 가장 깨끗한 상태라고 밝혔습니다(연합뉴스TV)."

코로나19로 인해 전 세계가 멈췄다. 사람들이 이동을 최소화했고, 코로나19가 심한 지역에서는 공장이 멈췄다. 도로에 차도 많이 다니지 않으며 회사나 학교도 갈 수 없었다. 마치 영화 속의 한 장면처럼 순간적으로 모든 도시가 멈춰진 것 같았다. 지금 생존하고 있는 사람들 중 그 누구도 쉽게 보지 못했을 법한 일이 벌어졌다.

그런데 참 아이러니하게도 사람이 멈추자 자연이 숨을 쉬는 것 같았다. 한 번도 보지 못한 광경이었다. 코로나19로 인해 많은 사람들이 원래 자연의 상태를 생각하게 되었다. "사람이 없으면 자연은 이렇게 회복될 수 있구나. 우리가 오염시킨 거구나." 코로나19가 인류에게 가르쳐준 교훈이었다. 이것은 과학자들의 보고로 인해 느끼는 것이 아니라 우리의 일상에서 느껴진 변화였다.

"코로나19 전 봄에는 미세먼지와 황사가 너무 심했어요. 최근 몇 년 동안 모두가 인정할 만큼 너무 심했어요. 그런데 코로나19 기간 동안 미세먼지

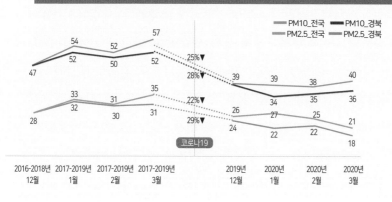

현황 코로나19 유행 전후의 미세먼지 농도 변화

"와 황사가 심한 날이 훨씬 줄었어요."

코로나19 기간 동안 한국의 하늘이 맑아졌다. 최근 몇 년간 심해졌던 미세먼지와 황사가 현저히 줄었다. 실제로 경상북도 보건환경연구원에서 발표한 "코로나19의 유행과 미세먼지 현황" 보고서에 의하면 같은 달 기준 코로나19 이후 미세먼지가 현격하게 줄었다.

자연과 인간 본연의 모습에 집중하며 자연과 함께 공존해 가야 한다고 생각하는 사람들이 늘었다. 교회 안에도 기후위기를 감지하고, 탄소제로의 목표를 세우는 '녹색교회'를 향한 움직임을 보이는 곳이 늘어나고 있다. 이는 우리 안에 있는 창조의 은총을 발견하여, 그 빛을 세상에 드러내려는 움직임이다. 창조 때의 가장 아름다웠던 순간에 대한 그리움이며 자연과 분리되어서는 살아갈 수 없다는 고백이기도 하다.

코로나19가 오기 전, 전 세계 곳곳에서 이상기후가 보고되었다. 2015년-2021년 사이의 7년은 역사상 가장 따뜻했다. 해수면은 2013년-2021년 사이에 연평균 4.5mm나 상승했다. 남서 태평양, 남서 인도양 및 남대서양의 해수면은 세계 평균보다 '실질적으로 빠르게' 상승하고 있다. 기록적인 폭염과 가뭄, 게릴라성 호우, 허리케인이 나타났다. 그린란드 최고봉에는 처음으로 비가 내리기도 했다. 바닷물의 온도가 상승했고 제주도는 열대화될 것이라는 전망이 나왔었다.

기후변화는 예상했던 것보다 더 광범위하고 심각했다. 지구 기온이 산업화 이전보다 1.5도 상승하면 육상 모든 동식물의 15%가, 열대 산호초는 최대 90%가 사라지고 식량 안보도 위협받게 된다. 식량 생산량 감소와 물 부족, 거주지의 파괴로 이어져 난민을 양산하게 된다. 사회정치적 갈등도 증폭될 수밖에 없다. 2010년에서 2020년 사이 아프리카, 남아시아, 중남미 등 취약한 지역에서 홍수, 가뭄, 폭풍으로 사망한 사람들이 세계 다른 지역보다 15배나 더 많았다. 기후위기는 불평등을 악화시킨다. 저소득층과 소외된 지역에 더 큰 타격을 입히는 것이다.

기후 교회
(Climate Church)

기후 교회는 환경오염이 심해진 지금, 태초의 참 아름다웠던 지구의 모습을 회복하기 위해 노력하고 실천하는 교회를 말한다. 하나님의 창조 질서를 회복하기 위한 발걸음은 성도들에게 반드시 필요하며 교회가 적극적으로 동참해야 한다.

지금은 무엇을 어떻게 해야 불타는 지구를 살릴 수 있을까 고민해야 한다. 국제사회는 2050년 탄소중립을 목표로 온실가스 배출에 대해 세금을 부과하는 탄소세 제도와 친환경 자동차를 보급하는 정책 등을 확대하고 있다. 우리나라도 탄소 순배출량을 제로로 만들기 위해 '2050

창조의 빛(녹색)을 품고 창조 질서를 회복해온 녹색교회들의 발걸음을 지지하면서, 시대적 사명인 '탄소중립'의 목표를 이루고자 하는 교회들의 용기 있는 발걸음이 시작되었다.

탄소중립'을 선언했다. 전 세계 모두가 기후위기를 위협으로 받아들이고 있다. 너도나도 모두가 기후위기를 위기로 받아들이지 않고는 기후재앙을 막아낼 수 없다는 것을 인식하기 시작한 것이다. 교회는 나와 내 후손을 위해 무엇을 해야 하는 것일까?

이 책에서는 교회가 2030년까지 온실가스 50%를 줄이는 데 최선을 다해야 한다는 절박한 인식을 반영하여 '탄소중립 기후 교회'의 등장을 이야기하고자 한다. 탄소중립 기후 교회는 교회 공동체 차원에서 기후위기를 인정하고, 탄소중립의 목표를 세워 실천함으로, 하나님이 모두에게 허락하신 풍성한 생명을 함께 누리게 하는 교회를 지칭한다. 2023년 한국 교회의 대사회적 신뢰도 상승 과제와 대사회 공적 역할의 확대와 맞물려 환경을 중시하는 교회가 점점 더 생겨날 것으로 전망한다.

높아지는 기후위기 의식

"옛날에 교회에서 창조 질서 보전에 대한 이야기를 하면 지겨웠어요. 별로 심각하게 느끼지 못했거든요. 그런데 지금은 한국 날씨가 너무 이상해졌어요. 제가 느낄 만큼 말이죠."

위기의식에 많은 변화가 생겼다. 이상기후는 우리가 느낄 만큼 진행됐다. 전 세계에 폭염, 폭우, 폭풍, 폭설이 나타나고 있다. 기후위기 문제는 더 이상 다른 나라의 문제가 아니다. 우리의 문제가 됐다. 얼마 전 한국 교회총연합이 의뢰하고, 지앤컴리서치가 진행한 '2022 한국 교회 기후환경 인식 조사(일반국민/목회자/개신교인 대상)'에 의하면, 요즘 사람들은 절대다수가 '위기 상황에 접어들었거나 특단 조치가 필요한 상황'이거나 '당장은 아니지만 위기 상황으로 치닫고 있다'고 응답하고 있다(목회자 98.8%, 개신교인 97.7%). 심각성을 느끼는 정도가 성도들보다 목회자들이 더 강했다. 49세 이하의 젊은 목회자들이 더 심각하게 느끼고 있는 것으로 나타났다. 수치상으로 보면, 코로나가 시작되고, 유엔환경계획(UNEP)와 그린피스(Greenpeace)가 2020년 조사했을 때 3명 중 2명이 기후비상사태를 선언해야 한다고 했던 것보다 더 높은 위기의식으로 보인다. 당시 우리나라 사람들은 20%가 기후위기가 심각하다고 했으며, 감염병이 50% 정도 심각하다고 답변했다.

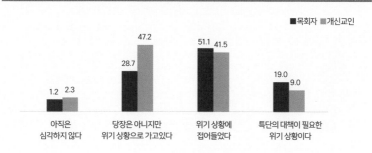

■ 목회자 ■ 개신교인

아직은 심각하지 않다	당장은 아니지만 위기 상황으로 가고 있다	위기 상황에 접어들었다	특단의 대책이 필요한 위기 상황이다
1.2 / 2.3	28.7 / 47.2	51.1 / 41.5	19.0 / 9.0

* 한교총, 전국 만19세 이상 개신교인 1,000명, 담임목사 500명, 2022.05

기후위기 의식의 변화는 부정적인 감정을 만드는 것으로 나타났다. 조사에 의하면, 가장 두드러진 감정이 '우려하는,' '두려운'과 같은 감정이었다. 특히 '우려하는'은 개신교인, 일반 국민, 목회자 그룹에서 동일하게 가장 높은 것으로 조사되었다.

"뉴스나 유튜브에서 여러 번 폭우 때문에 갑자기 흙이 흘러내리는 장면을 봤어요. 너무 순식간에 일어나서 보고 있는 저도 두려웠어요. 아무리 과학이 발달했다고 해도 자연의 힘이란 엄청난 것 같아요."

기후위기 현상에 대한 우려를 잘 나타내는 말이다. 이제 기후위기는 나에게도 일어날 수 있는 일이 되었다. 몇 년 전부터 뉴스는 대대적으로 전 세계에서 일어나고 있는 이상기후 현상을 보도하고 있다. 이제 이상기후로 일어나고 있는 변화와 다양한 재난을 모르는 사람이 없다.

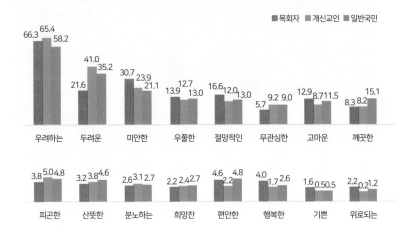

기후 환경 연상 감정(중복응답)

■목회자 ■개신교인 ■일반국민

	목회자	개신교인	일반국민
우려하는	66.3	65.4	58.2
두려운	21.6	41.0	35.2
미안한	30.7	23.9	21.1
우쭐한	13.9	12.7	13.0
절망적인	16.6	12.0	13.0
무관심한	5.7	9.2	9.0
고마운	12.9	8.7	11.5
깨끗한	8.3	8.2	15.1
피곤한	3.8	5.0	4.8
산뜻한	3.2	3.8	4.6
분노하는	2.6	3.1	2.7
희망찬	2.2	2.4	2.7
편안한	4.6	2.2	4.8
행복한	4.0	1.7	2.6
기쁜	1.6	0.5	0.5
위로되는	2.2	0.2	1.2

　　하지만 이런 양상과 목회자들의 인식에도 불구하고, 목회자들은 매주 선포하는 설교를 통해 기후환경 이야기를 별로 전하고 있지 않은 것으로 조사되었다. "요즘 설교를 하고 있다"는 목회자는 27.3%로 비교적 적었고, "전에 한 적이 있다"는 목회자는 53.3%였다. 중요하게 여기면서도 설교하지 못한 이유는, 설교에 적합한 주제가 아니어서라기보다 기후환경에 대한 지식, 정보의 부족과 관련 성경본문이나 설교자료를 찾기 어려워서라는 응답이 높았다. 이 자료는 기후위기에 대한 인식은 높아지고 있지만 교회가 어떤 역할을 하고 어떤 목소리를 내야 하는지에 대한 인식은 약하다는 것을 보여준다.

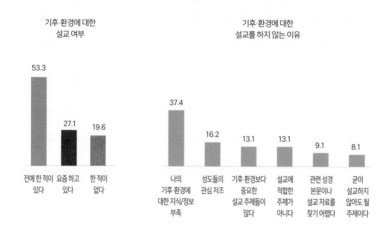

기후·환경에 대한
설교 여부

53.3 전에 한 적이 있다
27.1 요즘 하고 있다
19.6 한 적이 없다

기후·환경에 대한
설교를 하지 않는 이유

37.4 나의 기후·환경에 대한 지식/정보 부족
16.2 성도들의 관심 저조
13.1 기후·환경보다 중요한 설교 주제들이 많다
13.1 설교에 적합한 주제가 아니다
9.1 관련 성경 본문이나 설교 자료를 찾기 어렵다
8.1 굳이 설교하지 않아도 될 주제이다

탄소제로 녹색교회를 향한 움직임

코로나19 이전과 달리 한국 교회 안에도 '기후 불안'이 생겨나면서 '녹색교회'를 향한 움직임이 생겨나고 있다. 위기를 분명하게 인식하기 시작했다는 것이다. 불안감을 느낀다는 것 그 자체가 희망의 한 신호라고 할 수 있다.

위기의식이 조금만 더 빨리 생겼다면, 조금만 더 빨리 대응했다면 한국은 조금 더 달라졌을지도 모른다. 기후변화의 65%가 인간 활동에 기인한다고 했던 2001년(IPCC 3차 보고서), 아니 95% 이상이 인간의 활동에 기인한다고 한 2013년(IPCC 5차 보고서)에라도 그렇게 했다면 말이다. 그때 전년 대비 4%씩만 탄소 배출량을 줄여도 됐었다. 하지만 지금은 매년 15% 이상을 줄여야 2050년에 탄소중립을 이룰 수 있게 되었다. 상황이 나빠졌다. 20년 아니 10년의 기회를 놓친 것이다. 2050년 탄소중립이 가능하기 위해서는 2030년까지 2018년 대비 절반의 탄소 배출량을 줄여야 한다. 온실가스를 절반으로 줄여야 하는 2030년까지 7년이 남았다.

다행히도 한국 교회 안에 '녹색교회' 운동에 대한 관심이 높아지고 있다. 녹색교회 운동은 1998년 지속가능한 세상을 위한 '녹색교회 21' 의제가 만들어진 후 다양한 시범사업을 거쳐 녹색교회를 선정하는 일로 운동을 확대하고 있다. 지금까지 선정된 교회들은 예배, 교육, 봉사, 선교, 조직적 차원에서 하나님의 창조와 생명을 위한 배려를 다양한 방식으로 표현해왔다. 물과 에너지 사용은 물론 종이, 교통, 음식, 그리고 폐기물 처리에 이르기까지 다양한 부분을 실천했다.

물 : 샤워 등을 할 때 물을 낭비하지 말고, 집에서 누수를 확인한다. 가정용 수도꼭지 설치하고 매월 물 소비량을 확인한다.

에너지 : 방을 나갈 때 조명을 끄고, 기기 사용 후에는 플러그를 뽑도록 한다. 되도록 밝은 낮에는 조명을 사용하지 않는다. 과도한 에어컨 사용을 피한다. 되도록 LED 전구로 교체한다. 재생 가능 에너지를 선택하고 가능한 한 에너지 효율적인 장비를 구입하도록 한다. 태양 전지판을 설치하고, 매월 전력 소비량을 측정기에서 확인한다.

폐기물 : 일회용 제품, 플라스틱이나 PET의 사용을 자제한다. 골판지, 가방, 봉투와 같은 일부 쓰레기는 재사용하고, 재활용 제품을 선택한다. 폐기물을 버리기 전에 재활용방안을 찾고 직접 혹은 가

능한 곳으로 연결한다.

종이 : 종이를 적게 사용한다. 인쇄하기 전에 정말 필요한지 생각해 본다. 양면으로 인쇄하여 사용한다. 재활용 또는 환경친화적인 용지를 즐겨 사용하고, 포장지를 재사용하도록 한다. 재활용을 위해서 종이와 판지를 분리하여 올바른 용기에 보관한다.

교통(운송수단) : 가능한 대로 대중교통을 이용한다. 그리고 저에너지(전기, 수소) 자동차를 구입하기를 권장한다. 우리 공동체 안에서는 걷기와 자전거 타기를 장려하도록 한다.

음식 : 신선한 음식을 먹고 정크 푸드를 피한다. 선호하는 유기농 및 제철 식품, 과도한 육류, 단것 및 지방을 피한다. 그리고 음식은 낭비하지 않는다.

이 운동에 참여한 교회들의 기후환경 실천에 대한 생각은 대체로 긍정적이다. 기후환경 교육이 하나님의 생명 모두가 풍성한 삶을 살게 하는데 관심을 갖도록 할 뿐 아니라(88.7%), 성도들의 영적인 성장에도 도움이 된다고 생각한다(87.1%). 교회의 사회적 신뢰도도 높이고(94.6%), 적절한 전도효과도 있다(82.8%)고 보고 있다. 교육실천 캠페인이 기도하게 하며, 동시에 지역사회와 시민단체와 힘을 모아 문제해결을 위해 협력하게 만들기 때문에 다음세대 교육에도 반드시 포함시켜야 한다는 생각이 대부분이다(94.8%).

녹색교회는 창조주 하나님을 이 땅과 교회를 세우신 분으로 고백하며, 구속의 은총 이전에 창조의 은총이 있었음을 깨달아 교회의 본바탕, 근원이 된 창조의 빛을 기억해내고 기후위기 시대에 응답하는

■ 매우+약간 그렇다(4점척도질문)

항목	값
나는 우리 교회가 하나님 지으신 모든 생명이 골고루 풍성한 삶을 살게 하는 데 관심을 갖게 해주었다고 생각한다	88.7
나는 우리 교회의 기후 환경교육과 실천이 교우들의 영적 성장에 도움이 된다고 생각한다	87.1
나는 우리 교회의 기후 환경교육과 실천이 우리 교회의 사회적 신뢰도를 높일 것이라고 생각한다	94.6
나는 우리 교회의 기후 환경교육과 실천이 전도에 적절한 효과를 준다고 생각한다	82.8
나는 우리 교회의 기후 환경교육이 교회의 다음세대 교육에 포함되어야 한다고 생각한다	94.8
우리 교회는 교인들이 정기적으로 기후 환경 문제의 해결을 위해 기도한다	75.6
우리 교회는 지역 내 기후 환경 문제 등 주민들에게 관심을 두고 있다	91.0
우리 교회는 기후 환경 문제 해결을 위해 지역사회나 시민단체 등과 협업하고 있다	67.8

* 2022.04.27~05.09, '매우+약간 그렇다' 비율, 출석교회의 기후환경 교육/캠페인 시행 경험 교인

곳을 말한다. 그동안 교회는 중심에 품고 있는 창조의 빛(녹색)을 말 아래에 놓고 있었다고 해도 과언이 아니다. 녹색교회 운동이 더 확장 된다면 교회는 푸르러지고 세상은 더 아름답게 회복될 것이다.

다행히 요즘 많은 교회들이 이에 관심을 두기 시작했다. '2022 기 후환경 인식조사' 결과만 봐도, 대다수(개신교인 88.8%, 목회자 95.8%) 가 교회가 기후환경 문제에 적극적으로 대처해야 한다는 데 동의하고 있다. 그만큼 교회가 기후환경 문제를 극복하는 데 있어 중요하기 때 문이다. 세이건(C. Sagan), 다이슨(F. Dyson), 굴드(S. J. Gould)와 같 은 유명 과학자들도 종교계에 환경 문제에 대한 지도자적 역할을 요 청하는 공개서한을 보내기도 했다. 이는 1993년 미국의 주요 종교계 인사들이 모여 종교의 녹색화와 환경 정의를 추구하는 기구(NRPE, National Religious Partnership for the Environment)를 구성하게 했다. 이는 지금의 기후위기가 단순히 생태계의 위기가 아니라 사회에 변화를 이끌 수 있는 삶의 태도의 위기임을 분명히 한다.

'기후 증인' 녹색교회 활동

기후위기 대응 활동을 하는 데 있어서 무엇보다 중요한 것은 기후 환경 이야기를 퍼뜨리는 것이다. 기후위기라는 도전에 맞서 신앙인으로서 지녀야 할 가치와 그에 따르는 행동을 충분히 상상하며 행동해야 한다. 크리스천은 이미 태초에 지키고 돌보라는 명령을 하나님으로부터 받았고, 지금도 신음하는 피조물들의 도움을 요청받고 있다.

기후위기를 넘어서려면 혼자서는 결코 이룰 수 없다. 교회는 '기후 증인 공동체'로서 기후(환경)위원회로 활동해야 한다. 공동체 활동 가운데 교회의 탄소발자국을 확인하고 줄이려는 노력을 해야 한다. 기후위기에 영향을 받아 무너질 수 있는 기후 약자를 돌보아야 한다.

조사에 의하면 77.2%(과거에 했으나 현재는 하고 있지 않은 9.6% 포함)에 해당하는 이들이 기후환경 캠페인을 전개하고 있지 않다고 답변했다. 이들 가운데 출석교회나 주변교회에서 기후환경 캠페인을 전개하면 적극적으로 참여한다는 이들이 대부분이다(83.5%). 눈길을 끄는 것은 일반 국민도 집 주변 교회가 기후환경 캠페인을 한다면 38.0%가 참여할 의향이 있다고 답변했다는 것이다. 이는 교회가 기후환경 교육과 실천을 계획할 때 지역사회를 고려할 필요가 있다는 것을 보여준다. 지역사회와 함께하는 기후환경 캠페인은 교회의 신뢰도를 향

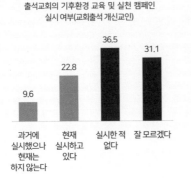

출석교회의 기후환경 교육 및 실천 캠페인
실시 여부(교회출석 개신교인)

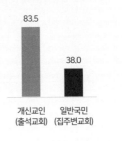

출석교회/주변교회의 기후환경 실천
캠페인 참여 의향(적극적+대체적 참여할 것)

*4점 척도 질문임

상시킬 기회가 될 수 있다는 말일지도 모른다.

물론 이런 이유가 아니더라도, 교회라면 창조주 하나님과 신음하는 이웃(자연)에 대한 사랑을 가정과 교회 그리고 사회에서 드러내야 했다. 먹는 행동과 에너지 사용법, 이동하는 방식, 아니 모든 영역에서 삶이 기후위기 앞에 선 증인 된 모습을 보여야만 했다. 기후변화가 인간관계를 기본적으로 해치고, 문제 발생에서부터 해결에 이르기까지 사회, 국가 간 양극화도 우려되는 상황에 있음을 알고 있다면 더욱 그러해야만 했다.

기후위기 앞에서 성도들과 함께 기후 증인으로서의 다음과 같은 활동을 할 수 있다.

첫 번째, '배우고 연결하기'다. 각자가 지구에 얼마나 거대한 탄소 발자국을 남기고 있는지를 자가진단해본다. 자신의 모습을 살피는 가운데, 지구를 지키고 돌보는 일을 돕는 성경 구절과 일상을 깊이

묵상하고 성찰한다.

두 번째, '가정 에너지효율 높이기'다. 가정 에너지의 낭비를 줄이면 탄소발자국이 삭감되며 장기적으로 비용이 많이 절약된다. 각자 집에 대한 종합 에너지 진단을 하고, 전등 끄기나 실내 적정온도 유지 등 행동을 실천한다. 에너지효율 등급이 높은 제품을 구입하고, 기회를 보아 기후 내성을 갖춘 자재를 사용해 주택 리모델링을 시도한다.

세 번째, '가정 쓰레기 줄이기'다. 행사에 참여할 때 어차피 나중에 쓰레기가 될 전단지를 집어들지 않거나, 음식물 찌꺼기는 얼마든지 전부 퇴비로 만들겠다고 생각해서는 문제를 해결할 수 없다. 패스트푸드 포장지, 일회용 배달음식 포장재 등 편리성을 계속 추구해서는 쓰레기를 줄일 수 없다는 것을 기억해야 한다.

네 번째, '플라스틱 사용 줄이기'다. 쉽게 사고 쉽게 버리는 헤픈 세상에서, 우선 일회용 플라스틱을 재사용 가능한 제품으로 교체한다. 아마존 등 온라인 쇼핑매장에서 구매한 상품을 배송할 때 플라스틱 포장재 없이 보내달라고 요청하거나 유리 또는 금속용기에 투자한다. 플라스틱 용기를 제거하고 친환경 재료로 나만의 청소용품을 만드는 시간을 가져본다. 좋은 환경정책을 채택한 식료품점에서 쇼핑하고, 지역의 식료품점에 향후 지속가능한 매장으로 전환하는 행동을 하도록 청한다. 교회 전도용품으로 플라스틱으로 만든 물티슈를 주는 대신 다른 것으로 대체한다.

다섯 번째, '교통, 운송에 변화주기'다. 운송에 사용되는 연료의 90% 이상이 가솔린과 디젤 등 석유 기반 연료다. 이동 수단을 선택할 때, 대중교통이나 자전거 이용, 걷기를 적극적으로 검토한다. 차를 몰고 출근해야만 한다면 카풀을 고려한다.

여섯 번째, '구조적 변화를 위해 목소리 내기'다. 에너지 분야 모두에서 변화를 가져오려면, 개인들의 변화도 중요하지만 궁극적으로 정부와 기업의 전면적인 구조적 변화 없이는 불가능하다. 시장, 국회의원, 기업의 대표를 움직여 배출량을 줄이고 기후재해를 피하는 과감한 결정이 내려지도록 촉구한다.

일곱 번째, '전기, 전력을 돌아보고 전환하기'다. 아직 완벽하지는 않지만, 최근 수십 년간 지열과 태양열 및 풍력 에너지원이 확장되면서 다양한 방식의 전력이 우리 일상생활을 가능하게 하고 있다. 교회와 사회가 태양광 발전을 채택하여 확산하는 일에 최선을 다해야 한다.

이처럼 교회는 다양한 형태의 녹색교회 운동을 전개할 수 있다. '탄소제로 녹색교회' 선언, '탄소중립 기후 교회' 선언, '그린 엑소더스' 등 다양한 형태의 녹색교회 운동을 전개할 수 있고 이미 확산되고 있다. 교회들의 자발적 선언과 약속은 변화의 출발점이다. 간단하게라도 탄소중립의 목표를 세워 실행하는 교회가 되어야 한다. 더 많은 교단, 지역, 교회가 '환경 선교사'를 양성하여 기후위기에 맞서 함께 기도하고, 공부하고, 행동할 수 있도록 해야 한다.

탄소중립 기후 교회의 동력

'한국 교회 기후환경에 대한 인식 조사' 설문에 의하면, 기후환경 문제 극복을 위한 교회의 중점 사항으로 '친환경 생활캠페인'과 '창조 신앙적 관점의 교육'을 가장 높게 꼽았다. 다음으로 '교회 차원의 에너

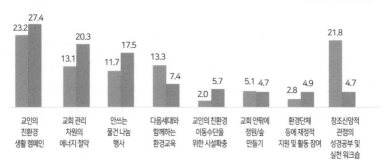

기후환경 문제 극복을 위한 교회의 중점 사항

■ 목회자 ■ 개신교인

	목회자	개신교인
교인의 친환경 생활 캠페인	23.2	27.4
교회 관리 차원의 에너지 절약	13.1	20.3
안쓰는 물건 나눔 행사	11.7	17.5
다음세대와 함께하는 환경교육	13.3	7.4
교인의 친환경 이동수단을 위한 시설확충	2.0	5.7
교회 안팎에 정원/숲 만들기	5.1	4.7
환경단체 등에 재정적 지원 및 활동 참여	2.8	4.9
창조신앙적 관점의 성경공부 및 실천 워크숍	21.8	4.7

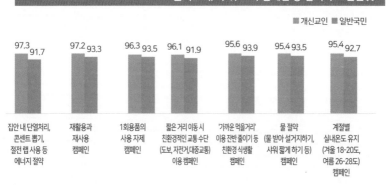

출석교회/ 주위 교회 캠페인 중 참여하고 싶은것

■ 개신교인 ■ 일반국민

	개신교인	일반국민
집안 내 단열처리, 콘센트 뽑기, 절전 랩 사용 등 에너지 절약	97.3	91.7
재활용과 재사용 캠페인	97.2	93.3
1회용품의 사용 자제 캠페인	96.3	93.5
짧은 거리 이동 시 친환경적인 교통 수단 (도보, 자전거,대중교통) 이용 캠페인	96.1	91.9
'가까운 먹을거리' 이용 잔반 줄이기 등 친환경 식생활 캠페인	95.6	93.9
물 절약 (물 받아 설거지하기, 샤워 짧게 하기) 캠페인	95.4	93.5
계절별 실내온도 유지 (겨울 18-20도, 여름 26-28도) 캠페인	95.4	92.7

* 적극적+대체적 참여하겠다는 응답자, 상위 7위

지 절약', '안 쓰는 물건 나눔' 등 일상생활 속 행동 중심으로 높게 응답했다. 반면 '창조 신앙적 관점의 성경공부', '기후환경을 위한 예배, 기도회' 등 신앙 관련 항목 응답률은 낮았다. 참여를 희망하는 기후환경캠페인은, '집안 내 에너지 절약, 재활용, 재사용, 일회용품 자제,

단거리 친환경 교통 이용 등'이 90% 이상 되었다.

먼저 교회가 우선적으로 할 일은 목표를 새롭게 정하는 일이다. 하나님의 부르심을 분별하는 가운데 신앙공동체 전체를 부르고 계신다는 사실을 인식해야 한다. 만일 탄소중립의 목표가 탄소배출량을 줄여야 할 주체를 고려하지 않고 무엇을 할지 생각한다면 그 실천은 막연하고 성취에 따른 만족감도 낮을 수밖에 없다. 교회가 생태적 전환 도시로의 전환을 이루는 산실로 '탄소중립 기후 교회'가 되어야 한다. 또한 탄소중립을 이루는 지역사회로의 전환을 시작해야 한다.

'한국 교회 기후환경 인식 설문'에 의하면, 아직은 녹색교회에 대해 관심을 둔 교회들이 지역사회와의 협력 부분을 충분히 실천하고 있지 않다. 그러나 탄소중립을 이루기 위해 우선적으로 협력해야 할 대상(1+2순위)으로 지역사회(51.8%)와 교회 구성원(43.6%)을 생각하고 있다는 것은 긍정적인 반응이다. 하지만 현재까지 교회들이 지역사회의 탄소중립의 목표를 상당수 잘 모르고 있는 실정이다(68.1%).

'탄소중립 기후 교회'로 바로 서기 위해서는, 지역사회의 탄소중립의 목표가 무엇인지 먼저 살펴야 하고, 어떤 전략으로 다양한 주체들과 실현할 계획을 세워두고 있는지 살펴야 한다. 그래야 교회를 중심으로 마을 숲을 조성하고, 교회 건물의 에너지 사용을 효율화할 수 있다. 그뿐만 아니라 에너지를 직접 생산하고, 신축 건물은 제로 에너지 건물로 짓고, 또 노후화된 건물은 효율화 사업을 통해 탄소중립을 이루는 마을교회를 만들어야 한다. 옥상이나 마당 한쪽에 텃밭이나 정원을 만들어 돌보는 마을교회, 걷고 자전거를 타고 대중교통을 애용하며 그것이 더 편안한 마을을 만들어 가는 마을교회로서의 '탄

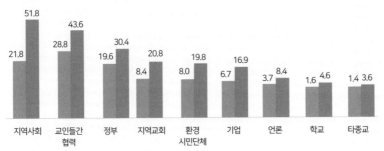

탄소중립을 위해 교회가 우선 협력해야 하는 주제(개신교인 대상)

■1순위 ■1+2순위

주제	1순위	1+2순위
지역사회	21.8	51.8
교인들간 협력	28.8	43.6
정부	19.6	30.4
지역교회	8.4	20.8
환경 시민단체	8.0	19.8
기업	6.7	16.9
언론	3.7	8.4
학교	1.6	4.6
타종교	1.4	3.6

소중립 기후 교회'를 만들어 가야 한다. 특별히 마을 안의 기후 약자들을 찾아 적절히 배려하는 정의로운 전환이 이루어지도록 배려하고 협력해야 한다.

이 같은 탄소중립의 활동은 지금의 교회들이 공동선을 추구하면서 회복탄력성을 기르는 연습을 할 수 있게 도울 것이다. 이미 적잖은 교회들이 도시 전환 운동 차원에서 이런 일들을 벌이고 있다. 생존의 단위가 전체 생태계이듯, 탄력성의 단위는 우리가 살고 있는 공동체이다. 교회들이 기후위기의 도전 앞에서 지역사회에 관심을 갖고 더욱 철저하게 대응해 갈 필요가 있다.

트렌드 전망 및 시사점

코로나19 확산 3년, 그리고 기후위기는 사람들의 일상 깊숙이 파고들었고, 그 심각성은 이제 상황에만 있지 않다. 상황 자체를 여전히 부정하고 있는 이도 있고, 우리가 벌여놓은 일임이 분명해졌는데도 여전히 책임을 회피하거나 적당히 거리를 두며 침묵하고 있는 이들도 있다. 하지만 달라졌다. 2023년 한국 교회 안에는 하루라도 빨리 삶에 근본적이고 획기적인 변화를 주어야 지구 온도 상승 속도를 늦출 수 있고 더 큰 재난을 면할 수 있다는 생각이 확산되고 있다.

신앙인으로서 기후위기라는 도전 앞에서 어떻게 해야 한다고 말하는 이들이 생겨나고 있다. 신앙적 주제로 생각하지 못하거나 너무 어려운 주제라고 생각하는 교회도 있지만, 창조주 하나님을 믿고, 만물의 화해자 되신 주님을 따르는 '기후 교회', '사랑하고 섬기라는 부름'에 응답하는 '탄소중립 기후 교회'로 새로워지는 교회들이 생겨나고 있다.

2023년에는 기후위기를 교회공동체 안에서 위기로 인식하는 일이 뚜렷해질 것이다. 두려움과 불안함은 여전하겠지만, 교회가 서서히 하나님의 부르심에 각성하는 시간이 될 것이다. 교회 안에서 다양한 주체들이 자발적으로 '탄소제로(의 목표를 세우고) 녹색교회'를 선언하는 일이 산발적으로 일어날 것이고, 그로써 '탄소중립 기후 교회'의 면모를 드러낼 것이다.

더 많은 교회들이 위급해지는 기후위기의 상황 속에 이 운동에 동참하게 될 것이다. 이를 통해 많은 이들이 창조세계 전체가 하나님의 것임을 신앙 안에서 인정하게 될 것이다. 한 사람 한 사람의 생각, 우리 모두의 교회가 진정으로 속속들이 바뀌기를 기도하는 마음으로, '탄소중립 기후 교회'가 교회들 가운데서, 마을공동체 안에서 자라가기를 기도한다.

11

Current Trends in American Christianity

미국 기독교 트렌드

미국 기독교도 코로나19가 불러온 재앙 가운데서 큰 변화를 겪었다. 그리고 지금 코로나19의 충격에서 회복 중이다. 코로나19라는 전대미문의 상황에서 미국 기독교의 대응 방식은 대체로 미국 사회에 긍정적인 영향을 미쳤다. 코로나19는 미국인들에게 삶의 의미와 종교의 역할을 다시 생각하는 계기를 주었고, 교회는 미국인들에게 기독교의 긍정적인 이미지를 다시 형성하도록 했다. 그 결과 기독교인들은 교회의 대응에 자부심을 갖고 코로나19 이후에 다시 교회로 돌아가겠다는 의지를 보였다. 그러나 코로나19 이후 미국의 종교 상황과 기독교의 앞날은 그렇게 밝아 보이지 않는다. 코로나19 이전부터 지속되어 온 미국 사회의 비종교화는 코로나19를 계기로 가속화되었다. 기독교의 긍정적인 대응도 이러한 변화의 방향을 바꾸지는 못하고 있다.

미국 사회가 비종교 사회로 변화하는 흐름은 기독교에 큰 영향을 미쳤다. 미국 개신교 인구가 역사상 처음으로 전체 인구의 절반 이하로 줄어들었다. 더욱이 과거에는 어느 정도 일치되어 있던 미국인의 신앙적·영적인 요청과 제도 종교가 분리되는 경향이 생겨나게 되었다. 이런 경향은 젊은 세대에서 더욱 강력하게 나타나 미래의 전망을 어둡게 하고 있다. 미국 기독교는 코로나19에서 회복하고 있으나 기독교 인구의 감소와 기독교의 사회적 영향력의 감소는 피할 수 없는 미래가 되어가고 있다.

코로나19의 피해

2019년에 시작하여 2020년부터 본격적으로 전 세계를 강타한 코로나19는 미국의 기독교에도 큰 영향을 미쳤다. 특히 1950년대 이후로 지속적인 감소세에 있던 미국의 기독교 인구 비율이 코로나19를 계기로 더욱 큰 폭의 감소세를 보이고 있기 때문이다. 코로나19 동안 미국에 수많은 감염자와 사망자가 나타났다. 사회의 여러 기능이 마비되었고 교회의 대면 예배도 중지되었다. 2020년 초반 미국 교회는 10% 정도만 대면 예배를 드렸다. 대부분의 교회는 문을 닫거나 비대면 예배로 전환했다. 교인들은 기약 없이 교회를 떠나 있을 수밖에 없었다. 교회를 생활공동체로 여기고 있는 소수의 기독교 교파들을 제외하고 거의 모든 정규 교단들이 교회 문을 닫았다. 이러한 재난적 상황이 얼마나 지속될지 혹은 코로나19 이후 얼마나 많은 교인과 교회를 잃게 될지 알 수 없는 불확실한 상황에서 2020년과 2021년을 보내야 했다.

코로나19 상황은 정말로 심각했다. 미국 남침례교회의 조사기관인 라이프웨이리서치에서 실시한 2021년 3월의 조사에서 42%의 교인들은 같은 교회에서 코로나19 확진자가 발생하는 경험을 했고, 18%의 교인들은 가까운 교우의 사망을 직접 경험했다고 응답했다.[1] 88%의 개신교 목사들은 본인이 목회하는 교회 교인이 확진되는 상황을 겪었고, 29%의 목사들은 교인의 죽음을 직접 경험했다고 응답했다.

전쟁과도 같은 공포 속에서 교회는 문을 닫을 수밖에 없었다. 감염병을 극복하기 위해 종교적 활동을 제한해야 했다. 이런 상황을 겪으면서 절반 정도의 목회자들은 코로나19를 통해 그동안 교회 안에 내

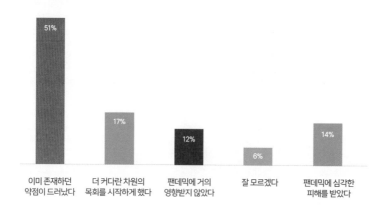

목회자 절반은 팬데믹이 교회의 약점을 드러냈다고 말한다

51% 이미 존재하던 약점이 드러났다

17% 더 커다란 차원의 목회를 시작하게 했다

12% 팬데믹에 거의 영향받지 않았다

6% 잘 모르겠다

14% 팬데믹에 심각한 피해를 받았다

출처: 라이프웨이 리서치, 2022년 2월 1일-11일, 목회자들 대상

재되어 있던 약점이 드러났다고 느꼈다. 기독교와 교회 공동체는 생각보다 재난에 취약했을 뿐만 아니라 사회 전체가 고통을 당하는 재난 상황에서 사회에 공헌할 역량도 매우 부족했다. 2022년 2월의 조사는 이런 인식을 반영한다. 미국 개신교 목사 51%가 코로나19 상황에서 이미 존재하는 교회의 약점이 드러났다고 답했다. 17%의 목회자는 목회의 범위가 교회 공동체를 넘어서 더욱 확장되어야 한다는 점을 느꼈다고 응답했고, 14%의 목회자는 자신의 교회에 심각한 피해가 있었다고 응답했다. 팬데믹 상황에서 자신의 교회가 아무런 영향을 받지 않았다는 목회자는 12% 정도에 불과했다.[2]

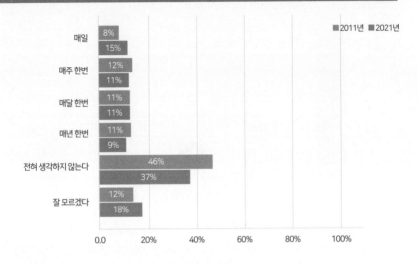

미국인들은 자신이 죽는다면 천국에 가게 될 것인지에 대해 얼마나 자주 생각하는가?

■2011년 ■2021년

구분	2011년	2021년
매일	8%	15%
매주 한번	12%	11%
매달 한번	11%	11%
매년 한번	11%	9%
전혀 생각하지 않는다	46%	37%
잘 모르겠다	12%	18%

출처: 라이프웨이 리서치, 2011

코로나19와 종교적 의미의 재발견

코로나19가 미국의 종교 상황과 특히 미국 기독교에 부정적인 영향을 미친 것만은 아니다. 역설적으로 코로나19라는 엄청난 재난 상황은 많은 미국인들에게 삶의 의미를 생각하게 하는 계기를 마련했다. 많은 사람들이 삶과 죽음의 위기 속에서 종교적인 의미를 재발견했다.

라이프웨이리서치 조사결과 2011년에는 삶의 의미와 목적에 대해서 적어도 '한 달에 한 번 이상 생각한다'는 미국인의 비율이 51%였고, '매주 생각한다' 19%, '매일 생각한다' 18%로 답했다. 삶의 의미와 목적에 대해 비교적 관심이 낮았다.

10년 후 2021년 코로나19가 한창 진행되고 있을 때 동일한 질문에 대해 '한 달에 한 번 이상 생각한다'는 비율이 57%, '매주' 21%, '매일' 21%로 소폭 증가했으니 미국의 기독교 인구 비율이 차츰 감소하고 있는 경향에 비추어볼 때 이는 매우 이례적인 현상이다. 삶의 의미와 목적을 전혀 생각하지 않는다는 미국인의 비율도 2011년에 28%에서 2021년 23%로 감소하였다. 이것은 코로나19가 가져온 큰 재난과 그 과정에서 사망한 많은 이들을 목격하는 과정에서 새로운 변화가 생겼다는 것을 의미한다.[3]

특히 코로나19를 겪으면서 미국인들은 내세에 대한 고민을 더욱 강하게 했다. 2011년 조사에서 "만약 오늘 죽으면 천국에 갈 확신이 있는가에 대해서 얼마나 자주 고민하는가?"라는 질문에 대해, '매일 생각한다'는 대답이 8%였던 반면, 2021년 조사에서는 15%로 거의 두 배가 되었다. 내세에 대해서 '전혀 생각하지 않는다'는 비율도 2011년의 46%에서 2021년에는 37%로 줄어들었다.[4] 조금 더 많은 사람들이 죽음과 내세를 생각한다는 증거이다.

코로나19에 대한 기독교의 대응

전 지구적 재난 상황에 대응하는 미국의 종교인과 미국 기독교의 태도는 많은 사람들에게 긍정적인 이미지를 주었다. "지역교회가 코로나19 기간 동안 도움을 주었는가, 해를 주었는가"에 대한 질문에 대해 53%의 미국인들이 지역교회가 코로나19에 대처하는 데 도움이 되었다고 응답했다. 반면, 지역의 교회가 지역사회에 해를 주었다는 비율은 7%에 불과했다.[5] 미국인들은 기독교가 도움을 주었다는 비

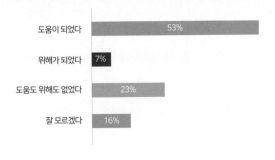

미국인들, 팬데믹 기간 동안 지역의 교회가 도움이 되었는가 해가 되었는가?

도움이 되었다	53%
위해가 되었다	7%
도움도 위해도 없었다	23%
잘 모르겠다	16%

출처: 라이프웨이 리서치, 2021년 9월3일-14일, 1005명 미국인

율이 그렇지 않다는 비율보다 두드러지게 많았다.

긍정적인 이미지가 형성된 주요한 이유 중 하나는 미국의 교회들이 코로나19가 퍼지기 시작했을 때 빠르게 온라인 예배로 전환하여 방역에 조력했기 때문이다. 2020년 4월에는 97%의 개신교 목사들이 온라인 예배를 제공한다고 응답하였고, 2021년 초반에는 85%의 교인들이 자신들의 교회가 온라인으로 예배를 드린다고 응답하였다. 미국 교회는 빠르게 대면 예배를 중단하고 온라인 예배로 전환했다. 코로나19 기간 중 전체 미국인의 45%가 온라인으로 예배를 드렸다고 응답하였는데, 그중에 30%는 정기적으로 교회를 다니는 교인들이었고 15%는 정기적으로 교회 출석을 하지 않는 사람들이었다.[6] 인상적인 것은 코로나19 이전에 교회를 다니지 않는 15%의 사람들이 온라인 예배에 참석했다는 것이다.

미국 교회가 긍정적인 이미지를 형성한 또 다른 이유는 소외계층

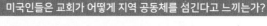

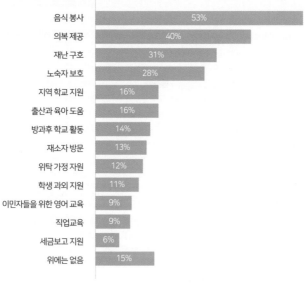

음식 봉사	53%
의복 제공	40%
재난 구호	31%
노숙자 보호	28%
지역 학교 지원	16%
출산과 육아 도움	16%
방과후 학교 활동	14%
재소자 방문	13%
위탁 가정 자원	12%
학생 과외 지원	11%
이민자들을 위한 영어 교육	9%
직업교육	9%
세금보고 지원	6%
위에는 없음	15%

출처: 라이프웨이 리서치 2021년 9월3일-14일, 1005명 미국인

에 대해 교회가 적극적인 도움을 주었다는 것 때문이다. 미국 교회는 저소득층을 위해서 음식과 의복을 제공하고 재난 상황에 처한 사람들과 노숙자를 도왔다. 코로나19 이전에도 미국 교회는 사회봉사를 해왔지만 코로나19 이후에도 사회에 대한 봉사를 지속적으로 유지했다.

미국 교회에 대한 호의적인 반응은 미국 일반 국민만이 아니었다. 미국 교회 기독교인들도 코로나19 시기에 이루어진 교회의 대응에 대해 대체로 긍정적인 반응을 보이고 있다. 86%의 교인들이 코로나19 기간 동안 교회의 대응에 대해 자부심을 느낀다고 응답했다. 단지

12%의 기독교인들만 부끄럽다고 응답했다. 미국 기독교인들이 코로나19에 대한 교회의 대응에 압도적으로 긍정적 반응을 보인 이유는 교회가 대면, 비대면 예배 여부에 집착하면서 논쟁을 만들기보다 상황에 맞는 방식으로 적극적으로 대응했기 때문이었다.[7]

미국 교회 가운데 대면 예배를 고수한 교회의 비율은 대략 5% 정도 밖에 되지 않았다. 대부분의 교회들은 상황에 적응하면서 여러 가지 창조적인 방식으로 예배를 주관하고 새로운 종교적 경험을 제공하였다. 교인들은 이에 대해 긍정적으로 반응했다. 코로나19 기간 동안 미국 교회의 85%가 온라인 실시간 예배를 제공했고, 76%의 교회가 예배 동영상을 올려서 시간에 구애받지 않고 예배에 참여하도록 했다. 일부 교회는 코로나19에 맞는 온라인 성경공부나 야외 예배, 그리고 드라이브인(drive-in) 예배도 제공했다.

코로나19와 신앙생활

코로나19는 미국 기독교인들의 신앙형태에도 큰 영향을 미쳤다.

코로나19의 영향으로 소그룹 모임에 참석하는 기독교인의 비율은 59%에서 37%로 줄었고, 29%의 교인들은 교회가 소그룹 활동을 제공하지 않았다고 응답했다. 그러나 소그룹 모임 대신 다양한 방식의 교회 활동이 활성화되었다. 특히 53%의 교인들은 온라인 예배 참석이 이전보다 늘었다고 응답하였고, 비대면을 기반으로 한 기독교 서적 읽기, 설교방송 참여와 온라인 성경공부 그리고 기독교 팟캐스트와 라디오 듣기 등의 다양한 종교 활동이 전보다 더 늘었다.[8] 코로나19가 만들어놓은 새로운 환경은 미국에서 종교 활동을 위축시켰다기보다 종교 활동의 다양성을 만드는 긍정적인 배경이 되었다.

교회의 재정 상태도 유사한 방향으로 움직였다. 코로나19 기간 동안 많은 교회들이 재정적인 어려움을 겪었지만, 생각보다 심각하지 않았고 빠르게 회복되고 있다. 2020년의 경제 상황이 교회재정에 부정적인 영향을 미치고 있다는 비율이 48%에서 2021년 37%로 감소하였고, 2021년에는 경제 상황과 무관하다는 비율이 절반 가까이 되었다.[9] 특히 헌금이 줄었다는 교회는 생각보다는 많지 않았고 2021년 조사에 의하면 73%의 교회가 2020년과 비교해서 예산이 같거나 증가하였다.[10]

전 지구적 재난 상황에서 기독교인들은 다양한 방법으로 신앙생활을 했고 교회 재정도 생각보다 나쁘지 않았다. 그 영향으로 많은 교인들은 코로나19 상황에서 더욱 하나님과 가까워졌다고 말한다. 2021년 조사에서 54%의 교인들은 코로나19로 인하여 하나님과 더욱 가까워졌고, 39%는 하나님과의 관계가 변함없이 유지되었다고 응답한 반면, 더 멀어졌다는 응답은 7%에 그쳤다. 91%에 이르는 대

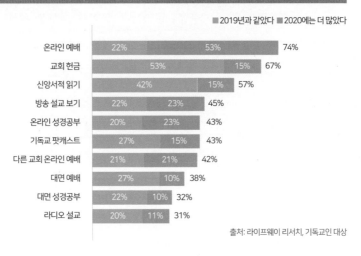

출처: 라이프웨이 리서치, 기독교인 대상

부분의 교인들이 코로나19 이후 교회로 돌아가 이전과 같거나 더 열심히 예배에 참석할 것이라고 응답한 것도 고무적인 일이었다.

다시 문을 여는 교회, 그러나…

미국 기독교는 2020년 최악의 상황을 벗어나 2021년부터 회복되고 있다. 코로나19가 어느 정도 진정되고 있던 2021년 8월경까지 98%의 교회가 다시 문을 열었고 대략 73% 정도의 교인들이 다시 현장 예배에 참석하게 되었다.[11]

2021년 8월 기준으로 코로나19 이전의 교인들 70% 미만이 돌아온 교회는 48%, 반면 코로나19 이전 기준으로 교인의 70% 이상이 회복된 교회는 52%였다. 코로나19가 진행되고 있었지만 절반가량의 교회는 예전으로 회복되고 있다고 볼 수 있다. 교인의 수가 90% 이상

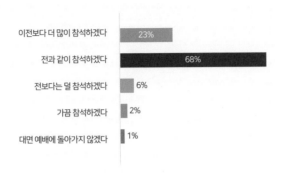

이전보다 더 많이 참석하겠다　23%

전과 같이 참석하겠다　68%

전보다는 덜 참석하겠다　6%

가끔 참석하겠다　2%

대면 예배에 돌아가지 않겠다　1%

출처: 라이프웨이 리서치, 개신교인 대상

회복되거나 혹은 교인들이 더 늘었다는 교회가 전체의 21% 정도였는데, 코로나19 중이었던 것을 감안하면 주목할 부분이다.[12]

2022년 1월까지 97%의 교회가 문을 열었는데, 1년 전 2021년 1월의 76%에 비교하면 11%가 늘었다. 그러나 2021년 조사에서 91%가 열심히 예배에 참석하겠다고 대답한 것을 생각하면 현장 예배에 참석하는 교인들의 숫자는 기대에 미치지 못한다.

2022년 3월 조사에 의하면 한 달에 한 번 이상 정기적으로 교회에 가던 기독교인의 67%만이 대면 예배에 참석하고 있었다. 아직도 기독교인의 3분의 1가량이 대면 예배로 돌아가지 않았다는 뜻이다. 대면 예배로 돌아가지 않고 있는 33%의 교인 중에서 21%는 온라인 예배에 참석하고 있다고 응답했다. 비대면 예배와 대면 예배 참석인원을 합해서 88%의 교인이 예배를 드리고 있는 것이다. 단지 12%만 아

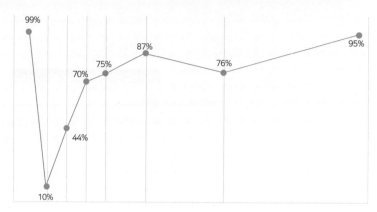

대면 예배를 다시 시작한 교회 비율

99%

10%

44%

70%

75%

87%

76%

95%

2020 2020 2020 2020 2020 2020 2020 2020 2020 2020 2021 2021 2021 2021 2021 2021 2021 2021
3월 4월 5월 6월 7월 8월 9월 10월 11월 12월 1월 2월 3월 4월 5월 6월 7월 8월

출처: 라이프웨이 리서치, 2020년 3월 - 2021년 8월, 미국 목회자 대상

직 대면 예배나 온라인 예배에 모두 참석하지 않는다고 응답했다. 코로나19 이전에 정기적으로 예배에 참석하던 기독교인 중에서 약 10% 정도는 코로나19 이후에 교회로 돌아가지 않을 가능성이 있다.[13]

기독교 인구가 줄어드는 이유 : 비종교화

코로나19 이후 교회로 돌아가겠다는 교인들의 응답은 91%였지만 실제로 교회가 다시 문을 열었을 때 교회 현장 예배는 이전처럼 빠르게 회복되지는 않았다. 회복에 시간이 필요한 것인가? 아니면 다른 이유가 있을까? 어쨌든 이런 현상은 중요한 시사점을 제공하고 있다. 우선 미국 사회가 코로나19에서 회복되는 것과는 별개로 미국

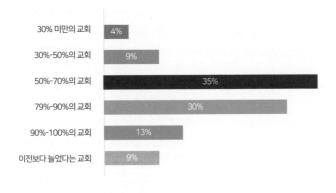

사회의 비종교화가 진행되고 있다는 것을 반영하고 있기 때문이다.

앞서 말한 대로 미국의 기독교 인구 비율은 지속적으로 감소하고 있다. 2021년을 기준으로 기독교 인구 비율을 다 합쳤을 때도 63%를 기록했지만, 어떤 종교에도 소속되지 않는다는 비율이 29%였다. 2007년 같은 조사에서 자신이 기독교인이라고 응답한 비율은 78%였고, 비종교인이라고 응답한 비율은 16%였다. 2007년에 비해 기독교인이라고 대답한 사람은 꾸준히 감소해 15%포인트 줄었지만 반대로 비종교인이라고 대답한 사람은 꾸준히 증가해 13%포인트 증가했다. 미국은 2007년부터 계속해서 기독교인 숫자 추이와 비종교인 숫자 추이가 반대방향으로 진행되고 있다.

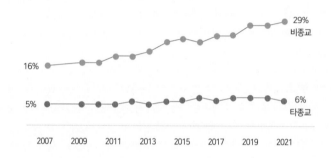

78%

63%
기독교

29%
비종교

16%

5%
6%
타종교

2007   2009   2011   2013   2015   2017   2019   2021

출처: Pew Research Center 의 National Publick Opinion Reference Surveys, 2020년-2021년, 미국 성인 대상

　　가톨릭과 개신교 인구를 통합한 숫자인 전체 기독교 인구가 63%
로 감소한 주요한 이유 중에 하나는 개신교 인구 비율의 급격한 감
소 때문이다. 2007년 52%였던 개신교 인구 비율은 코로나19의 영향
을 받고 있는 2021년에 40%로 급격하게 줄었다. 미국이라는 나라가
건국된 이래 역사상 최초로 개신교 인구 비율이 전체 인구의 절반 이
하로 줄어들었다는 사실은 주목해야 하는 내용이다. 이러한 추세가

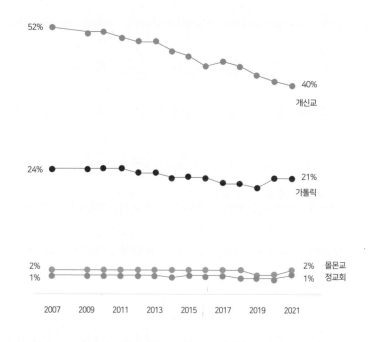

52% ●

40%
개신교

24% ●

21%
가톨릭

2%
1%

2% 몰몬교
1% 정교회

2007 2009 2011 2013 2015 2017 2019 2021

출처: Pew Research Center 의 National Publick Opinion Reference Surveys, 2020년-2021년,미국 성인 대상

지속된다면 조만간 개인 교인 비율이 감소할 가능성이 상당히 크다. 2021년 조사에서 가톨릭은 2007년에 비해서 3% 감소한 21%로 조사되었다. 또 하나 주목해야 할 사실은 전체 인구의 1%를 차지하고 있는 정교회와 2%를 차지하고 있는 몰몬교는 코로나19나 사회적인 위기에도 큰 변화 없이 유지되고 있다는 점이다. 개신교와 다소 대조되는 양상이다.

제도 종교와 신앙의 분리 혹은 탈종교화

기독교 인구 비율의 감소는 영성을 지향하는 인구의 감소와 항상 일치하지는 않는다. 종교와 관련하여 코로나19 이전부터 미국 사회에 나타난 종교적 경향은 제도 종교와 영성을 점점 구분하던 것이었다. 코로나19를 거치면서 이런 경향은 두드러졌다. 코로나19를 계기로 삶에 있어서 죽음과 내세의 의미를 깊이 느끼게 된 미국인이 소폭 증가했다. 그러나 역설적으로 제도적인 '종교'가 삶에서 '매우 중요한' 요소라고 대답한 미국인의 비율은 점차 감소하고 있다. 제도 종교가 삶에서 매우 중요하다고 말하는 사람들의 비율이 2021년에는 전체 인구의 41%에 그쳤다. 반면 삶에서 '종교'가 전혀 중요하지 않다는 비율은 33%였다. 이는 미국인들의 삶에서 영적인 욕구와 종교의 역할이 분리되기 시작했다는 점을 시사한다. 제도적인 종교가 개인의 영적이며 신앙적인 욕구를 만족시킬 수 없다는 인식이 확대되고 있는 것이다. 결과적으로 제도적인 종교의 영향력이 일반인들의 삶에서 점차 축소되고 있다.

또한 자신을 개신교인이라고 응답한 비율과는 별개로 결혼이나 장례식 등을 제외하고 매주일 정기적으로 예배에 참석한다는 미국인의 비율은 25%에 그쳤다는 점도 시사하는 바가 크다. 코로나19 한가운데서도 이 비율은 26%였기 때문이다. 미국 개신교인들의 자기 정체성이 매주일예배 참석과 분리되기 시작하였다. 다시 말해 예배 참석을 하지는 않지만, 개신교인의 정체성을 유지한다는 미국인의 비율이 점차 늘어나고 있다. 이들은 더 이상 영적인 욕구를 반드시 종교 제도와 형식에서 찾지 않는다.

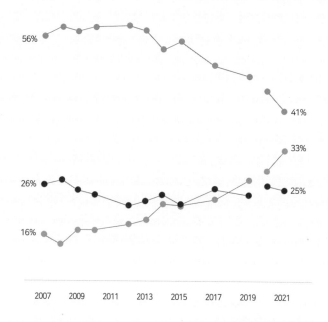

제도적 종교는 미국인의 삶에서 얼마나 중요한가?

●매우 중요하다 ●약간 중요하다 ●전혀 중요하지 않다

56%

41%

33%

26%
25%

16%

2007 2009 2011 2013 2015 2017 2019 2021

출처: 2019년까지 RDD(random digit-dial) 조사
Pew Research Center 의 National Publick Opinion Reference Surveys, 2020년-2021년, 미국 성인 대상

결과적으로, 미국 교회의 교인 숫자는 감소하고 있다. 교회 숫자만 보더라도 얼마 전부터 미국에는 매년 설립되는 교회의 숫자보다 문을 닫는 교회의 숫자가 많아지는 현상이 나타나고 있다. 이 현상은 이미 코로나19 이전에 나타나기 시작하였고 코로나19 중에 더욱 가속화되고 있다.

젊은 세대의 비종교화

미국의 젊은 세대가 점차로 비종교화 되는 것은 놀랄 만한 일이 아니다. 결국 시간이 지나 그 젊은 세대가 사회의 주축이 되면 미국 기독교 인구는 점점 더 감소하게 될 것이다. 최근 추세를 보면 젊은 세대의 비종교화가 두드러진다. 미래 기독교 인구의 감소가 예측되는 상황이다. 특히 30세 미만(18-29세) 미국인의 비종교화 추이를 살펴보면, 1986년 18세-29세의 비종교인들은 10%였는데, 20년이 지나 2006년 38-49세가 된 이들의 비율은 13%로 소폭 증가하였고, 10년 후인 2016년에는 12%였다. 20대의 10%였던 비종교인의 비율은 나이가 들어도 대동소이하게 유지되고 있다. 이러한 추이를 바탕으로 종교미래를 대략 추측해보면 비종교인 비율이 더 증가될 수 있다. 2016년과 2020년 18세-29세의 비종교인이 각각 38%와 36%라는 사실은 20년 후 미국 사회 50대 미만 비종교인의 비율이 대략 40%가 될 수 있다는 것을 의미한다.[14]

그런데 이런 변화는 단순히 미국만의 문제가 아니다. 전 세계적으로 젊은 세대가 비종교화되고 있다는 것은 코로나19 이전부터 종교학계에서 논의되고 있는 중요한 주제 중 하나였다. 이런 동향이 비교적 강하게 나타난 곳이 북미와 유럽, 그리고 라틴 아메리카였다. 40세 이상과 40세 미만의 종교인 비율 차이는 미국보다 캐나다에서 더욱 심하게 나타나고 있고, 이미 비종교화가 심화된 유럽에서도 10%의 차이가 날 정도로 지속적인 현상이다. 아시아 전체의 통계에서 드러나지는 않았지만 한국도 세계적인 추세에서 예외는 아니다.[15]

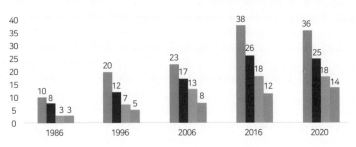

연령별 비종교인 비율 코호트 조사 1986-2020

■18-29세 ■30-49세 ■50-64세 ■65세 이상

출처: 일반 사회조사 1986년, 1996년, 2006년 PRRI American Values Atlas 2016년, 2020년

트렌드 전망 및 시사점

코로나19라는 전대미문의 감염병에 대한 미국 기독교의 대응은 긍정적이었다. 그러나 개신교 인구의 감소를 역전시킬 전환점을 만드는데는 역부족이었다. 미국은 점차 비종교화되어 가고 있으며 이런 큰 흐름은 미국의 기독교인 비율을 생각했을 때 비기독교화의 다른 이름이다. 비기독교화의 영향을 가장 크게 받고 있는 종교는 가톨릭보다는 개신교라고 추정할 수 있다. 개신교 교인들과 교회의 숫자는 지속적으로 감소되고 있다. 현대 미국인들은 그들의 신앙적이고 영적인 욕구를 더 이상 제도권 종교에서 찾지 않는다. 젊은 세대는 더욱 강하게 비종교화, 비기독교화되고 있다. 인구 비율 측면에서 미국 기독교의 미래는 밝지 않은 것이 사실이다. 그러나 한편으로, 코로나19와 비기독교화의 흐름 속에서 교회의 의미와 목회의 개념은 큰 변화를 맞

이하고 있다.

이런 상황에서 미국 기독교 앞에 놓여 있는 시대적 과제들에 대한 반응이 중요하다. 코로나19 이후 미국 기독교는 보수와 진보 기독교의 극명한 차이를 드러내는 신학적, 윤리적 이슈들에 대응해야 한다. 최근 미국에서 엄청난 파장을 불러일으키고 있는 정치적, 법적인 결정들은 근본주의적 기독교의 가치와 미국 사회의 역사적 진보가 어떻게 충돌하는지를 보여주는 예가 될 것이다. 이런 논쟁에서 나타나는 타협 없는 대립은 미국 기독교의 사회적 영향력과 기독교 인구 자체를 더욱 감소시키게 될 것이며 미국인들의 마음을 제도 종교에서 더욱 멀어지게 할지도 모를 일이다.

미국 기독교는 코로나19에서 빠져나오고 있다. 그러나 코로나19 이후 미국의 종교 상황과 기독교의 앞날은 그리 밝아 보이지 않는다. 코로나19에 대한 긍정적인 대응도 기독교 감소를 전환시킬 만한 움직임은 만들어내지 못하고 있다. 미국 개신교 인구가 역사상 최초로 전체 인구의 절반 이하로 줄어들게 되면서 지금 전 세계 기독교인들의 인구 분포와 기독교 전체의 지형에 큰 변화가 만들어지고 있다. 어쩌면 더 이상 백인 개신교인들이 기독교를 대표할 수 없게 될지도 모른다.

미 주

서문

1 국민일보, 사귐과섬김 코디연구소, 〈기독교에 대한 대국민 이미지 조사 보고서〉, 2022.04.20.

2 김난도, 전미영 외 7명, 《트렌드코리아 2022》(서울: 미래의창), 2021, 9쪽.

3 기아대책, 목회데이터연구소, 〈코로나19 이후 한국 교회 변화 추적조사 보고서〉(부목사 대상), 2022.07.12.

4 예장통합교단, 기아대책, 목회데이터연구소, 〈코로나19 이후 한국 교회 변화 추적조사 결과 보고서〉(목회자 3차)

5 통계청, 〈국민 삶의 질 2021 보고서〉, 2022.03.15.

6 미래목회와말씀연구원, 아프폰테스, 목회데이터연구소, 〈고령 교인의 생활 및 신앙인식과 신앙실태 조사보고서〉, 2022.08.25.

7 21세기교회연구소, 교회탐구센터, 목회데이터연구소, 〈기독청년의 사회 및 신앙의식에 대한 조사보고서〉, 2021.01.11.

8 대한예수교장로회 통합 교단, 〈2019년 교세 통계 분석〉, 2020년 9월 105회 총회 발표

플로팅 크리스천

1 시사상식사전, "보완재," 2022.6.18. 검색
https://terms.naver.com/entry.naver?docId=929712&cid=43667&category
Id=43667.

2 시사상식사전, "대체재," 2022.6.18. 검색
https://terms.naver.com/entry.naver?docId=929671&cid=43667&category
Id=43667.

3 지식백과, "에코 체임버," 2022.6.20. 검색
https://terms.naver.com/entry.naver?docId=364362&cid=60517&category
Id=60517.

4 지식백과, "필터 버블," 2022.6.20. 검색
https://terms.naver.com/entry.naver?docId=5807275&cid=59277&category
Id=65525.

5 두산백과, "확증편향," 2022.6.20. 검색
https://terms.naver.com/entry.naver?docId=5646373&cid=40942&category

Id=31531.

6 하나투어 공식 블로그, "2019년 하나투어 여행 드렌드," 2018.12.31.
https://blog.naver.com/hanatourkr/221431213579.

7 몬트세라트 귀베르나우,《소속된다는 것》(서울: 문예출판사, 2015).

SBNR

1 연합뉴스, "코로나19로 택배 이용 57% 급증…식품 배송 84% '껑충'" 2021.7.4. https://
www.yna.co.kr/view/AKR20210702120500530.

2 SNN쉬핑뉴스넷, "코로나19로 고속성장하는 택배업, 예상되는 성장통과 그 출구는?"
2021.8.7.
https://www.shippingnewsnet.com/news/articleView.html?idxno=43519.

3 한국갤럽조사연구소, 〈한국인의 종교: The Religion of Koreans 1984-2014, 1984년,
1989년, 1997년, 2004년, 2014년 제 5차 비교조사 보고서〉(서울: 한국갤럽조사연구소,
2015), 45f.

4 한국기독교목회자협의회,《한국기독교 분석리포트: 2013 한국인 종교생활과 의식 조사
보고서》(서울: 도서출판 URD, 2013), 118f.

5 김상태,《영성문화자원의 관광융복합 잠재력에 관한 연구》(서울: 한국문화관광연구원,
2013), vii.

6 한국갤럽조사연구소, 〈 갤럽리포트: 한국인의 종교 1984-2021, 2021.5.18-20, 제주 제
외 전국 만19세 이상 1500명, 면접조사〉, 2021.3.18.-4.7.

7 Paul Heelas and Linda Woodhead,《The Spiritual Revolution: Why Religion is
Giving Way to Spirituality》(Wiley-Blackwell, 2005).

하이브리드 처치

1 10대와 20대의 경우 "온라인상에서 이루어지는 영적인 대화(3.1%)"보다 "직접 만나서 나누
는 영적인 대화(57.7%)"를 선호하는 것으로 나타난다.

2 시사상식사전, "피지털," 2022.6.27. 검색
https://terms.naver.com/entry.naver?docId=6540482&cid=43667&category
Id=43667.

3 김난도, 전미영 외 7명,《트렌드코리아 2021》(서울: 미래의창, 2020), 2장 2021년 소비트렌
드 전망 - 휴먼터치.

4 김난도, 전미영 외 7명,《트렌드코리아 2021》(서울: 미래의창, 2020), 2장 2021년 소비트렌
드 전망 - 휴먼터치.

5 매거진환경, "[해시태그 경제 용어] 휴먼터치(human touch)", 2021.8.2.https://magazine.

hankyung.com/business/article/202107285922b.

6 김난도, 전미영 외 7명, 《트렌드코리아 2021》(서울: 미래의창, 2020), 2장 2021년 소비트렌드 전망 - 휴먼터치.

7 뉴시스, "'휴먼 터치' 강조하는 유통 기업들 눈길", 2021.11.06.https://newsis.com/view/?id=NISX20211105_0001640732&cID=13001&pID=13000.

8 새들백교회 홈페이지: https://saddleback.com

9 매일경제, "아날로그에 푹 빠진 2030... '단돈 4000원으로 추억 저장'", 2022.6.5.https://www.mk.co.kr/news/society/view/2022/06/494885/.

10 매일경제, "아날로그에 푹 빠진 2030... '단돈 4000원으로 추억 저장'", 2022.6.5.https://www.mk.co.kr/news/society/view/2022/06/494885/.

11 황지영, 《리스토어》(서울: 인플루엔셜, 2020), 25.

12 최명화, 《지금 팔리는 것들의 비밀》(경기: 리더스북, 2020), 11.

13 김난도, 《더현대 서울 인사이트》(서울: 다산북스, 2022), 7.

14 김난도, 《더현대 서울 인사이트》(서울: 다산북스, 2022), 53.

15 G. C. Kane, D. Palmer, A. N. Phillips, D. Kiron, and N. Buckley, "Achieving Digital Maturity" MIT SloanManagement Review and Deloitte University Press, July 2017.

16 김난도, 《더현대 서울 인사이트》(서울: 다산북스, 2022), 48.

17 조선일보, "적자 쌓이는 새벽배송... '오아시스'는 물만났네", 2021.12.30. https://www.chosun.com/economy/industry-company/2021/12/30/VY3SPHLZV5D6DO3ZZQ6V3GVKCA/?utm_source=naver&utm_medium=referral&utm_campaign=naver-news.

18 국민일보, "예배당 없는 온라인교회... 미 대형교회의 파격", 2022.1.14.http://news.kmib.co.kr/article/view.asp?arcid=0924227504&code=23111111&cp=nv.

몰라큘 라이프

1 클라우스 슈밥, 송영진 역, 《클라우스 슈밥의 제4차 산업혁명》(서울: 새로운 현재, 2016), 12.

2 기아대책/목회데이터연구소, 〈코로나19 이후 한국 교회 변화 추적조사〉(전국 만19세 이상 개신교인 1000명, 온라인조사, 지앤컴리서치, 2022.04.15.~25)

3 최인수 외 3명, 《2020 트렌드 모니터》(서울: 시크릿하우스, 2019).

4 알랭 드 보통, 박중서 역, 《무신론자를 위한 종교》(서울: 청미래, 2011), 23.

5 Robert Wuthnow, Sharing The Journey: Support Groups and America's New Quest for Community(New York: Free Press, 1996), 8.

6 개러스 아이스노글, 김선일 역, 《소그룹 사역의 성경적 기초》(서울: SFC, 2007), 120.

7 목회데이터연구소, 〈넘버즈〉, 2020.10.9, 66.

8 위 2)번과 같은 조사

9 개러스 아이스노글, 윗글, 325.

10 기아대책/목회데이터연구소, 〈전국 부목사 553명, 모바일조사〉, 지앤컴리서치, 2202.06.16.~21.

11 정재영, 《소그룹의 사회학》(서울: 2010, 한들), 1부.

12 김용섭, 《언컨택트》(서울: 퍼블리온, 2020), 238-240.

13 엠브레인트렌드모니터, 〈인간관계 및 대인관계 관련 인식조사〉(전국 만19~59세 1000명, 온라인조사, 2018.06), 〈모임 관련 인식조사〉(전국 만19~59세 1000명, 온라인조사, 2019.03).

14 톰 레이너, 정성묵, 역, 《코로나 이후 목회》(서울: 두란노, 20201), 53-54.

액티브 시니어

1 한국갤럽, 〈2021년 3월~11월 총 4차례 조사, 6003명, 대면면접〉

2 통계청, 주민등록인구 현황.
https://kosis.kr/statHtml/statHtml.do?orgId=101&tblId=DT_1BPA002&checkFlag=N

3 네이버 지식백과, "액티브 시니어" (시사상식사전, pmg 지식엔진연구소)
https://terms.naver.com/entry.naver?docId=1847192&cid=43667&categoryId=43667

4 네이버 지식백과, "액티브 시니어" [active senior] (한경 경제용어사전)
https://terms.naver.com/entry.naver?docId=2067433&cid=50305&categoryId=50305

5 석정민·이수경·김호영(2018). 노년기 주관적 연령과 인지기능. Journal of Korean Geriatric Psychiatry, 22(2). 55-63.

6 Miche M, Wahl HW, Diehl M, Oswald F, Kaspar R, Kolb M. Natural occurrence of subjective aging experiences in community-dwelling older adults. J Gerontol B Psychol Sci Soc Sci 2014;69:174-87.

7 Marci Alboher, 김경희, 김신형, 홍례련 공역, 《앙코르 커리어 핸드북: 인생 2막의 변화와 창조(The encore career handbook: How to make a living and a difference in the second half of life)》(서울: 서울특별시50플러스재단, 2017).

8 마크 프리드먼, 김경숙 역, 《앙코르 : 오래 일하며 사는 희망의 인생설계》,(프런티어, 2009).

9 네이버 국어사전.

https://ko.dict.naver.com/#/userEntry/koko/13c6326adae134a582cab613da03a
0b1

10 심현정, 정나라, 〈2018 미래에셋 은퇴라이프트렌드 조사 보고서: 5가지 키워드로 본 5060세대의 가족과 삶〉(미래에셋 은퇴연구소, 2018).

11 네이버 국어사전.
https://ko.dict.naver.com/#/userEntry/koko/53e653cfd0cfd62ae9abb93b2018a6
2c

12 백경진, 서인경, 〈패션뷰티 산업분야의 시니어 시프트 현황분석〉(복식문화연구, 2018), 26(1), 56-72. (57)

13 네이버 국어사전.
https://ko.dict.naver.com/#/entry/koko/ff38588c43b04b6aa65d93f9320329c0

14 미래에셋 은퇴연구소, 〈은퇴 후 '110,000'시간〉(미래에셋 은퇴리포트 22, 2015), p.3

15 미래에셋 은퇴연구소, 〈은퇴 후 '110,000'시간〉(미래에셋 은퇴리포트 22, 2015), p.6.

쫓아가면 도망가는 세대, MZ

1 박예원 기자, 창+, 회사 떠나는 MZ라는 기사제목을 패러디했다.

2 Pew Research Center, Where Millennials End and Generation Z Begins, 2018.

3 Andrew Van Dam, The unluckiest generation in U.S. history, The Washington Post, 2020.06.05.

4 한국갤럽, 〈한국인의 종교 1984~2021 리포트〉

5 중앙일보, "MZ세대 10명중 6명 조직문화 불합리하면 짐쌀 준비한다." 2021.07.28. 백일현

6 신주의 서재, "MZ세대와 교회, 어떤 교회가 되어야 할 것인가" 바울과 함께 걸었네 블로그에서 인용.

7 이 부분은 목회와 신학에 실렸던 필자의 글을 수정 보완했음을 밝힌다. 전병철, MZ세대가 원하는 목회 리더십의 3가지 특징, MZ세대를 품는 목회, 목회화 신학, 2022년 2월호, 두란노.

8 David Kinnaman and Aly Hawkins, You Lost Me: Why Young Christians Are Leaving Church-and Rethinking Faith (Grand Rapids, MI: BAker Books, 2011), 78.

9 중앙일보, "가치에 소비하는 MZ세대, 환경부터 따진다", 하지원의 이코노믹스, 2022.4.26. 하지원.

10 법률신문, "BKL ESG 'MZ세대 마음'얻지 못한 ESG는 실패한다", 2021.06.23.

11 한국교회탐구센터, 한국교회탐구센터, 〈코로나 시대, 청년들의 신앙생활 탐구 연구〉,

2021.01.27.

12 시사저널, "MZ세대 10명중 8명은 '가치소비자'", 1711호, 2022. 이호.

13 브라보마이라이프, "[시니어를 위한 MZ세대 설명서] '가치 있는 삶' 소비로 표현하는 MZ", 2022. 금민수.

14 IBM가치연구소, "유일무이한 Z세대, 쇼핑주도권을 키워가는 오늘날의 최연소 소비자 집단에 대해 무엇을 알아야 하는가?"

15 사람인, "단기퇴직의 원인 TOP3".

16 Jonathan Morrow, Only 4 Percent of Gen Z Have a Biblical Worldview, 2018.

17 스냅타임, "'이왕이면 갓생'", MZ세대가 '일잘러'를 꿈꾸는 이유, 2021, 윤민하.

18 전병철, 《세상을 흔들어라》(파주: 넥서스크로스, 2015), 13쪽.

19 에드 스태처, 라이프웨이 리서치,

20 아크연구소, "청년들이 교회를 떠나는 이유", 2021.

올라인 교육

1 기독일보, "담임목사들의 고민… '다음세대 교육'과 '전도'", 2022.5.25. 최승연. https://www.christiandaily.co.kr/news/115577#share.

2 이현철 외, 《위드 코로나 시대 교회사역 트렌드》(서울: 생명의 양식, 2022), p. 93.

3 이현철 외, 《코로나 시대 청소년 신앙 리포트》(서울 : SFC, 2021), p. 110.

4 이현철 외, 《위드 코로나 시대 다음세대 신앙리포트》(서울 : SFC, 2022) p. 164.

5 이현철 외, 《코로나 시대 청소년 신앙 리포트》, p. 112.

6 기독신문, "한국 기독교는 지속 가능한가?", 2021.1.25, 정재영. http://www.kidok.com/news/articleView.html?idxno=209741.

7 교육부, 〈교육분야 코로나 19 대응 자료집(2022)〉

8 권희경, "온라인 수업과 교사."

퍼블릭 처치

1 김현진, 《공동체적 교회 회복을 위한 공동체 신학》(서울: 예영커뮤니케이션, 1998), 423.

2 임창호, 《공공성을 회복하라: 기독교 공동체와 공공성》(서울: 쿰란출판사, 2000), 83.

3 로드니 스타크/손현선 역, 《기독교의 발흥: 사회과학자의 시선으로 탐색한 초기 기독교 성장의 요인》(서울: 좋은씨앗, 2016), 4장.

4 안명준 외 17명, 《전염병과 마주한 기독교》(서울: 다함, 2020), 36.

5 김용섭, 《언컨택트》(서울: 퍼블리온, 2020), 253.

6 퍼트넘은 《나홀로 볼링(Bowling Alone)》이라는 책에서 미국에서 볼링리그의 감소가 자발적 시민 결사체를 통한 공동체의 참여가 급감하고 있는 현실을 상징적으로 보여주고 있다고 말한다. 볼링장에서 맥주와 피자를 들면서 사회적 교류를 하고 공동체의 문제에 관해 이야기하는 사람들은 줄어들고 자기만의 여가를 즐기려는 나홀로 볼링족만 북적대고 있다는 사실은 미국의 사회 자본의 감소를 상징적으로 보여주고 있다는 것이다. 이에 대하여는 Robert D. Putnam, Bowling Alone: The Collapse and Revival of American Community(New York: Simon & Schuster, 2000), 4장.

7 정재영, 《함께 살아나는 마을과 교회》(서울: SFC 출판부, 2019).

8 문종석, "주민과 함께 마을의 안전 문제를 해결하는 '안전마을' 사업 추진," 〈한국셉테드학회 학술대회 자료집〉(2013), 23.

9 조용훈, "마을 공동체와 공동체 교회," 노영상 외, 윗글, 118.

격차 교회 서바이벌 목회

1 KBS "2021년 신년 여론조사", 2021.1.2.

2 통계청, 〈2020년 3/4분기 가계동향조사 결과〉(매월 전국 2인 이상 일반가구, 농림어가 제외, 7,200가구 조사, 2020.11.19)

3 뉴스앤조이, "온라인 예배 시대, 더 '커진'대형 교회들" 2021.8.20. https://www.newsnjoy.or.kr/news/articleView.html?idxno=303218

4 한국기독공보, "코로나19 상황 속 교회 교육 현장도 양극화" 2021.3.29, http://www.pckworld.com/article.php?aid=8869812160

5 〈코로나19 이후 한국 교회 추적결과 보고서〉(목회자 3차), p.34.

6 〈코로나19 이후 한국 교회 추적조사〉(목회자 3차), p.53.

7 위 보고서, p.54.

8 위 보고서, p.23.

9 아시안미션/예장합동/목회데이터연구소, 〈이중직 목회자에 대한 인식과 실태 조사〉 2021.08.25, 〈출석 교인 50명 이하 교회 담임목사, 400명, 모바일조사〉 2021.6.10.~6.17, p.44.

10 위 보고서, p.52.

11 위 보고서, p.58.

12 〈코로나19 이후 한국 교회 추적조사〉(목회자 3차), p.36.

13 목회데이터연구소, 〈넘버스〉 제 67호, 2020.10.16.

14 갤럽리포트, 〈한국인의 종교 1984-2021 (2) 종교에 대한 인식〉
https://www.gallup.co.kr/gallupdb/reportContent.asp?seqNo=1209

15 위의 글, p.84.

16 위의 글, p.94.

17 김승호, 《이중직 목회》(서울: 하명출판, 2016), p.18.

18 대한예수교장로회총회(합동) 교회자립위원회/대한예수교장로회 통합총회/지엔컴리서치,
이중직 목회자에 대한 인식과 실태조사(페이스북의 '일하는 목회자' 그룹 회원 목회자, 예장합
동과 통합 목회자 리스트, 목회에이터연구소 '넘버스' 구독자 리스트, 횃불회 목회자 리스트, 220명,
온라인/모바일 조사, 2021년 6월 25일-7월 12일), p.13.

19 〈이중직 목회자에 대한 인식과 실태조사〉 p.19.

20 위 보고서, p.22.

21 위 보고서, p.25.

기후 교회

1 《기후 교회》(생태문명연구소, 2019)

2 《기후 위기 시대의 도전과 교회의 응답》(새물결플러스, 2022)

3 《지구정원사 가치 사전》(도서출판 동연, 2022, 2쇄)

4 《환경 살림 80가지》(신앙과지성사, 2022)

5 《녹색교회와 생명목회》(예장녹색교회협의회.한국교회환경연구소 지음, 동연, 2013)

6 《지구와 말씀》(데이비드 로즈 지음, 손승우,전현식 옮김, 동연출판사, 2015)

7 "경건한 40일 탄소금식 등 기독교 생태환경교육 콘텐츠" 다운받기 : https://blog.daum.
net/ecochrist/1163

8 〈기후증인 도전 7〉(기후증인 녹색교회 시리즈 자료, 기독교환경교육센터 살림, 2022)

9 〈기후 및 생태위기를 위한 26개의 살림기도〉(Jon Swales, 기독교환경교육센터 살림, 2021)

10 "생태목회 매뉴얼" 다운받기 :
https://greenchrist.org/archieve/?uid=3313&mod=document&pageid=1

11 "탄소중립 기후 교회: 창조의 계절2030" 다운받기 :
https://blog.daum.net/ecochrist/1018

12 국민일보, "녹색교회-보시기에 좋았더라" 연재 1~24

미국 교회 트렌드

1 https://research.lifeway.com/2021/03/09/u-s-churchgoers-say-theyll-return-post-covid/

2 https://research.lifeway.com/2021/03/09/u-s-churchgoers-say-theyll-return-post-covid/

3 https://research.lifeway.com/2021/04/06/americans-views-of-lifes-meaning-and-purpose-are-changing/

4 https://research.lifeway.com/2021/04/06/americans-views-of-lifes-meaning-and-purpose-are-changing/

5 https://research.lifeway.com/2021/09/28/most-americans-see-churches-as-helpful-during-pandemic/

6 https://research.lifeway.com/2021/10/14/online-services-expanded-reach-of-churches-during-pandemic/

7 https://research.lifeway.com/2021/03/23/churchgoers-proud-of-churchs-covid-19-response/

8 https://research.lifeway.com/2021/04/20/pandemic-altered-u-s-churchgoers-discipleship-practices/

9 https://research.lifeway.com/2021/11/16/most-churches-find-financial-stability-in-2021/

10 https://research.lifeway.com/2021/03/09/u-s-churchgoers-say-theyll-return-post-covid/

11 https://research.lifeway.com/2021/11/02/almost-all-churches-and-most-churchgoers-are-now-gathering-in-person/

12 https://research.lifeway.com/2022/03/01/churches-still-recovering-from-pandemic-losses/

13 https://www.pewresearch.org/fact-tank/2022/03/22/more-houses-of-worship-are-returning-to-normal-operations-but-in-person-attendance-is-unchanged-since-fall/

14 https://www.prri.org/research/2020-census-of-american-religion/

15 https://www.pewresearch.org/religion/2018/06/13/young-adults-around-the-world-are-less-religious-by-several-measures/pf-06-13-18_religiouscommitment-02-25/

지용근 목회데이터연구소 대표. ㈜지앤컴리서치 대표이사이다. 연세대학교 사회학과를 졸업했고 한국갤럽조사연구소 연구본부장과 ㈜글로벌리서치 대표이사를 역임했으며 〈한국 교회 코로나19 추적조사〉, 〈한국 교회의 사회적 신뢰도 추적조사〉, 〈한국인의 종교의식 및 신앙실태 추적조사〉 등 주요 교단 및 기윤실, 한목협, 한미준, 학복협 등 한국 교회의 여러 단체와 다양한 기독교 관련 조사연구를 수행했다. 매주 한국 사회 각 분야별 주요 통계자료를 전국 16,000여 명의 목회자들과 한국 교회 리더십들에게 무료로 제공하는 〈넘버즈〉를 발행하고 있으며 저서로《통계로 보는 한국 사회 그리고 한국 교회》,《격차의 시대, 격이 있는 교회와 목회》(공저)가 있다.

김영수 목회데이터연구소 연구위원. 동수원교회 영어예배부 부목사. 한신대학교 신학대학원 석사, 영국 에섹스 대학교 정신분석학 석사, 영국 랑카스터 대학교 종교사회학 박사. 한국 교회의 현상에 대한 관심이 많고 종교사회학, 현대 기독교 영성을 주로 연구한다. 서강대학교 〈종교와 힐링〉 프로젝트에 참여했다. 한신대학교에서 기독교와 문화와 기독교 영성 등을 강의했으며, 예명대학원 대학교에서 외국인을 대상으로 리더십과 대상관계이론을 강의하고 있다.《하나님을 향한 영혼의 여정》,《한국 민주화 운동과 종교》의 공동저자이다.

조성실 소망교회 부목사. 온라인사역실장. 장로회신학대학교 객원교수. 장로회신학대학교에서 신학을 전공(B.A, M.Div)하고, 고려대학교 언론대학원에서 영상을 전공(M.A)하였다. 장로회신학대학교 기독교와 문화 박사과정을 수료(Ph.D Cand)했으며, 멀티미디어기획제작 과목을 강의하고 있다. 한국 교회 온라인 사역과, 하이브리드 교회에 관심을 갖고 연구하고 있다.

정재영 실천신학대학원대학교 교수. 21세기교회연구소 소장. 연세대학교에서 사회학을 공부하고 대학원에서 종교사회학을 전공하였다. 한국 교회 소그룹과 마을공동체 운동에 관심을 갖고 연구하고 있다.《기독교와 시민사회》를 공동번역하였고,《계속되는 도전 : 늘어나는 비제도권 교회》,《강요된 청빈 : 목회자의 경제현실과 공동체적 극복방안》,《교회 안 나가는 그리스도인 : 가나안 성도를 어떻게 이해할 것인가?》,《함께 살아나는 마을과 교회》,《한국 교회의 미래 10년》,《소그룹의 사회학》 등을 저술했다.

손의성 배재대학교 기독교사회복지학과 교수. 연세대 사회복지대학원 사회복지학 박사. 노인복지를 세부 전공으로 고령친화대학융합연구소 초대 소장을 역임하였고, 현재 한국기독교사회복지실천학회장을 맡고 있으며, 한국 교회 노인사역 관련 단체들을 자문하고 있다. 성공적 노화와 기독교사회복지 분야를 주로 연구하며, 주요 저서로는《사회복지개론》,《빈곤복지선

교론》, 《기독교 다시보기》 등이 있으며, 역량기반 노인교육과정 개발 및 성공적노화전략, 문화적응스트레스, 치매노인가족 관련 척도 개발 등의 연구를 진행하였다.

전병철 ARCC 디렉터, 연구소장, 아신대학교 교수. 미국 콜로라도(볼더)대학 학사, 풀러신학대학원 석사, 바이올라대학교 박사, UCLA 방문연구원, 미국 CRC(북미주개혁교회)교단 파트너선교사, 평촌새중앙교회 협동목사. 오래전부터 초연결시대를 예견하며 학제간 연구에 관심을 갖고 다양한 인문사회학 공부를 하고 있다. '이음' 즉 연결에 관심을 갖고 동서양을 연결하고 교회와 세상을 연결하며 서로 다른 학문과 학문 사이를 연결하는 특이한 연구를 추구한다. 또한 연결고리로서의 '디아스포라'에 관심을 갖고 ARCC연구소의 전신인 디아스포라 연구소를 시작했다. 존 파이퍼의 첫 번째 공식 한국어 통역, 고인이 된 달라스 윌라드, 로잔의 총재 마이클 오 박사의 통역을 맡기도 했다. 저서로 《세상을 흔들어라》 외 다수의 학술지 게재 논문이 있다.

이기룡 대한예수교장로회(고신) 총회교육원 원장, 고신대학교 기독교교육과 겸임교수. 고신대학교 신학과 학사, 연세대학교 종교교육 석사, 에스라성경대학원 대학교 석사, 고신대학교 기독교교육 박사. 한국 교회의 다음세대와 교회 교육에 많은 관심을 가지고 있으며 교회 교육에 관한 다양한 교재(클릭 바이블, 그랜드스토리, 킹덤스토리 등)를 개발하고 있다. 고신대학교와 고려신학대학원에서 교회 교육 및 교육과정에 관해 후학을 가르치고 있다. 코로나 이후 한국 교회 교회학교의 실제 대안을 찾고자 노력하고 있으며 공저로 《위드 코로나 시대 교회사역 트렌드》가 있다.

백광훈 문화선교연구원 원장. 전북대학교 철학 학사, 석사, 장로회신학대학교 신학대학원 목회학석사, 신학석사, 신학박사. 한국 교회의 대표적 문화연구기관인 문화선교연구원에서 책임연구원을 역임했으며 한국 교회 문화선교의 과제를 연구하고 그 방향을 제시하는 데 관심이 많다. 전국신학대학협의회(KAATS) 최우수논문상을 수상했으며, 〈코로나19와 한국 교회에 대한 연구〉, 《코로나19 팬데믹 시대의 마을목회와 교회건물의 공공성》 등을 공저했다. 현재 장로회신학대학교 겸임교수로도 활동하고 있다.

유미호 기독교환경교육센터 살림의 센터장. 연세대 신학과와 연합신학대학원(기독교윤리)을 거쳐 1991년 이후 기독교환경(교육)운동을 펼쳐오다가 2018년부터 모두 골고루 풍성한 삶을 누리기까지 '탄소제로 녹색교회'를 위한 '환경선교사 과정', '온라인그린스쿨', '지구돌봄서클'과 '생태영성훈련'을 이어가고 있다. 현재 한국기독교교회협의회 생명문화위원, 대한예수교장로회 총회 기후위기위원, 한국교회생명신학포럼 운영위원 및 서울시 에너지정책위원 등의 거버넌스 활동도 전개하고 있다. 저서로 《환경살림 80가지》, 《생명을 살리는 교회 환경교육》이 있고, 《기후위기시대의 도전과 교회의 응답》, 《지구정원사 가치사전》 그리고 《성경 속 나무로 느끼는 하나님의 현존》, 《창조의 부르심에 응답하는 그리스도인》과 같은 생태살림 묵상집을 출판했다.

김신권 아주대학교 의과대학 인문사회의학교실 교수. 영국 옥스포드대학교 역사학 박사 (D.Phil) 미국 조지타운대학교 종교학 석사 (M.A.) 미국 드류대학교 종교학 석사 (S.T.M) 감리교 신학대학교와 동대학원을 졸업한 감리교 목사다. 의학과 종교의 역사에 관심을 가지고 있으며 인문학적인 관점에서 건강과 질병의 문제 그리고 의학에 대해 연구하고 있다. 대한의사협회와 한국여자의사회의 '여성의사와 프로페셔널리즘' 프로젝트를 수행하였고, 한국의과대학 의학 전문대학원협회(KAMC)의 인문사회의학 교육과정 개발 TF에 참여하고 있으며, 치료적 공동체 '소통과 담론'의 이사직을 통해서 지역사회의 정신 건강을 위해 활동하고 있다. 현재 아주대학교 의과대학에서 의사학과 의료인류학을 비롯한 의료인문학을 가르치고 있다.

출 처

 QR코드를 찍으시고 이메일을 입력하시면
6개의 조사보고서(raw data) 파일을 보내드립니다.

* 1984-2019년 자료 : 한국갤럽, 〈갤럽리포트〉, '한국인의 종교 1984-2021'(년도별 전국 만 19세 이상 1500명, 대면조사)

* 2020.11.20.-11.30 : 한국교회탐구센터, '코로나 시대, 청년들의 신앙생활 탐구 연구', 2021.01.27. (전국 개신교인 만 19-39세 청년 700명, 지앤컴리서치, 2020.11.20.-11.30)

* 실천신학대학원대학교 21세기교회연구소/한국교회탐구센터/목회데이터연구소, '코로나 시대, 기독 청년들의 신앙생활 탐구', 2020.01.27. (전국, 19-39세 기독 청년 700명, 온라인 조사. 2020.12.30.-2021.01.05.)

* 2021년 자료 : 한국갤럽, 종교인 분포(전국 만 19세 이상 일반국민, 옴니버스 조사 4차 사례 합산 6003명, 대면조사, 2021.01-11.)

* 2021.04.05.-04.19 : 한국IFCJ가정의힘, '가정신앙 및 자녀 신앙 교육에 관한 조사', 2021.05.06. (전국 5세-고등학생 자녀를 둔 교회 출석 개신교인, 1500명, 온라인 조사, 지앤컴리서치)

* 2021.04.08.-23 : 안산제일교회/한국교회연구원(예장통합)/목회데이터연구소, '2021 크리스천 중고생의 신앙생활에 관한 조사연구', 2021.06.17. (전국 교회 출석 개신교 중고생 500명, 온라인 조사)

* 2021.06 : 예장통합교단/목회데이터연구소/한국기독교언론포럼, 2021.08.13. '코로나19 이후 한국 교회 추적조사' (전국 만 19세 이상 개신교인, 1000명, 온라인조사, 2020.06)

* 예장합동/통합/목회데이터연구소, '이중직 목회자에 대한 인식과 실태조사' (전국 출석교인 50명 이하 교회 담임목사, 400명, 지앤컴리서치, 2021.06.10.-06.17)

* 2021.09.06.-24 : '소그룹실태조사', 지구촌교회/소그룹목회연구원/목회데이터연구소 (전국 교회출석자 중 소그룹활동자 500명, 비활동자 500명)

* 2022.03 : 예장통합 서울서북노회, '서울서북노회 교회학교 조사', (노회소속 교회 목사 155명, 모바일조사, 지앤컴리서치, 2022.03.25.-04.08)

* 2022.04 : 예장통합/기아대책/목회데이터연구소, '코로나19 이후 한국 교회 추적조사(개신교인 4차)' (전국 만 19세 이상 개신교인, 1500명, 온라인 조사, 2022.04.15.-25)

* 2022.05.25 : 예장통합/기아대책/목회데이터연구소 '코로나19 이후 한국 교회 변화 추적조사(목회자대상), (예장통합 소속 교회 담임목사,전국 981명, 지앤컴리서치, 2022.04.27.-04.30)

* 2022.06 : 예장통합/기아대책/목회데이터연구소, '코로나19 이후 한국 교회 추적조사' (담임목사 : 예장통합 전국 담임목사 981명, 온라인조사, 2022.04.27.-30, 부목사 : 전국 교회 553명, 모바일조사, 2022.06.16.-21)

* 2022.06.20 : 한교총, '기후환경에 대한 인식과 교회의 역할에 대한 조사', 2022.06.20. (만 19세 이상 개신교인 1000명, 일반국민 1000명, 온라인조사, 지앤컴리서치, 2022.04.27.-05.09)

* 2022.06 : 미래목회연구원/아드폰테스/목회데이터연구소, 전국 만 65세 이상 교회출석 노인, 2045명, 모바일 또는 자기기입식, 2022년 6월.

한국 교회 트렌드 2023

초판 1쇄 발행	2022년 9월 15일
초판 8쇄 발행	2022년 12월 15일

지은이 지용근 김영수 조성실 정재영 손의성 전병철 이기룡 백광훈 유미호 김신권

희망친구 기아대책	회장 유원식
목회데이타연구소	대표 지용근
기획책임	박재범
기획행정	박종호 구창회
자료수집/조사/통계분석	지앤컴리서치(김진양 송예슬 김찬솔)
편저	김영수

펴낸이	여진구		
책임편집	안수경 김도연		
편집	이영주 최현수 김아진 정아혜		
책임디자인	노지현 마영애 l 조은혜 이하은		
홍보 · 외서	진효지		
마케팅	김상순 강성민 허병용	**마케팅지원**	최영배 정나영
제작	조영석 정도봉	**경영지원**	김혜경 김경희 이지수

303비전성경암송학교 유니게과정   박정숙
이슬비전도학교 / 303비전성경암송학교 / 303비전꿈나무장학회

펴낸곳   규장

주소 06770 서울시 서초구 매헌로 16길 20(양재2동) 규장선교센터
전화 02)578-0003   **팩스** 02)578-7332
이메일 kyujang0691@gmail.com   **홈페이지** www.kyujang.com
페이스북 facebook.com/kyujangbook   **인스타그램** instagram.com/kyujang_com
카카오스토리 story.kakao.com/kyujangbook
등록일 1978.8.14. 제1-22

책값 뒤표지에 있습니다.
ISBN 979-11-6504-359-9 03230

규 l 장 l 수 l 칙

1. 기도로 기획하고 기도로 제작한다.

2. 오직 그리스도의 성품을 사모하는 독자가 원하고 필요로 하는 책만을 출판한다.

3. 한 활자 한 문장에 온 정성을 쏟는다.

4. 성실과 정확을 생명으로 삼고 일한다.

5. 긍정적이며 적극적인 신앙과 신행일치에의 안내자의 사명을 다한다.

6. 충고와 조언을 항상 감사로 경청한다.

7. 지상목표는 문서선교에 있다.

> 하나님을 사랑하는 자 곧 그의 뜻대로 부르심을 입은 자들에게는 모든 것이 合力하여 善을 이루느니라(롬 8:28)

규장은 문서를 통해 복음전파와 신앙교육에 주력하는 국제적 출판사들의
협의체인 복음주의출판협회(E.C.P.A:Evangelical Christian Publishers
Association)의 출판정신에 동참하는 회원(Associate Member)입니다.